आधुनिक हिंदी साहित्य : विविध आयाम

आधुनिक हिन्दी साहित्य विविध आयाम

संपादक

वी.के. अब्दुल जलील

वाणी प्रकाशन

वाणी प्रकाशन
4695, 21-ए, दरियागंज, नयी दिल्ली 110 002
शाखा
अशोक राजपथ, पटना 800 004
फ़ोन: +91 11 23273167 फ़ैक्स: +91 11 23275710
www.vaniprakashan.in
vaniprakashan@gmail.com

ADHUNIK HINDI SAHITYA: VIVIDH AYAAM
Edited by Dr. V.K. Abdul Jaleel

ISBN : 978-93-5000-939-0
Criticism

संस्करण 2000
आवृत्ति 2012

मूल्य : ₹ 250

मुद्रक : न्यू कृष्णा ऑफसैट

वाणी प्रकाशन का लोगो मक़बूल फ़िदा हुसेन की कूची से

सुधि पाठकों से

संस्कृति और भाषा कहीं अपने मूल में एक-दूसरे से जुड़ी हुई हैं। भारतीय संस्कृति अपने मूल में संस्कृत भाषा से जुड़ी रही है। बीसवीं सदी के बदलते दौर में भारतीय संस्कृति एवं उसकी धरोहर के रूप में संस्कृत तथा अन्य भारतीय भाषाओं के साहित्य, भारतीय चिंतनधारा के उत्थान को ध्यान में रखते हुए केरल की पुण्यस्थली कालडी में एक विश्वविद्यालय की स्थापना सन् 1993 में हुई। भारतवर्ष के मूर्धन्य दार्शनिक श्री शंकराचार्य के नाम पर इस विश्वविद्यालय का नामकरण 'श्री शंकराचार्य संस्कृत विश्वविद्यालय' हुआ। विश्वविद्यालय की परिकल्पना ने जब मूर्त रूप ग्रहण किया तो इसमें संस्कृत साहित्य, न्यायशास्त्र, वेदांत, हिंदी, मलयालम उर्दू, भारतीय दर्शन, वस्तुकला, आयुर्विद्या, शिक्षाशास्त्र व अन्य ललित कलाओं के विभाग खुले और अति शीघ्र सुचारु रूप से कार्यरत होने लगे।

विश्वविद्यालय की स्थापना के वर्ष में ही हिंदी विभाग की भी स्थापना हो गई थी। आयु की दृष्टि से देखा जाए तो विभाग को हम शैशवावस्था में मान सकते हैं। परंतु इस छोटी-सी अवधि के अंतर्गत ही संस्कृत विश्वविद्यालय के हिंदी विभाग ने भारतवर्ष के सबसे अच्छे हिंदी विभागों के बीच अपना निजी स्थान बना लिया है। यहाँ एक बात और ध्यान देने योग्य है कि अन्य विश्वविद्यालयों के विभागों से भिन्न इस विभाग के प्रादेशिक केंद्र केरल के तमाम अंचलों में भी कार्य कर रहे हैं। केरल में हिंदी भाषा एवं साहित्य के अध्ययन, अध्यापन और उत्थान में जहाँ यह विभाग महत्त्वपूर्ण भूमिका अदा कर रहा है वहीं अखिल भारतीय स्तर पर भी अपना पूर्ण योगदान देने की कोशिश कर रहा है। इसी सिलसिले में प्रतिवर्ष हिंदी विभाग के तत्त्वावधान में राष्ट्रीय संगोष्ठियों का आयोजन किया जाता है। सन् 1999 की मार्च 24, 25 को 'स्वातंत्र्योत्तर हिदी साहित्य' विषय पर द्विदिवसीय राष्ट्रीय संगोष्ठी आयोजित हुई। इसमें भारत के विभिन्न विश्वविद्यालयों के वरिष्ठ आचार्यों, हिंदी के विद्वानों एवं लेखकों ने भाग लिया। कविता, कहानी, उपन्यास, नाटक, आलोचना आदि विविध आलेखों की प्रस्तुति हुई। ये आलेख जहाँ अपने आप में गंभीर थे वहीं मौलिकता से पूर्ण भी थे। संगोष्ठी की सफलता के उपरांत यह मंशा जागी कि इन आलेखों को संकलित कर पुस्तकाकार दिया जाए। यही वांछा आज रूप ग्रहण कर रही है और

नई शताब्दी की आवभगत के लिए तैयार खड़ी है। सुधि पाठकों के लिए इस ग्रंथ का प्रकाशन 9 फरवरी 2000 ई. को हो रहा है।

आजादी के बाद के भारतीय जीवन परिवेश एवं नूतन परिस्थितियों को दृष्टि में रखते हुए उनके संदर्भ में हिंदी के स्वातंत्र्योत्तर साहित्य की भिन्न-भिन्न विधाओं में सँजोई गई अनगिनत भावधाराओं की जाँच-परख करके उसकी सर्जनात्मक उपलब्धि की वर्तमान दशा एवं भावी दिशा को पहचानने का संजीदा प्रयास वांछित है। इस पुस्तक में संकलित लेख इसी दिशा में उठाए गए विनम्र कदम हैं।

इस अवसर पर श्री शंकराचार्य विश्वविद्यालय, कालडी के कुलपति महोदय श्री एन.पी. उण्णि एवं कुलसचिव महोदय श्री. के.जी. पॉलोस के नाम सर्वप्रथम स्मरणीय हैं जिनकी इच्छा संभवतः इस पुस्तक को आकार देने के पीछे सर्वाधिक बलवती रही है। धन्यवाद के शब्द उद्धरित करना यहाँ इनके लिए काफी न होगा। स्मरण कर रहा हूँ बंधुवर डॉ. ए. अरविंदाक्षन जी (कुलसचिव, कोचीन विश्वविद्यालय, कोचीन) को जिनके विद्वतापूर्ण निर्देशन एवं प्रोत्साहन इस संदर्भ में मुझे प्राप्त होते रहे।

इस पुस्तक की तैयारी में डॉ. आर. शशिधरन (रीडर, हिंदी विभाग, श्री शं. सं. वि. वि.), डॉ. के.के. वेलायुधन (रीडर, हिंदी विभाग, श्री शं. सं. वि. वि.) तथा डॉ. शांति नायर (प्राध्यापिका, हिंदी विभाग, श्री शं. सं. वि. वि.) के उत्साहपूर्ण सहयोग का जिक्र जरूरी है। अपने सभी मित्रों, गुरुजनों एवं हितैषियों तथा सहयोगियों के प्रति मैं तहेदिल से शुक्रगुजार हूँ जिनका प्रत्यक्ष या परोक्ष रूप से सहयोग इस संदर्भ में मुझे प्राप्त हुआ। अंत में मैं वाणी प्रकाशन के प्रति अपना आभार प्रकट करता हूँ जिन्होंने इस पुस्तक को रूपाकार देने की पूरी जिम्मेदारी अपने कंधों पर सहर्ष ले ली है।

समन्वित प्रयास है, जिसे सुधि पाठकों के समक्ष रखकर, मैं भारमुक्त होता हूँ।

कालडी — डॉ. वी.के. अब्दुल जलील

अनुक्रम

केरल में हिंदी अध्ययन की विकास-यात्रा

डॉ. एन.पी. उण्णी

आज़ादी से पूर्व ही भारत के विभिन्न प्रांतों में हिंदी भाषा का अध्ययन अनेक रीतियों से होता रहा था। केरल, तमिलनाडु, आंध्र प्रदेश, कर्नाटक आदि ऐसे प्रदेश हैं जो 'अहिंदी-भाषी प्रदेश' की संज्ञा में, दक्षिण भारत में शामिल होते हैं। अहिंदी घोषित होने का यह अर्थ कदापि नहीं कि यहाँ हिंदी भाषा का अध्ययन-अध्यापन और विकास को नज़रन्दाज़ किया जा सकता है। हिंदी का अध्ययन इन प्रदेशों में विविध स्तरों पर होता रहा।

प्रांतीय स्तर पर भारत में विविध स्थलों पर हिंदी प्रचार सभाओं की स्थापना हुई। दक्षिण भारत के प्रांतों में हिंदी के अध्ययन की अभिरुचि एवं आवश्यकता को ध्यान में रखते हुए दक्षिण भारत हिंदी प्रचार सभा की स्थापना मद्रास में हुई और यह सभा लगभग छः दशकों से हिंदी के अध्ययन-अध्यापन की दिशा में सुचारू रूप से कार्यरत रही है। केरल में हिंदी के अध्ययन की विशेष अभिरुचि के परिणामस्वरूप केरल हिंदी प्रचार सभा की स्थापना भी यहाँ पर हुई। केरल में इन दोनों हिंदी प्रचार सभाओं के तहत अनेक हिंदी विद्यालय स्थापित हुए। इन विद्यालयों से विद्यार्थियों को ऐसी उपाधियाँ प्रदान की गईं जो कि विश्वविद्यालयों की उपाधियों के समक्ष मानी गईं। प्रवेशिका, विशारद, प्रवीण, साहित्य रत्न आदि इसी प्रकार की उपाधियाँ हैं। ये उपाधियाँ अन्य विश्वविद्यालयों द्वारा स्वीकृत भी हैं।

इस दौर में आए हिंदी प्रचारकों के योगदान को हम कदापि नगण्य नहीं मान सकते हैं। हिंदी के ये नाविक अपने समय में अकेली पतवार लेकर मंझधार में उतर जाने से कभी भी नहीं चूके थे। इनमें ऐसे भी व्यक्ति थे जो अपने आप में एक विश्वविद्यालय ही थे। इनको केरल की जनता आज भी आदर के साथ स्मरण करती है। तिरुवनंतपुरम् के श्री पी.के. केशवन नायर, मलबार से श्री गोविंदन नंबीशन जो पीरंगी नंबीशन के नाम से जाने जाते रहे, पालक्काड से श्रीनारायण जी तथा श्री पी. जी. वासुदेव का नाम यहाँ विशेष उल्लेखनीय है।

आज दक्षिण भारत हिंदी प्रचार सभा और केरल हिंदी प्रचार सभा के अधीन भी ऐसी संस्थाएँ हैं जो शोध केंद्र के रूप में भी कार्य कर रही हैं। इन शोध केंद्रों को विश्वविद्यालयों द्वारा स्वीकृति भी प्राप्त हुई है। यहाँ से एम. फिल एवं पी-एच. डी. की उपाधियाँ प्राप्त करनेवाले अनेक छात्र-छात्राएँ केरल तथा इतर प्रदेशों की विविध संस्थाओं में विभिन्न पदों पर कार्यरत हैं। केरल में हिंदी भाषा एवं साहित्य के अध्ययन और शोध की सुविधाएँ भी विविध विश्वविद्यालयों में उपलब्ध हैं। केरल विश्वविद्यालय, महात्मा गाँधी विश्वविद्यालय, कोचीन विश्वविद्यालय, श्री शंकराचार्य संस्कृत विश्वविद्यालय आदि में पूर्णरूपेण विकसित हिंदी विभाग मौजूद हैं। हाल ही में स्थापित कण्णूर विश्वविद्यालय के अधीन कॉलेजों में भी हिंदी का अपना निजी विभाग है। यहाँ भी स्नातक एवं स्नातकोत्तर स्तर पर हिंदी के पाठ्यक्रमों ने रूपाकार ग्रहण किया है। कुछेक कॉलेजों में एम.फिल. एवं पी-एच.डी. की सुविधाएँ भी उपलब्ध हैं।

भारतीय संस्कृति एवं संस्कृत के अध्ययन एवं प्रचार पर विशेष रूप से ध्यान केंद्रित करके श्री शंकराचार्य संस्कृत विश्वविद्यालय की स्थापना कालडी में हुई। इस विश्वविद्यालय का हिंदी विभाग अति सुचारू रूप से कार्य कर रहा है। स्नातक, स्नातकोत्तर तथा शोध के स्तर पर हिंदी भाषा एवं साहित्य के अध्ययन की नई दिशाओं के द्वार यहाँ खुल रहे हैं। रीडर के पदों पर पाँच एवं लेक्चरर पदों पर बीस अध्यापक यहाँ अभी हिंदी भाषा और साहित्य के अध्ययन-अध्यापन, शोध-निर्देशन आदि में जी-जान से जुटे हुए हैं। हाल ही में प्रोफेसर पद पर भी नियुक्ति होनेवाली है। साहित्य के विविध पहलुओं पर समय-समय पर आयोजित संगोष्ठियाँ इस विभाग की प्रतिभा को चार चाँद लगाती हैं। अखिल भारतीय स्तर पर आयोजित इन संगोष्ठियों में राष्ट्रीय एवं अंतरराष्ट्रीय स्तर पर ख्यातिप्राप्त विद्वान्, कवि, आलोचक, नाटककार तथा अन्य साहित्यकार भाग लेते हैं।

हिंदी भाषा एवं साहित्य के विकास के कुछ ऐसे पहलू भी हैं जो केरल के विशेष संदर्भ में ध्यान देने योग्य हैं। विचारों के आदान-प्रदान को ही यहाँ सर्वप्रथम लिया जा सकता है। केरलीयों की मातृभाषा मलयालम एवं हिंदी की ऐसी रचनाएँ ली जा सकती हैं जिन्हें 'मील का पत्थर' की संज्ञा दी जाती है। इन रचनाओं के तुलनात्मक अध्ययन से साहित्य और संस्कृति को जानने-पहचानने की दिशा में अनेक नए कदम उठाए जा सकते हैं। ग्रंथों एवं ग्रंथकारों की निजी विशेषताएँ, कालगत प्रवृत्तियाँ आदि इसके विविध आयाम हो सकते हैं। मलयालम की विशिष्ट रचनाओं के हिंदी में अनुवाद की ओर भी विद्वानों का पर्याप्त ध्यान जाना चाहिए। हालाँकि इस दिशा में अनेक विद्वानों ने अपनी प्रतिभा का परिचय इस दौर में दिया है उन्हें नज़रंदाज़ नहीं किया जा रहा है परंतु उपन्यास के समान ही मलयालम की अन्य विधाओं और ग्रंथों का भी अनुवाद पर्याप्त रूप से होना चाहिए। इस दिशा में हिंदी के विद्वानों का संयुक्त प्रयास वांछनीय है। यह प्रयास जहाँ मलयालम साहित्य की संवेदना को अखिल भारतीय

स्तर पर व्याप्त करेगा वहीं दूसरी ओर हिंदी के साहित्य को विपुल बनाकर उसे विस्तार एवं गहराई प्रदान करेगा।

हिंदी को केरल की ओर से दिए जानेवाले योगदान पर नज़र दौड़ाई जाए तो इस दिशा में एक और बात महत्त्वपूर्ण है कि केरल की लोक-संस्कृति, लोक-कथाएँ, मिथक, विविध मन्दिर और उनसे संबंधित सांस्कृतिक कथाएँ एवं उत्सव, केरल की दृश्य कलायें, सांस्कृतिक परंपरा की बुनियाद पर खड़ी की गई मौलिक रचनाएँ केरल के हिंदी विद्वानों द्वारा हो सकती हैं। भारत का यह प्रांत केरल अपनी सांस्कृतिक परंपरा, आचार-मर्यादा और कला तथा बौद्धिक स्तर पर क्या है इसे इन रचनाओं के माध्यम से ही भारत भर के लोग जान पाएँगे। कोट्टारतिल शंकुण्णि की 'ऐतिह्य माला' के अनुवाद को हिंदी के विद्वानों को अपनी जिम्मेदारी के रूप में ही स्वीकार करना चाहिए। केरल की संस्कृति के विविध पक्ष इसमें प्रतिफलित हुए हैं।

कुल मिलाकर कहा जाए तो केरल में हिंदी साहित्य की प्रगति में योग देने के लिए अनेक दिशाएँ खुली पड़ी हैं। हिंदी के माध्यम से केरल एवं केरलीय साहित्य एवं कला को भारतीय स्तर पर व्याप्त किया जा सकता है। मेरी आशा एवं पूर्ण विश्वास है कि श्री शंकराचार्य संस्कृत विश्वविद्यालय इस दिशा में अपनी सफल भूमिका अदा करेगा।

अपनी आँखों से देखें

डॉ. के.जी. पॉलोस

'डिकॉलनाइजेशन' या 'नॉनकालनाइजेशन' आदि शब्दों से जो अर्थ साधारणतया व्यंजित होता है उनमें कहीं अस्पष्टता छिपी हुई जान पड़ती है। संभवतः कॉलनाइजेशन के पूर्व हमारा मन काँच की तरह निर्मल था। परंतु अब इन शब्दों के प्रयोग यही स्मरण कराते हैं कि काँच पर से मैल की तरह हमारे हृदयों से 'कॉलनाइजेशन' के दाग भी साफ़ किए जाने चाहिए, तभी पुरानी निर्मलता वापस मिल सकती है। निजता से जुड़ी ये संकल्पनाएँ जहाँ एक ओर अवैज्ञानिक हैं वही दूसरी ओर खतरनाक भी।

'कॉलनीकरण' का नाम सुनते ही पिछले पाँच सौ वर्षों के पश्चिमी प्रभुत्व का चित्र ही मानस-पटल पर उभरता है। सच बात तो यह है कि इतिहास के हर मोड़ पर इस प्रकार का प्रभुत्व बरकरार रहा है। दो संस्कृतियों का समन्वय जब होता है तो आवश्यक नहीं कि उनमें समानता बनी रहे। इनके बीच का रिश्ता समन्वयोपरांत अधरोतर भाव से युक्त होता है। इनमें सत्ता-निकटवर्ती संस्कृति दूसरे को अपने अधीन कर लेती है। यह आवश्यक नहीं कि संस्कृतियों के समन्वय में प्रत्येक संस्कृति की समान हिस्सेदारी हो। मतलब यह हुआ कि उच्च और नीच का भाव बना रहता है। इतिहास में इस प्रकार के प्रभुत्व हर कहीं वस्तुतः 'कालनीकरण' ही हैं।

संस्कृतियों का समन्वयन

संस्कृतियों के समन्वयन तीन प्रकार से हुआ करते हैं—उन्मूलन द्वारा, सोख लिये जाने द्वारा और प्रभुत्व के द्वारा। जब एक संस्कृति दूसरी संस्कृति द्वारा जड़ से उखाड़कर फेंक दी जाती है तो वहाँ उन्मूलन होता है। इस प्रकार की क्रूरताओं से इतिहास के पृष्ठ भरे पड़े हैं। मिसाल के तौर पर अमेरिका के 'रेड इंडियंस' को लिया जा सकता है। बिल क्लिंटन द्वारा किए गए ऐलान गोरों के अखाड़ों से नहीं बल्कि अमेरिकी कब्रिस्तानों से हुए। अमेरिका के वारिस जंगलों में भटक रहे हैं। प्रभुत्वों के इन आक्रमणों को वस्तुतः संस्कृतियों पर होनेवाले बलात्कारों की संज्ञा दी जा सकती है। गुलाम बना

लिये जाने के बाद अत्याचार करना मानो मालिकों का हक बनता है। इस संदर्भ में कोई गूँगे जानवरों से अनुमति नहीं लेता। गुलाम बनाए जाने की क्रिया पर लगाए गए प्रश्नचिह्न का कोई जवाब नहीं होता। चिड़ियाघरों में कैद किए गए हिरनों को कोई उनसे पूछकर नामर्द नहीं बनाता। मालिकों के लिए केवल यह तर्क काफी है कि चारे के लिए पैसे नहीं हैं। और अगर यह पूछा जाए कि फिर हमें जंगलों में आज़ाद क्यों नहीं छोड़ा जाता तो उत्तर यह होता है कि फिर हमारे बच्चों के मन-बहलाव का क्या साधन रह जाएगा!

एक संस्कृति दूसरी संस्कृति को अपनाए और अपनाकर उस पर कब्जा कर बैठे, यही समन्वय के दौरान सोख लिये जाने की प्रक्रिया है। बौद्ध धर्म का जो अपचय भारत में हुआ वह संस्कृतियों के समन्वय की इसी प्रवृत्ति को द्योतित करता है। शंकराचार्य जिन्होंने बौद्ध-धर्म का विरोध किया उन्हें भी 'छदम् बुद्ध' की सज्ञा प्रदान की गई।

प्रभुता का मतलब यही लगाया जाता है कि एक संस्कृति दूसरी संस्कृति पर थोपी जाए। यहाँ कब्जा करनेवाली संस्कृति के साथ कब्जा की जानेवाली संस्कृति भी बरकरार रहती है। यही बात इसे संस्कृतियों के उन्मूलन से अलग करती है। संस्कृतियों के उनमूलित होने एवं सोख लिये जाने की प्रक्रिया में जो नकारात्मकता का अंश विद्यमान है वही प्रभुता में शामिल जान पड़ता है। इसके साथ ही निरंतर जूझते रहने का सकारात्मक पक्ष भी इसमें मौजूद हैं। भले ही अपेक्षतया दुर्बल क्यों न हो। उदाहरणस्वरूप यहाँ उस प्रक्रिया को लिया जा सकता है जिसके माध्यम से मलयाली के मन को संस्करित किया गया। डॉ. के.एन. एवुतच्छन के शब्दों में यह परिवर्तन इस प्रकार व्यंजित होता है—

"इस प्रकार वैदिक मठ की धर्म-सेना केरल की ओर रवाना हुई। इसमें न्यायशास्त्र के रथ थे, वेदांत के हाथी, यज्ञ मंत्रों के अश्व थे। पेरार के पुष्पित कगारों पर और पेरियार-तीरे हरे चरागाहों में यज्ञशालाएँ उठ खड़ी हुईं। यज्ञ की हड्डियों की कड़क वेदांत के शिराचक्र के साथ मीमांसा की मांसलता से युक्त नई संस्कृति ने रूपाकार ग्रहण किया। तमिल की अल्पसंख्यक वर्णमाला के स्थान पर बच्चे शिखाएँ हिलाकर संस्कृत की लंबी वर्णमाला का अभ्यास बालू में लिखकर करने लगे। महलों का अभ्यास बच्चे बालू में लिखकर करने लगे। महलों की कथाओं का गायन करनेवाले बालक अब पाणिनी के सूत्रों का अभ्यास करने लगे। इतर प्रांतों में पालित बच्चे जहाँ धीरे-धीरे अपनी मातृभाषा से अनजान होने लगे, उसके साथ-साथ ही द्राविड़ संस्कृति भी विस्मृति की गोद में जाने लगी।

भक्ति आंदोलन

संस्कृतीकरण की शृंखला के रूप में भक्ति आंदोलन हमारे समक्ष आता है। केंद्रीय

चिंतनधारा में मौजूद विचारों का प्रांतीकरण में प्रवेश इसी के एक पहलू के रूप में उभरता है। कन्नड़ भाषा में एक कहानी है–'गरीबों का भोजन है रागी'। देखने में कली-कलूटी, पूजा में स्वीकृत नहीं होती। दूसरी ओर चावल देखने में सुंदर-शरीफ़। रागी ने श्री रामचंद्र जी से शिकायत की। रागी का दुःख सुनकर भगवान् बोले–रागी और चावल दोनों को दो अलग-अलग बर्तनों में पानी में भिगोकर रखा जाए। कुछ दिनों बाद जब देखा गया तो चावल सड़ने लगा। रागी ज्यों-का-त्यों रहा। अपने श्याम तन में छिपी शक्ति को पहचानकर रागी पुलकित हो उठा। शुक-शावक के मधुर स्वर का श्रवण करनेवाला चंडाल भी इसी प्रकार पुलकित हुआ था। परंतु इसके पीछे धोखा रहा। धोखे की इस कहानी को इंदिरा पार्थसारथी का नंदन बयान करता है। नंदन परपन (अछूत जात) है। पर अपनी जात में मेधावी। वह अपने चारों ओर की गंदगी को पहचानता है। मालिकों के 'सौंदर्य' की वह उपासना करता है और उन्होंने उसकी चिता सजा दी। अग्निमार्ग से मंदिर पहुँचाकर उसे भून डाला। तदुपरांत उसे ईश्वर की उपाधि दे दी–'नंदनार'। भून दिए जाने को आत्मसाक्षात्कार की संज्ञा प्रदान करने की मतलबी पद्धति की नृशंसता से भरी मानसिकता यहाँ है। 'सती' भी तो पतिव्रता की पुण्य प्रवृत्ति है न!

नंदन ने यहाँ कुछ द्वंद्वों की स्थापना की। परपन (अछूत)–पापान (मालिक), अषुकक (गंदगी)–अष़क (सौंदर्य)। इन समवाक्यों द्वारा मालिकों के वचनों को शिरोधार्य करनेवाला नंदन। इसके साथ ही वह अपनी जात को निदंनीय महसूस करता है। उसे चाहिए थी वरेण्यों की संकल्पना के अनुसार मुक्ति। मंदिर में प्रवेश को जब पूरे आवेग के साथ स्वीकार किया गया तो क्या हमारे मन 'गंदगी और सौंदर्य' के शब्द युग्म से बनी उनकी संकल्पना के गुलाम न हो गए; यही प्रश्न यह कहानी हमसे करती है। और यही प्रश्न हमे बेचैन कर डालता है।

पौरस्त्यवाद

पाश्चात्य उपनिवेशवाद के दो चेहरे उभरकर आते हैं–एक आंग्लेयवाद जो प्रकट रूप से सामने आता है। दूसरा छद्म रूप में प्रकट होनेवाला पौरस्त्यवाद। पौरस्त्यवादियों के लिए पश्चिम के समानांतर। अपनी इच्छानुसार वे एक 'पूर्व' का निर्माण करते हैं। उन्होंने जब इस 'पूर्व' का गठन किया तो वह सब शामिल किया जो पश्चिम में न उपलब्ध था। इस प्रकार इस भूमि में पैर धरे बगैर ही मैक्स मूलर ने अपने मन में भारत की कल्पना स्वर्ग समान की। पौरस्त्यवादियों की द्वंद्व परिकल्पना इस प्रकार थी–पाश्चात्य–चलनात्मक, पूर्व–निश्चल। अस्वस्थ-प्रशांत, भौतिक-आत्मीय। आज की पीढ़ी पहचानती है कि जिसकी खोज उन्होंने की वह असल में भारत न होकर उनकी आत्मशांति हेतु आवश्यक कुछ था। इसी कारण 'Passage of India' पढ़ते समय आज की पीढ़ी अपने दादा-नाना की तरह रोमांचित नहीं होती। नई पीढ़ी अफसोस

के साथ इस बात को पहचानती है कि डॉ. राधाकृष्णन् जैसे लोगों ने जिसे आदर्श भारत के रूप में प्रस्तुत किया वह हमारा नहीं बल्कि गोरों की संकल्पना का भारत था। यह पहचान वस्तुतः 'अपकॉलनीकरण' का सकारात्मक पक्ष ठहरती है।

पिछले दो दशकों से मलयालम साहित्य में–विशेष रूप से उपन्यास साहित्य में दिख पड़नेवाली आत्मीयता वास्तव में पौरस्त्यवाद की शृंखला है, 'कॉलनीकरण' का छद्म रूप है। मुख्य बात यह है कि हमारे लेखक अपनी आँखों से देखें। अपनी दृष्टि स्वयं प्राप्त करके ही 'कालनीकरण' को रोका जा सकता है।

फिर भी वह 'कॉलनीकरण' का तिरस्कार नहीं होगा। क्योंकि इतिहास सीधी रेखा नहीं, चक्कारदार रेखा भी नहीं, जैसा कि कार्ल मार्क्स ने कहा था–वह एक चक्करदार सीढ़ी है। हर चक्कर हमें ऊपर चढ़ाता है। कॉलनीकरण से प्राप्त प्रबुद्धता ही हमें यह पहचानने की शक्ति देती है कि हम कॉलनीकृत हो गये। अगर पहचान के ये चिह्न भी मिटा दिये जाएँ तो यहाँ अवशेष रूप में रह गई संस्कृति की निजता का रूप क्या होगा ?

स्वातंत्र्योत्तर हिंदी साहित्य

प्रो. सुवास कुमार

मनुष्यत्वं, मुमुक्षत्वं, महापुरुषासंश्रयः ॥

आचार्य शंकर ने बताया था कि तीन चीज़ें बड़े सौभाग्य से मिलती हैं–मनुष्य का जीवन, मुक्ति की तीव्र आकांक्षा और महापुरुषों का सत्संग। हमें मनुष्य का जीवन मिला है, यहाँ इतने महापुरुषों का सान्निध्य भी और जिस विषय को लेकर हम चिंतन करने जा रहे हैं वह यानी साहित्य–व्यक्ति और समूह को सर्वांगीण मुक्ति-आकांक्षा और मुक्ति-प्रयत्नों को लेकर ही चलता है।

बीसवीं सदी के आखिरी छोर पर पहुँचकर वैसे तो भारतीय साहित्यिक परिदृश्य खासागझिन और समृद्ध दिखाई देता है मगर इसमें भी विरोध और अंतर्विरोध कम नहीं हैं। जैसे भारतीय मूल के अँग्रेज़ी उपन्यासकार सलमान रुश्दी महोदय ने कुछ दिनों पहले यह फतवा दिया था कि पिछले पचास वर्षों में भारतीय भाषाओं में कुल मिलाकर जो साहित्य रचा गया उससे कहीं ज़्यादा महत्त्वपूर्ण और सशक्त लेखन भारतीय-अँग्रेज़ी साहित्य में हुआ है। इस फतवे पर फतवा देने की मेरी कोई इच्छा नहीं है, मगर इतना ज़रूर कहूँगा कि इस बात की भी परख होनी चाहिए कि भारतीय अँग्रेज़ी लेखन सचमुच कितना भारतीय है या भारतीयता का कहाँ तक प्रतिनिधित्व कर सकता है ? साथ ही हमें इस बात की भी खोज करनी चाहिए कि खुद भारतीय भाषाओं के लेखन में अभारतीयता और अँग्रेजियत कितनी है।

मित्रो, आधुनिक हिंदी साहित्य की, और संभवतः आधुनिक भारतीय साहित्य की भी उम्र लगभग सौ-डेढ़ सौ साल की ही है–और इतनी उम्र एक आदमी के लिए भले ही ज्यादा हो मगर किसी साहित्य के लिए बहुत थोड़ी है। इस छोटी-सी उम्र में भी भारतीय और हिंदी साहित्य की उपलब्धियाँ और समृद्धि आश्चर्यजनक और गर्व करने योग्य रही हैं। किसी सदी के आखिरी छोर पर पहुँचकर अपने अतीत का आकलन करते हुए भविष्य के क्षितिज में झाँकने की स्वाभाविक आकांक्षा होती है। भविष्य में एक जादू होता है। वह अपनी चकाचौंध से वर्तमान और अतीत को चुंधिया दे सकता

है। वॉल्टर बेंजामिन ने इतिहास-दर्शन संबंधी अठारहवीं थीसिस में ऐसा लिखा है कि यहूदियों को इसीलिए भविष्य के बारे में जिज्ञासा करने से मना किया गया था। वे मानते थे कि समय का कोई क्षण खाली अथवा शून्य नहीं होता। हर-एक क्षण मानो ऐसा प्रवेश-द्वार होता है जिससे होकर उनका मसीहा किसी भी वक्त आ सकता है। अतः उचित है कि हम भविष्य के सुनहले ऐंद्रजालिक स्वप्न देखने की बजाय वर्तमान के हर पल को संभावनामय बनाते रहें।

आज़ादी के बाद जैसे देश समस्याओं से मुक्त नहीं हुआ वैसे ही हिंदी साहित्य क्षेत्र भी। हिंदी के प्रकाशन-तंत्र को ही देखें तो उसका शोषक और अराजक चेहरा सामने आता है। हिंदी प्रकाशन-जगत कुल मिलाकर हिंदी लेखन का सहयोगी हो, ऐसा उसका चरित्र नहीं है। मुक्तिबोध-जैसे युगांतकारी काव्य-व्यक्तित्त्व का कोई काव्य-संग्रह उनके जीवनकाल में प्रकाशित न हो पाया था। एक और महान् कवि स्व. राजकमल चौधरी ने बड़ी कोशिशों से अपने काव्य-संग्रह 'कंकावली' की मात्र 50 प्रतियाँ खुद छापकर वितरित की। उनकी सुप्रसिद्ध काव्य-रचना 'मुक्ति-प्रसंग' का भी बाहर ऐसा ही हाल था। हाल ही में दिवंगत हुए जनकवि नागार्जुन को कविता की छोटी-मोटी पुस्तिकाएँ ट्रेनों और मेलों में जगह-जगह घूम-घूमकर बेचनी पड़ी थीं। कुछ साहित्यकारों को तो खुद प्रकाशक भी बनना पड़ा था। हालाँकि हिंदी साहित्य का भौगोलिक क्षेत्रफल खास बड़ा है लेकिन यहाँ प्रकाशन, वितरण, पुस्तक-चर्चा और विमर्श की दृष्टि से भयंकर अव्यवस्था है। हिंदी साहित्य में पाठक और आलोचक भी समस्या के रूप में ही उपस्थित या अनुपस्थित मिलते हैं—समाधान के रूप में कम। बात हिंदी क्षेत्र की संस्कृति तक पहुँचती है। वैसे तो पूरे विश्व-साहित्य में आलोचक और लेखक का झगड़ा मिलता है, फिर भी हिंदी साहित्य के संदर्भ में लेखक-आलोचक का संबंध ज़रा न्यारा ही होता है। हिंदी लेखन के कुछ अंशों को साहित्येतर कारणों से चर्चित या अचर्चित होते देख आम पाठक अक्सर दाँतों तले उँगली दबाता रहता है—पर आम पाठक की चिंता ही यहाँ किसे है ? प्रबुद्ध लोगों के समूह में ज़रा राधाकृष्ण की कहानी 'अवलंब' या कमल जोशी की कहानी 'ढलान' का जिक्र करके देखिए—या तो उन्होंने इनके नाम ही नहीं सुने होंगे या फिर कुतर्क के सहारे इन्हें औसत दर्जे की ठहराएँगे।

आज का ज़माना और इस ज़माने का जीवन तेजी से बदलनेवाली दिलचस्पियों का है। जैसे-जैसे जीवन अधिकाधिक तेज़ हो रहा है, वैसे-वैसे स्थायित्व और स्मृतियाँ भी छूटती जा रही हैं। एक तरह का 'इंस्टेंट' अथवा 'फास्ट' लेखन हो रहा है। फैशन की तरह केवल चौंकानेवाले नएपन को प्रयास मिल रहा है। फलस्वरूप ऐसा क्षणजीवी लेखन पैदा हो रहा है जो एक पीढ़ी को भी लंबे समय तक उद्वेलित नहीं कर पाता। बड़े लेखक का सपना होता है कि उसका लेखन कम-से-कम तीन पीढ़ियों तक—दादा-पिता-पोता के द्वारा—अवश्य पढ़ा जाए। कोई चाहे तो कह सकता है कि साहित्य में तत्कालिकता मात्र का यह दुर्गुण दूरदर्शन का खतरनाक प्रभाव है—पर मैं

यह नहीं मानता। साहित्य की अर्थच्छवियों की असीमता की तुलना में टेलीविज़न और फिल्म की सीमाएँ उजागर हो चुकी हैं। इन कला माध्यमों की अपनी उपयोगिता है मगर साहित्य में इतनी ताकत है कि इनकी समस्त विशेषताओं को अपने भीतर समाहित कर ले। ये कला माध्यम साहित्य के वास्तविक प्रतियोगी नहीं हैं। जब लिखित शब्दों की असीमित ध्वनियों का फिल्मीकरण होता है तो वे इकहरी और सीमित ही बनती हैं। वैसे भी हमारे देश में टी.वी. और फिल्मों की सही रचनात्मक ऊर्जा का इस्तेमाल कम ही हो पा रहा है। भारत में फिलहाल तो ये माध्यम स्वप्नविहीन वर्तमान को और भी बंजर बना रहे हैं।

ज़िंदगी और ज़माना दोनों आज इस कदर 'एब्सर्ड' होते जा रहे हैं कि अगर कोई आए दिन घटित होनेवाले सामाजिक-राजनैतिक कार्य-व्यापारों की 'सत्यकथा' भी ज्यों-की-त्यों लिख दे तो काफी हौलनाक नज़र आए। सोल्झेनित्सिन का 'गुलाग आर्किपेलागो' और मार्खेज का 'न्यूज़ ऑफ ए किडनैपिंग' जैसी सच्चाइयाँ केवल बयान बनकर भी कला की लोमहर्षक ऊँचाइयों तक पहुँचती हैं।

हिंदी-भाषी समाज कई रोगों से ग्रस्त हैं। निरक्षरता और आर्थिक दरिद्रता यहाँ है और इन दोनों का गठज़ोर बड़ा ही मज़बूत है। लेकिन इसके बावजूद हिंदी-भाषी समाज बहुसांस्कृतिक और बहुस्तरीय रहा है। हिंदी केवल हिंदीवालों की भाषा नहीं—यह सार्वजनिक, सार्वदेशिक और अंतर्राष्ट्रीय भाषा भी है। आज हिंदी साहित्य की रचना केवल भारतवासी ही नहीं—मॉरीशसवासी, चेक और पोलिश भी कर रहे हैं। ऐसी स्थिति में हिंदी का स्वरूप बहुत कुछ अँग्रेज़ी-जैसा बन रहा है—साम्राज्यवादी-उपनिवेशवादी प्रयत्नों के बिना ही सिर्फ प्यार के बल पर। मध्यकाल में भी देशभर में हिंदी में साहित्य-सर्जना होती रही। हिंदी का कोई एक मानक रूप बताना मुश्किल था। कबीर से लेकर दक्षिण के पुरुषोत्तम कवि और स्वामी तिरुनाल—सबने हिंदी की इस लचीली भाषा का मनमाफिक उपयोग करके इसे समृद्ध किया है। हिंदी भाषा और साहित्य पर पूरे देश का हक है। जो लोग हिंदी के कठोर 'मानवीकरण' और 'हिंदी जाति' की बात करते हैं वे वस्तुतः हिंदी साहित्य को कुछ गिनी-चुनी विशेषताओं में ही सीमित करने की जाने-अनजाने कोशिश कर रहे होते हैं। हिंदी साहित्य की रचना के केंद्र आज पूरे भारत में फैले हैं। लखनऊ-बनारस-दिल्ली-पटना-चंडीगढ़-जयपुर-जबलपुर आदि ही नहीं, कलकत्ता—मुंबई-चेन्नई-हैदराबाद-बेंगलूर-कोच्चि-तिरुवनंतपुरम्-कालीकट से लेकर पोर्ट लुई तक बन गए हैं। यह एक ज्वार है जिसे रोक पाना असंभव है। जो इस ओर से आँखें मूँदकर इसके अस्तित्त्व को नकारना चाहेगा, वह हास्यास्पद ही बनेगा।

मौजूदा सदी में साहित्य के क्षेत्र में तरह-तरह के वाद और विचार आए। ज्यादातर जिस धूमधड़ाके से उपस्थित हुए थे उसी अचानकता से गायब भी। फिर कई चीज़ों के अंत होने की इकतरफा घोषणाएँ भी की गईं—जैसे, 'इतिहास का अंत', 'विचारधारा का अंत', 'उपन्यास का अंत'। मगर घोषणाओं के बावजूद ये चीज़ें नहीं मरीं। हिंदी

साहित्य का यह सौभाग्य रहा है कि इसके स्वभाव को सिर्फ चौंकानेवाली और फैशनेबुल चीज़ें रास नहीं आतीं। जिन दिनों भारत को आज़ादी मिली थी लगभग उन्हीं दिनों इंग्लैंड और अमेरिका में उपन्यास के अंत की घोषणा की जा रही थी। बाद के कई वर्षों तक विश्व के साहित्यिक परिदृश्य में यह चर्चा का विषय रहा था। जिन लोगों को उस वक्त यूरोप का चार सौ वर्ष पुराना उपन्यास का ढाँचा चरमराता हुआ लगा था, उन्हें आज इस बात पर हैरत हो सकती है कि दर्जनों विश्वस्तर के उपन्यासकार उसके बाद उभरे। शोलोखोव, सोल्झेनित्सिन, मार्खेज, मिलान कुंडेर आदि ने उपन्यास को ही जीवन-यथार्थ को अभिव्यक्त करने का सशक्त माध्यम समझा। भारतीय और हिंदी उपन्यासों ने भी अपने डेढ़ सौ वर्षों के छोटे जीवन में देशकाल और संस्कृति के साथ संश्लिष्ट संबंध कायम करते हुए इस विधा के लचीलेपन और महत्त्व को स्थापित कर दिया है।

कथा साहित्य जीवन यथार्थ को जिस व्यापकता और गहराई से पकड़ता है उसका श्रेष्ठ प्रमाण हिंदी में प्रेमचंद तथा स्वातंत्र्योत्तर रचनाकारों का कथा-साहित्य उपस्थित करता है। हालाँकि प्रेमचंद के समय में यथार्थ के बारे में विमर्श अधूरा ही था, फिर भी यह सुखद आश्चर्य की बात है कि हिंदी कथा साहित्य में प्रेमचंद ने ही यथार्थवाद की गहरी बुनियाद डाल दी थी। बाद के कथाकारों ने सिद्ध कर दिया कि यथार्थवाद अनुकरण नहीं, बल्कि सृजन है। तथ्य और सत्य पर्यायवाची नहीं हैं—ये दो भिन्न चीज़ें हैं और यथार्थ का संबंध कोरी यथावश्यता से न होकर व्यापक सत्य से है। यथार्थ का अर्थ न तो वास्तविकता है और न यथास्थिति ही। दरअसल यथार्थवाद एक लचीला प्रतिमान रहा है और इसका कोई सुनिश्चित ढाँचा नहीं होता। आलोचनात्मक यथार्थवाद, समाजवादी यथार्थवाद, जादुई यथार्थवाद आदि यथार्थवाद के अनेक रूप हैं। फ्रेडरिक जेम्स जैसे आलोचक उपन्यास को राष्ट्रीय रूपक (National Allegory) के रूप में देखना चाहते हैं। आज़ादी के बाद हिंदी उपन्यासकारों ने कथ्य और शिल्प के परिपक्व और मँजे हुए रचनात्मक प्रमाण उपस्थित किए है। आज विषय के रूप में 'सत्ता की समस्या' को पूरे विश्व कथा साहित्य के केंद्र में सहज ही महसूस किया जा सकता है। हिंदी का मामला भी अलग नहीं है।

सब जानते हैं कि आज़ादी के साथ-साथ भारत के तीन टुकड़े किए गए थे, जबकि दलअसल दिलों के करोड़ों टुकड़े हुए थे। यह त्रासदी हिंदी कविता में तो अभिव्यक्त नहीं हुई मगर कथा साहित्य में सशक्त ढंग से अपने विधात्मक विस्तार और गहराई में प्रस्तुत की गई है। यशपाल के 'झूठा सच', भीष्म साहनी के 'तमस' उपन्यास और 'अमृतसर आ गया है' कहानी से भला कौन परिचित नहीं होगा ? स्वातंत्र्योत्तर भारत में सामाजिक-राजनैतिक-आर्थिक स्थितियों में अंतर्विरोध, असंगति और विडंबना को हिंदी कथा साहित्य में वैविध्यपूर्ण तरीके से प्रदर्शित किया गया। फणीश्वरनाथ रेणु भारतीय कथा कहने की वाचिक परंपरा को अपनी अद्‌भुत शैली

में, नए रचाव के साथ, उपस्थित करते थे। 'मैला आंचल' तथा 'परती : परिकथा' जैसे महान् क्लैसिक उपन्यास उन्होंने रचे। अमृतलाल नागर ने 'बूँद और समुद्र', 'अमृत और विष' तथा अन्य उपन्यासों के द्वारा इस विधा को 'मध्यवर्ग का महाकाव्य' कहे जाने को सार्थक किया। भगवतीचरण वर्मा, वृंदावनलाल वर्मा, हजारीप्रसाद द्विवेदी, राहुल, चतुरसेन शास्त्री, रांगेय राघव आदि ने इतिहास-पुराण और समकालीन सामाजिक परिस्थितियों को उपन्यासों का उपजीव्य बनाया। अभिमन्यु अनंत (लाल पसीना आदि), राजेंद्र यादव (सारा आकाश), राजीव सक्सेना (पणिपुत्री सोमा), कामतानाथ (एक और हिंदुस्तान) आदि महत्त्वपूर्ण औपन्यासिक कार्य थे। हाल में कामतानाथ ने 'कालकथा' नाम से 900 पृष्ठों का एक पठनीय पोर्टियड नॉवेल लिखा है। अलका सरावगी नामक नई लेखिका का उपन्यास 'काल कथा, वाया बाईपास' पिछले साल विशेष चर्चित रहा और लोगों को 'कैंसर वार्ड' तथा 'मिडनाइट्स चिल्ड्रेन' की याद आती रही। यद्यपि महाकाव्य आज के जमाने में प्रासंगिक नहीं रह गए हैं, फिर भी उपन्यास मध्यवर्ग के महाकाव्य के रूप में अपनी पहचान बनाए हुए हैं।

स्वतंत्र भारत में भी सामाजिक-राजनैतिक कारणों से जनांदोलन होते रहे हैं और इनकी कोख से वैचारिकताएँ जन्म लेती रही हैं। छदम आंदोलन की उपज वैचारिकता भी छद्म ही होती है। आपात्काल के दौरान और उसके बाद भी जाति, धर्म, आर्थिक विषमता, नर-नारी भेद आदि मुद्दों को लेकर अनेक सामाजिक-राजनैतिक उद्वेलन और विक्षोभ महसूस किए गए और इनकी अनुगूँजें हिंदी साहित्य में भी कमोबेश सुनाई पड़ीं। यह स्वीकार करना चाहिए कि यथातथ्य के विस्तृत विवरण से भरे हुए उपन्यास (और कहानियाँ भी) खूब लिखे गए लेकिन अधिकांश अल्पजीवी होने के लिए अभिशप्त थे। हिंदी का समकालीन साहित्य समय की सच्चाइयों का सामना कर रहा है। और ये सच्चाइयाँ सामाजिक-आर्थिक क्षेत्रों से लेकर दार्शनिक स्तर पर अस्तित्त्व के संकट से संबंध रखती हैं। नए और अछूते विषय-क्षेत्रों की ओर भी कथाकारों ने ध्यान केंद्रित किया। फणीश्वरनाथ रेणु गाँव को कथा के केंद्र में ले आए थे। तीखे व्यंग्यालोचन के बावजूद श्रीलाल शुक्ल ने गाँव की बीमारी को पहचानना चाहा। शैलेश मटियानी, शिवप्रसाद सिंह, रामदरश मिश्र, विवेकी राय आदि ने गाँव के उस पुँजीभूत दुःख को जानने की कोशिश की। वीरेंद्र जैन के 'डूब' और मैत्रेयी पुष्पा के 'इदन्न मम' और 'चाक' भी चर्चित हुए। राजकृष्ण मिश्र ने 'दारुलशफा' और 'सचिवालय' की मार्फत राजनीति और प्रशासन के असली चेहरे से साक्षात्कार कराया। मनमोहन पाठक (गगन घटा घहरानी) अैर संजीव (पाँव तले की दूब) ने आदिवासी समाज के दर्द को दिखाया। संजीव तथा अन्यों ने विज्ञान-प्रौद्योगिकी जैसे विषय भी चुने। आनंद कुमार का 'बेगम का तकिया' हिंदी का अनोखा उपन्यास है जो जीवन के गहन दार्शनिक प्रश्नों का रोचक शैली में साक्षात्कार करता है। न्याय और जेल व्यवस्था को बेनकाब करनेवाला औपन्यासिक परिचय हृदयेश ने 'सफेद घोड़ा काला सवार' और 'पगली घंटी' में प्रस्तुत

किया। 'एक पति के नोट्स' में महेंद्र भल्ला ने व्यक्ति, परिवार और उसके सामाजिक संबंधों की नए ढंग से छानबीन की। हरिशंकर परसाई ने 'रानी नागफली की कहानी' में फँतासी के सहारे बढ़िया व्यंग्य रचा। सुरेंद्र वर्मा ने रंगमंच के जीवन को विषय बनाकर 'मुझे चाँद चाहिए' नाम से एक पठनीय रोमांटिक उपन्यास लिखा। जीवन यथार्थ का क्रूर और नंगा पक्ष जगदंबाप्रसाद दीक्षित के 'मुर्दाघर' और 'कटा हुआ आसमान' में उभरा था। विनोदकुमार शुक्ल ने तीन ऐसे कवित्वपूर्ण उपन्यास लिखे जिन्हें 'उपन्यास कविता' कहा जा सकता है—'नौकर की कमीज़', 'खिलेगा तो देखेंगे' तथा 'दीवार में एक खिड़की रहती थी'। ये उपन्यास विक्रम सेठ के 'कविता उपन्यास' 'दि गोल्डन गेट' से भिन्न आस्वाद के हैं। विनोदकुमार शुक्ल के विलोम में मानो मनोहरश्याम जोशी ने 'कसप', 'कुरु कुरु स्वाहा' और 'हरिया हरक्यूलिस की हैरानी' जैसे उपन्यास विडंबनापूर्ण शिल्प और शैली में लिखे। ये सभी कथाकार त्रासद यथार्थ की अभिव्यक्ति करते हैं। 'आधा गाँव' (राही मासूम रज़ा), 'काला जल' (शानी), 'सूखा बरगद' (मंजूर एहतेशाम), 'मुखड़ा क्या देखे' (अब्दुल बिस्मिल्लाह) आदि उपन्यास भारतीय समाज में मुस्लिम जीवन की पड़ताल करते हैं। 'धरती धन न अपना', 'नरककुंड में वास', (जगदीश चंद्र), 'महाभोज' (मन्नू भंडारी) जैसे उपन्यास दलित यातना को शब्दित करने की महत्त्वपूर्ण कोशिशें हैं। हिंदी में दलित साहित्य मराठी तथा तेलुगु साहित्य के ढंग पर भी आने लगा है अर्थात् दलित के द्वारा दलित जीवन का चित्रण। दो-चार आत्मकथाएँ भी औपन्यासिक पैटर्न पर लिखी गई हैं। इस साहित्य में मात्रा और गुण दोनों दृष्टियों से महती संभावनाएँ हैं। कृष्णा सोबती ('सूरजमुखी अँधेरे के' तथा 'ऐ लड़की'), प्रभा खेतान (छिन्न मस्ता), मृदुला गर्ग (कठगुलाब, चितकोबरा) आदि ने नारी के मुक्ति-संघर्ष के विभिन्न रूपों का चित्रण किया है। हिंदी साहित्य में दलित और नारी-विमर्श का अपना अलग ही स्वरूप है। भारतीय नारी की मुक्ति का मार्ग पश्चिमी फेमिनिज़्म नहीं हो सकता—इस बात की शिद्दत से पहचान हिंदी कथा-साहित्य में हुई है।

इस तरह हम देखते हैं कि भले ही हिंदी में उपन्यास की कोई महत्त्वपूर्ण थ्योरी नहीं बन पाई हो, मगर इससे एक लाभ यह हो गया कि हिंदी उपन्यास अनेक धाराओं से होकर बह रहा है। फिर भी कुल मिलाकर क्या हिंदी का औपन्यासिक परिदृश्य हमें परितुष्ट कर पाता है ? यह सच है कि प्रेमचंद और रेणु, अज्ञेय और जैनेंद्र आदि के लेखन की ऊँचाइयों को छूने की कोशिशें यहाँ हैं पर क्या इनकी अपनी ऊँचाइयाँ भी कायम हो सकी हैं ? मनोहरश्याम जोशी भाषा का अच्छा खिलवाड़ कर लेते हैं और निर्लज्ज भाव से देह-गाथा का खुला बयान भी—मगर क्या वे वैसा पूँजीवादी व्यवसायीकृत समाज का रूप भी रच पाते हैं जैसा राजकमल चौधरी ने 'मछली मरी हुई' में यौन-वर्णनों के माध्यम से ही खड़ा किया था ? जोशी जी को तो राजकमल से आगे बढ़ जाना था। 'मुझे चाँद चाहिए' जैसा उपन्यास क्या उस सामाजिक

जीवन-संघर्ष की ओर से आँखें बंद नहीं कर लेता जो उसके पात्रों में और उसके इर्द-गिर्द संभावित और निरंतर ज़ारी हैं ? नारी और दलित-मुक्ति का संदर्भ सिर्फ आर्थिक-सामाजिक शोषण तक ही रहना चाहिए या इससे भी आगे जाना चाहिए ? व्यापक जीवन दर्शन और महत्त्वपूर्ण सामाजिक विज़न (Vision) के अभाव में भी हिंदी उपन्यास प्रेमचंद, रेणु, यशपाल, अमृतलाल नागर सरीखे दर्जन भर कीर्तिस्तंभ स्थापित कर पाया, यह कम बड़ी बात नहीं है। आाज 'किस साहित्य में कैसा उपन्यास-लेखन हो रहा है' इस बाात से उस साहित्य की समृद्धि का आकलन होने लगा है। उपन्यास वस्तुतः सभी विधाओं का संगम है, अतः इस विधा की ताकत का सहज ही अनुमान लगाया जा सकता है।

आज़ादी के बाद से भारतीय समाज और जीवन पर आधुनिक परिस्थितियों के जो दबाव पड़े उनसे जटिलताएँ बढ़ीं। उत्तर शती के आरंभिक दौर में कहानी, कविता, आलोचना—बल्कि पूरे लेखन ने 'नया' विशेषण धारण किया था। 'नई कहानी' के नएपन को विश्लेषित करने का महत्त्वपूर्ण प्रयास डॉ. नामवर सिंह ने किया था। उनकी पुस्तक 'कहानी : नई कहानी' के बाद से हिंदी कहानी के क्षेत्र में वैसे आंदोलन तो छिटपुट अनेक हुए ('सहज', 'सचेतन', 'समांतर'—यहाँ तक कि 'अकहानी' भी) लेकिन इनसे कालजयी कहानियाँ भी निकली हों—ऐसा कहना कठिन है। अश्क, अज्ञेय, जैनेंद्र, राधाकृष्ण, रेणु, निर्मल वर्मा, हरिशंकर परसाई, अमरकांत, शेखर जोशी, भीष्म साहनी, मोहन राकेश, उषा प्रियंवदा, राजकमल चौधरी, ज्ञानरंजन, दूधनाथ सिंह, हृदयेश, मिथिलेश्वर, संजीव, शैवाल, उदय प्रकाश, शिवमूर्ति, रमेश उपाध्याय, पंकज बिष्ट, असगर वजाहत, संगय सहाय आदि खूब कहानियाँ लिखते रहे और लिख रहे हैं। कालजयी कहानियाँ फिर भी कम ही हैं। गुणवत्ता की दृष्टि से हिंदी कहानी का माहौल भले ही निराशाजनक लगे, संख्या की दृष्टि से तो यह भरा-पूरा है।

आज़ादी के पहले छायावादी कविता का जो सरल भोलापन था उसे कठोर साम्राज्यवादी परिस्थितियों से चोटें मिल रही थीं। 'करो या मरो' आंदोलन, बंगमाल का अकाल, देश-विभाजन आदि को प्रगतिवाद ही झेल सकता था। अतः छायावादी भोलापन टिकाऊ नहीं हो पाया। देश और विश्व में जिस प्रकार के परिवर्तन हो रहे थे वे काव्य के लिए बहुत उर्वर नहीं थे और कविता को स्वभाव बदलकर अनुर्वर प्रदेश (The Waste Land) की कविता बनना था। आचार्य रामचंद्र शुक्ल ने क्या ही खूब लिखा था—"ज्यों-ज्यों हमारी वृत्तियों पर सभ्यता के नए-नए आवरण चढ़ते जाएँगे, त्यों-त्यों एक ओर तो कविता की आवश्यकता बढ़ती जाएगी, दूसरी ओर कवि-कर्म कठिन होता जाएगा।"

कवि-कर्म के अंतर्गत जन-संवेदना और लोक-संवेदना को पहचानने, पकड़ने तथा उसे अपने आत्म-संघर्ष के साथ कलात्मकता से जोड़ने की बात आती है। चूँकि कवि का संसार अब पहले जैसा सरल नहीं रहा अतः कविता में शुद्ध भावों का अभाव होने

लगा और विचारों की बहुतायत। उत्तर शती की हिंदी कविता भाव से विचार की ओर यात्रा करती है। अकविता के दौरान इसमें एक छद्म वैचारिकता भी देखी गई थी। उत्तर शती के कवि वैरागी नागार्जुन, शमशेर, त्रिलोचन, केदारनाथ अग्रवाल, मुक्तिबोध, रघुवीर सहाय, धूमिल, केदारनाथ सिंह, अशोक वाजपेयी आदि सबमें विचारशीलता के प्रति प्रतिबद्धता मिलेगी और चाहे-अनचाहे, प्रकट या गुप्त रूप में, राजनीति वहाँ सक्रिय मिलेगी। लोग महसूस करते हैं कि हाल के दो वर्षों में कविता में जैसे पिछले दशकों की अपेक्षा ठहराव आ गया हो, यह भी कि वह स्टीरियो-टाइप बनती जा रही है। विषय-वस्तु, भाषा-शैली, शिल्प—मानो हर दृष्टि से कवियों ने अपनी सीमा तय कर रखी हो। मनोहरश्याम जोशी ने शिकायत की है कि 'हिंदी में कविता घूम-फिरकर नहीं, चार-पाँच हज़ार शब्दों में लिखी जाती है।' हो सकता है, हस्ब मामूल, जोशी जी अतिशयोक्ति कर रहे हों, मगर अतिशयोक्तियों का भी कुछ आधार हुआ करता है। हाल के वर्षों में चंद्रकांत देवताले, विष्णु खरे, विनोदकुमार शुक्ल, लीलाधर जगूड़ी, आलोक धन्वा, ज्ञानेंद्र पाते, अरुण कमल, कुमार अम्बुज आदि कवियों ने अपने-अपने रचनात्मक तेवर दिखाए हैं और संभावनामय कविताएँ लिखी हैं।

देश की दूसरी भाषाओं की तुलना में हिंदी में नाट्यकर्म महत्त्वपूर्ण क्यों नहीं हो पाया, इसकी छानबीन लोग अब भी कर रहे हैं। प्रसिद्ध मराठी भाषाविद् और आलोचक डॉ. अशोक केलवार हिंदी-भाषी प्रदेशों में नाट्यकर्म के अविकास के कई कारण ढूँढ़ते हैं। उनका कहना है कि हिंदी का क्षेत्रीय विस्तार इतना अधिक है कि इससे हिंदी के एक रंगमंच की स्थापना में बाधा पड़ी। क्षेत्रीय विस्तार का लाभ कई आंचलिक रंगमंच बनाकर उठाया जा सकता था मगर ऐसा हुआ नहीं। फिर हिंदी क्षेत्र में लोकरंग की अपेक्षाकृत कमी रही है। हिंदी के बहुतेरे नाटककारों को रंगकर्म का कोई अनुभव नहीं था। और इस क्षेत्र के रंगकर्मियों ने नाटककारों के साथ तालमेल भी बनाकर नहीं रखा। परिणामस्वरूप जयशंकर प्रसाद जैसे श्रेष्ठ नाटककार की भाषा बोलचाल की भाषा से बहुत दूर हटी हुई हो। पिछले दो-तीन दशकों से कलकत्ता और बंबई—जैसे अहिंदी-भाषी समझे जानेवाले क्षेत्रों में भी हिंदी रंगमंच सक्रिय हैं। आज़ादी के बाद से हर हिंदी-भाषी बड़े शहर में एकाध रंगमंच स्थापित ज़रूर हुआ है किंतु गाँव तो अब भी कोरे ही हैं। दरअसल रंगमंच को ताज़गी और प्रेरणा लोक-संस्कृति से मिलती है। हबीब तनवीर जैसे थोड़े-से नाट्यकर्मियों ने इस बात को पहचानकर हिंदी क्षेत्र के लोकनृत्यों तथा लोकनाट्य रूपों को ढूँढ़ा और अपने प्रयोगधर्मी रंगकर्म में उनका उपयोग किया। हिंदी नाटक के क्षेत्र में अश्क, भुवनेश्वर, मोहन राकेश, लक्ष्मीनारायण लाल, शंकर शेष, मणि मधुकर के नाम किया और अब बस गिनी-चुनी प्रतिभाएँ ही इस क्षेत्र में रह गई हैं जैसे—सुरेंद्र वर्मा, रामेश्वर प्रेम आदि। यह चिंता की बात है।

प्रसिद्ध मेक्सिकी कवि व चिंतक स्व. ऑक्टोवियो पाज का कहना था कि

आधुनिकता को औद्योगिक प्रगति से नहीं नापा जा सकता; बल्कि उसे आलोचना और आत्मालोचना करने की क्षमता से नापा जा सकता है। इस दृष्टि से हिंदी साहित्य और उसकी आलोचना को देखा जाना चाहिए। हिंदी साहित्य का मूलस्वर न तो हमें चरम स्वीकार का मिलता है और न चरम नकार का ही। आचार्य रामचंद्र शुक्ल के शब्द उधार लेकर हम कह सकते हैं कि हिंदी साहित्य का स्वभाव वस्तुतः 'विरुद्धों के सामंजस्य' का है। लेकिन पश्चिम की भाँति 'आलोचना=शक्ति के रूप में' (Criticism as power) या 'आलोचना बचाव के रूप में' (Criticism as Survival) जैसे भाव भी जैसे-जैसे यहाँ प्रतिष्ठ हो रहे हैं तैसे-वैसे संस्कृत परंपरा से प्राप्त 'आलोचना : मुक्ति के रूप में' (Criticism as Salvation) वाला भाव तिरोहित होता जा रहा है।

आज का साहित्य मध्यकालीन साहित्य से बहुत भिन्न है। मध्यकालीन साहित्य में अपेक्षाकृत सरल, सहज और सामंजस्य भरी दुनिया थी और वहाँ नैतिक, धार्मिक तथा आध्यात्मिक मूल्य सर्वाधिक महत्त्वपूर्ण थे। आज के साहित्य की दुनिया बेहद जटिल और तनावपूर्ण है। आज के साहित्य में इतिहास-बोध तथा सामाजिक जीवन-मूल्य ही प्रधान हैं। अतः आज आलोचना को मुक्ति के रूप में देखने की ज़रूरत पहले से कहीं अधिक है।

हिंदी के सौभाग्य से आचार्य रामचंद्र शुक्ल ने आलोचना का मज़बूत ढाँचा खड़ा कर दिया था। उन्होंने भारतीय और पाश्चात्य दोनों ही समीक्षा दृष्टियों को पचाकर आलोचना का एक मध्यमार्ग प्रस्तुत कर दिया था। अपनी परंपरा की सही पहचान और दूसरी तमाम विचारधाराओं के प्रति निरंतर सजगता अच्छे आलोचक के अनिवार्य गुण हैं। विचारधाराएँ महत्त्वपूर्ण होती हैं। भले ही कोई विचारधारा पूरा सच नहीं होती, फिर भी वह सच के इर्द-गिर्द तो होती ही है। विचारधाराओं की सार्थकता इसमें है कि वे अपने से ज्यादा सच के निकटतर आनेवाली विचारधारा के पक्ष में नष्ट हो जाएँ।

हिंदी आलोचना ने अपने सैद्धांतिक की तैयार करने की कोशिश में परंपरा से प्रतिष्ठित प्रतिमानों की प्रासंगिकता की पहचान की और साथ ही देश-विदेश से आनेवाली विभिन्न विचारधाराओं के लिए आँख-कान खुले रखे। दरअसल पश्चिमी आलोचना के उपजीव्य संस्कृत भाषा, काव्य, व्याकरण, दर्शन आदि में सहज ही मिल जाते हैं। अतः हिंदी साहित्य को रूपवाद, शैलीविज्ञान, संरचनावाद, नई समीक्षा, आधुनिकतावाद, उत्तर आधुनिकतावाद, विडंबनावाद आदि—जैसी विचारधाराओं से ज़्यादा उद्वेलित-विचलित होने की नौबत नहीं आई। हिंदी में अच्छी बात यह रही कि अपनी परंपरा के सार्थक अंशों की खोज में रामविलास शर्मा, मुक्तिबोध और नामवर सिंह-जैसे प्रगतिशील आलोचक भी जुटे रहे और अज्ञेय, साही, रामस्वरूप चतुर्वेदी, रमेशचंद्र शाह, अशोक वाजपेयी-जैसे वे लोग भी जो व्यक्तित्त्व के सांस्कृतिक समृद्धि और सांस्कृतिक विशुद्धता के आकांक्षी थे।

चूँकि हिंदी साहित्य बने-बनाए सिद्धांतों पर रचे जाने को तैयार नहीं, अतः हिंदी

साहित्य के आधार पर आलोचना के सिद्धांत बनाए जाते रहे है। सिद्धांतों के द्वारा नएपन की सूक्ष्मता को पकड़ना तथा परंपरित चिंतन के जीवंत तत्त्वों को पुनर्मूल्यांकित-पुनर्परिभाषित करना संभव होता है। सौंदर्यशास्त्रीय तत्त्वों और राजनीति के सूक्ष्म अंतस्संबंधों की छानबीन ज़रूरी होती है। ऐसा करने से हम देख पाते हैं कि फिलहाल हिंदी में दलित एवं नारीवादी विमर्श साहित्यिक कृतियों के रूप में कम लेकिन साहित्यिक राजनीति में अधिक दिखाई पड़ता है।

जब आलोचना कृति के सौंदर्य और महत्त्व को संपूर्णतः विश्लेषित करने के अपने कर्तव्य में जुटती है तो विचारों और सिद्धांतों की अपर्याप्तता सामने आ जाती है और किसी एक का ही पल्ला थामकर आगे बढ़ना संगत नहीं होता। रचना के भीतरी और बाहरी दोनों प्रकार के सौंदर्य और महत्त्व की परख करने के लिए ही रेने वेलेकन ने परिप्रेक्ष्यवाद (Perspectivism) जैसे शब्द को वकालत भी की—अर्थात् साहित्य को समय, समाज तथा अन्य साहित्यों के परिप्रेक्ष्य में देखा जाना चाहिए। मगर इस 'देखने' के लिए भी सही विचारदृष्टि तो चाहिए ही। रचना को उसकी समग्रता में विश्लेषित करने के लिए हम जिन पद्धतियों का सहारा लेते हैं वे खुद उलझी हुई और अपूर्ण होती है—इसलिए हमारे सिद्धांत बदलते रहते हैं। शायद साहित्यिक और आलोचनात्मक विकास के लिए यही ज़रूरी है कि हम पिछली ज़मीन को लाँघते हुए, उसे पीछे छोड़ते हुए, नई ज़मीन की तरफ बढ़ते चलें।

कोई एकाध साल पहले मेरे एक युवा साहित्यिक मित्र गौतम सान्याल ने हिंदी साहित्य की कई अनुपस्थितियों की चर्चा की थी। ठोस रूप में कहें तो हिंदी साहित्य में तीन चीज़ों का नहीं रहना गौतम सान्याल को अखरा था। उनके अनुसार हिंदी साहित्य में न तो विज्ञानकथा है, न हास्य कथा है और न बाल-साहित्य ही है। गौतम सान्याल ने इनके बारे न तो गहराई से विचार किया, न इस बात की छानबीन ही की कि यह अनुपस्थिति किस मात्रा और गुण में है। मेरे खयाल से हिंदी में हास्य कथाएँ और बाल साहित्य अनुपस्थित बिलकुल नहीं है—हाँ, विज्ञान कथाएँ कम ज़रूर हैं, पर देर से और कम सही, लिखी जा रही हैं। सच तो यह है कि रचनात्मक लेखन इस सचेत भाव से नहीं किया जाता कि अमुक प्रकार से साहित्य को समृद्ध करना है। जब नए ढंग की रचना आती है तो हम बरबस कह सकते हैं कि अरे, अब तक तो ऐसा नहीं लिखा गया था।

कुल मिलाकर हिंदी साहित्य का बीसवीं सदी में विकास आश्वस्तकर है और नई चुनौतियों के प्रति क्षमतावान है। उसे इक्कीसवीं सदी का स्वागत करते हुए हिचकिचाने की ज़रूरत नहीं है।

सामाजिक विसंगति बनाम कविता की विद्रूप-दृष्टि

डॉ. एन. मोहन

जीवन यथार्थ की गहरी पहचान ही विद्रूप दृष्टि का स्रोत है। साहित्यकार विदूषक बनकर जीवन की असंगतियों पर व्यंग्य दृष्टि डालता है। उस समय उनका व्यंग्य सामान्य व्यंग्य के स्तर से गंभीर जीवन की सहजता में आए हुए क्रम-भंग की ओर अर्थपूर्ण रवैया अपना लेता है। कविता की विद्रूप दृष्टि दरअसल कवि की गंभीर संचेतनता का परिणाम है। वर्तमान व्यवस्था की भीषणता एवं नैतिक अवस्थाओं पर कवि प्रश्न करता है। यह कवि की क्रांति चेतना भी है। विद्रूप दृष्टि उसी क्रांति का परिणाम है। कवि (रचनाकार) अनुभव करता है कि आदर्श तथा यथार्थ, कथन एवं कर्म तथा मन एवं शरीर के बीच जो तालमेल अनिवार्य है, वह नहीं रह गया, एक मर्मान्तक अंतराल इनके बीच में है। यही आज का यथार्थ है। इस यथार्थ को संप्रेषित करना युगदृष्टा कलाकार का धर्म है। आधुनिक कवि इसको अपना परम धर्म समझता है, इसलिए आधुनिक कविता में खासकर प्रगतिवादी कविता से लेकर विद्रूप दृष्टि काफी सक्रिय दिखाई देती है।

प्रगतिवाद में यह दृष्टि निराला में काफी गंभीरता के साथ विन्यसित है। अपने जीवन की ही मर्मान्तक घटनाओं को प्रस्तुत करनेवाली 'सरोज-स्मृति' में यह काफी स्पष्ट है। वैयक्तिक एवं सामाजिक विसंगतियों की अग्नि में तपने पर भी मुस्कुराहट के साथ जीवन का सामना करनेवाला निराला जीवन की विद्रूपता का साक्षी बनकर खड़ा हो जाता है। कमरतोड़ मेहनत करनेवाले वर्ग के अभिशापग्रस्त जीवन का इतिहास प्रस्तुत करनेवाली 'वह तोड़ती पत्थर', सामाजिक जीवन की विषमता पर परिहास करनेवाली 'भिक्षुक' आदि निराला की विद्रूप-दृष्टि के विस्तार को द्योतित करनेवाली कविताएँ हैं। इनके सृजन के पीछे कोई सैद्धांतिक इच्छापूर्ति या पक्षधरता नहीं है। लेकिन मानव जिन-जिन विद्रूपताओं के बीचों-बीच रहने के लिए अभिशप्त है, उनकी गहराइयों को दर्शाना ही है। सचमुच निराला इन कविताओं के ज़रिए अपने तथा अपने समय के यथार्थ की उष्मा को संप्रेषित कर रहे हैं। निराला की इस विद्रूप दृष्टि का काफी विकसित

तथा बहुआयामी स्वरूप प्रयोगवादी-नई कविता से लेकर समकालीन कविता तक व्यापा हुआ है।

आधुनिक युग विज्ञान का युग है। वह एक ओर वरदान रहा है तो दूसरी ओर अभिशाप भी। भौतिक साधनों से मानव जीवन को समृद्ध करने के साथ ही उसने मनुष्य के चिरसंचित मूल्य-बोध को तहस-नहस कर डाला। गोया कि उसने मनुष्य का अवमानवीकरण कर दिया है। इस युग यथार्थ को आधुनिक कविता ने अपना सत्य बना दिया। इसलिए अव-मानवीकरण कविता की प्रवृत्ति नहीं बल्कि आधुनिक कविता का सत्य बन गया है, जिसको नज़रअन्दाज़ करते हुए कविता आगे बढ़ नहीं सकती। इसलिए अज्ञेय ने कहा, 'मैं ही हूँ पदाक्रांत रिरियाता कुत्ता।' मुक्तिबोध ने इसी यथार्थ को सामाजिक यथार्थ से जोड़ते हुए कहा—

'मुझे लिखो मैं कटी हुई अँगुलियाँ हूँ
जिसे भूख ने खा लिया है।'

यह जीवन यथार्थ के प्रति कवि का विद्रोही रवैया है। इसमें व्यक्ति के उदात्तीकरण की इच्छा नहीं बल्कि बृहत्तर सामाजिक यथार्थ के प्रति आक्रोश की भावना है। समकालीन कवि ने इस यथार्थ को काफी स्पष्ट एवं सरल शब्दों में व्यक्त करने का कार्य किया है। आधुनिक युग की बढ़ती सुख-सुविधाओं के संदर्भ में मनुष्य का सबसे मूल्यवान अंश मानवीयता या मनुष्यत्व के विनष्ट हो जाने पर कवि यों विक्षोभ कर उठता है, 'सब कुछ बन रहा है, मेरे देश में नगर... भवन... सड़कें... योजनाएँ लेकिन निर्माण की उस दौड़ में नहीं बन पाया है एक अदद आदमी... एक अदद आदमी।' (विनय)

कुँवर नारायण के लिए सब पत्थर के समान कठोर बन गया है। यहाँ दशाननों का खेल चल रहा है। मनुष्य निरंतर टूटता जा रहा है—

अब हर चीज़ पत्थर की तरह कठोर
यथार्थ या यथार्थ की तरह बनी हुई खेल नहीं
जिससे दशानन बर्बरता से टकराता
मैं मनुष्य मात्र
टूट रहा...

मूल्यों का विघटन आधुनिक जीवन की और एक विद्रूपता है। विघटित मूल्यों को ढोते हुए जीने की विवशता आधुनिक समय का सबसे बड़ा अभिशाप है। इस अभिशप्त स्थिति पर ज़ोर देते हुए कवि सर्वेश्वर का कथन है—

'एक गलत भाषा में

गलत बयान देने से
मर जाना बेहतर है।
यही हमारी टेक है।'

मूल्य विघटन का सबसे बड़ा अखाड़ा परवर्ती भारत रहा है। सभी क्षेत्रों में इस विघटन की अनुगूँजें मुखरित हैं। स्वतंत्र भारत दरअसल जनता के सपनों की श्मशान भूमि बन गया था। उन्हें अपनी इच्छा के अनुसार जीने की सुविधाएँ नहीं मिली। उसने पहचाना कि विदेशियों के चले जाने के उपरांत सत्ता की कुर्सी पर जो स्वदेशी आ गए वे पहलेवालों से अधिक बदतर हैं। उन्हीं के शासन में उसका वर्तमान सुधरेगा नहीं और भविष्य के गढ़ने की संभावना भी नहीं। यहाँ कोई मूल्य नहीं रह गया है और सारे आदर्श बिकाऊ बन गए हैं।

'हैदराबाद के म्यूज़ियम में एक घड़ी है
जिसमें गाँधी
हर घंटे दरवाज़ा खोलकर बाहर आते हैं
और लौट जाते हैं
स्वामी दयानंद का सत्यार्थप्रकाश
और तिलक का गीता रहस्य
बनियों ने खरीद लिया है।'

देश के भविष्य पर आशंका प्रकट करते हुए कवि का कहना है कि नए-नए हर्षवर्धन आते-जाते हैं लेकिन देश का यथार्थ वैसा ही बना रहता है। कोई कारगर परिवर्तन नहीं होगा–

'नीले काँच का फूलदान है मेरा देश
नए हर्षवर्धन-जयवर्धन के लड़खड़ाते पाँवों की ठोकर से
टूटकर बिखर जाता है।'

जीना है तो आदमी का जैसा जीना है, नहीं तो ज़िंदा रहने से कोई फायदा नहीं। समाज में व्याप्त अनैतिक एवं अमानवीय वृत्तियों से असंतुष्ट होकर कवि धूमिल का कहना है–

'और बाबूजी ! असल बात तो यह है कि ज़िंदा रहने के पीछे
अगर सही तर्क नहीं है
तो रामनामी बेचकर या रंडियों की
दलाली करके रोज़ी कमाने में
कोई फर्क नहीं है।'

कविता की यह विद्रूप दृष्टि समाज में व्याप्त अनैतिकता एवं अत्याचार के विभिन्न पहलुओं पर पड़ी है। स्वाधीनता परवर्ती परिवेश में सबसे अधिक भ्रष्ट क्षेत्र राजनीति का है। भारत की जनता ने एकजुट होकर स्वतंत्रता के लिए संघर्ष किया था क्योंकि स्वतंत्रता उनके लिए भावनात्मक स्वप्न थी। इसको लेकर बहुत सारी आकांक्षाएँ भी थीं। स्वतंत्रता मिली, पर वह कुछों के लिए सीमित हो गई। अधिकांश लोग वैसे ही अस्वतंत्र रह गए। इसलिए स्वतंत्रता जन-जीवन में वाँछित हलचल उत्पन्न करने में पराजित हो गई। इसलिए कवि धूमिल कहते हैं–

'बाहर हवा थी
धूप थी–
घास थी
मैंने कहा आज़ादी

(धूमिल)

जन-मानस में स्वतंत्रता को लेकर जो महान् कल्पनाएँ थीं वे सब मिट्टी में मिल गई। अब भी बच्चे भूखों रहकर स्कूल जाते हैं। पहले की जैसे छत अब भी बारिश में टपकती हैं। ये सब आम जनता के दैनिक जीवन की त्रासद स्थितियाँ थीं, जिससे जनता मुक्त होना चाहती थी। लेकिन जनता के यथार्थ में अब भी कोई परिवर्तन नहीं हुआ। इस पर दुःखी होकर कवि का कहना है–

'मैंने इंतज़ार किया
अब कोई बच्चा
भूखा रहकर स्कूल नहीं जाएगा,
अब कोई छत बारिश में नहीं टपकेगी।'

लीलाधर जगूड़ी कुछ आगे बढ़कर आक्रोश भरी वाणी में कहते हैं कि आज़ादी एक जूठी थाली है। और इस देश में अब कुछ भी होनेवाला नहीं क्योंकि आशा एवं आकांक्षा समाप्त हो चुकी हैं।

'लँगड़े मुल्क में अब कुछ होगा यह एक बेजा कल्पना है।'

कवि की आस्था टूट गई है। प्रजातंत्र पर अब कोई विश्वास नहीं। क्योंकि भारत का प्रजातंत्र अपने वास्तविक मकसद से कोसों दूर पड़ गया है। इसलिए उससे देश के वर्तमान का सुधरना या सुनहले भविष्य को गढ़ पाना कोरी कल्पना मात्र रह जाएगा। उस में वह शक्ति या वैसी ताकत नहीं है जिसकी कल्पना हम कर रहे हैं–

'मगर मैं जानता हूँ कि मेरे देश का समाजवाद

मालगोदाम में लटकती हुई
उन बालटियों की तरह है जिन पर
आग लिखा है
और उनमें बालू और पानी भरा है।'

समकालीन कविता के सशक्त हस्ताक्षर धूमिल ने आधुनिक प्रजातंत्रीय व्यवस्था का निष्कर्ष निकालते हुए कहा कि भारत का प्रजातंत्र जनता या देश के भविष्य को लक्ष्य करके नहीं बल्कि वह आम आदमी के खिलाफ चलाए जानेवाला एक षड्यंत्र मात्र है–

'न कोई जन है
न कोई तंत्र
यह आदमी के खिलाफ
आदमी का षड्यंत्र है।'

इस प्रकार राजनीति के क्षेत्र में भी प्रतिकूलता ही प्रतिकूलता वर्तमान है। जनता और जनसेवक के बीच का रिश्ता जो है वह भी बिलकुल बदल गया है। 'जनसेवक' नाम के लिए है, दरअसल वे भ्रष्टाचारी, स्वार्थी तथा जनशोषक बन गए हैं।

'जनता के सेवक हो गए काबिनेट में बंद'

(विनय)

आजकल के नेता ईमानदार नहीं हैं, वे दिखावे पर टिके हुए हैं। वे दूसरों को समझाना चाहते हैं कि उनका जीवन देश के लिए समर्पित है। यथार्थ उससे भिन्न है। उसके मन में कोई घनिष्ठता नहीं, 'घनिष्टता' मात्र है।

'उनके सभी काम देश के काम हैं
याने वे देश खाते हैं।
देश की टट्टी करते हैं
देश की पेशाब करते हैं

(जगूड़ी)

प्रजातंत्र का पवित्र स्थान है संसद। लेकिन आज के जमाने में वह पवित्रता भी कहीं नष्ट हो गई है। क्योंकि आजकल योग्य व्यक्ति नहीं, अयोग्य एवं स्वार्थी लोग ही यहाँ पहुँच जाते हैं, जनसेवक के बहाने। अतः संसद संबंधी सभी धारणाएँ बदल गई हैं। जनता के मन में ऐसा कोई विश्वास नहीं है कि संसद तथा यहाँ के तथाकथित जनसेवकों से देश का उद्धार होगा। जनमानस की इस धारणा को वाणी

देते हुए कवि कहता है–

'संसद एक दलदल है
जहाँ हर मेंढक
कमल है'

(रमेश कौशिक)

आधुनिक शहरी जीवन के विसंगत यथार्थ की ओर विद्रूप दृष्टि पड़ी है। शहरी जीवन से व्यक्ति कैसे अमानवीय वृत्तियों में फँस जाता है। इसके लिए पर्याप्त मिसाल है अज्ञेय की साँप नामक कविता–

'साँप
तुम सभ्य तो नहीं हुए
शहर बसना भी नहीं आता'

शहरी जीवन की यातना को भोगने की विवशता में परेश कहते हैं कि वह शहर में जी नहीं रहा है बल्कि वह उसे सह रहा है। यह कवि का यथार्थ ही नहीं, जनता का यथार्थ है–

'आप को लगता है, मैं इस शहर में रह रहा हूँ
यह झूठ है
मैं इस शहर को केवल सह रहा हूँ।'

शहरी वातावरण में विनष्ट हुए मानव-मूल्य एवं उच्च आदर्शों की ओर अपनी अंतर्दृष्टि डालते हुए श्रीकांत वर्मा कहते हैं–

'यह वह मगध नहीं
तुमने जिसे पढ़ा है किताबों में
यह वह मगध है
जिसे तुम मेरी तरह गँवा
चुके हो'

श्रीकांत की बहुत सारी कविताओं में सामाजिक यथार्थ की त्रासद स्थिति का अनावरण हुआ है। 'मगध' संकलन ही इसके लिए पर्याप्त उदाहरण है।

वर्तमान त्रासदी में प्रेम संबंधी धारणाएँ भी बदल गई हैं। आज प्रेम का वह पुराना भव्य रूप तो नहीं रह गया है। कोई उसकी ओर ध्यान भी नहीं देता।

सब व्यावहारिक प्रेम के पक्ष में हैं। प्रेम शहर में बिकाऊ बन गया है। इस नैतिक पतन की ओर कवि केदार यों प्रतिक्रिया प्रकट करता है–

तुमने यहाँ लिखा है 'प्यार'
वहाँ लिख दो सड़क
फर्क नहीं पड़ता।
मेरे युग का मुहावरा है
फर्क नहीं पड़ता। (के. सिंह)

जाहिर है आधुनिक युग में कविता की दृष्टि बिलकुल बदल गई है, वह अपने पुराने तेवर को छोड़कर यथार्थ को पकड़ पाने में संलग्न है। बदले हुए मानव यथार्थ की गहराई को पकड़ पाना ही कविता अपना दायित्व समझती है। अतः आधुनिक व्यक्ति के लिए विद्रूप दृष्टि एक टेकनीक मात्र नहीं रह गई बल्कि यह यथार्थ को देखने-परखने की अंतःदृष्टि है। कवि वर्तमान यथार्थ की विद्रूपताओं से आहत होकर उस पर व्यंग्य प्रहार करता है। यह व्यंग्य कवि के अंतःस्थल से उभरा हुआ है। यहाँ कवि दार्शनिक बनने की अपेक्षा अपने को विदूषक दिखाना चाहता है। कवि जीवन का सौंदर्य सुंदर चिकने सफेद संगमरमर पर नहीं बल्कि खुरदरे कृष्णशिलाओं पर उकेरना संगत महसूस करता है। यह उनके युगबोध की गहरी पहचान को ही द्योतित करता है।

प्रभाकर माचवे की कविता और विश्वमानव संकल्पना

डॉ. रवि

मानव की तबाही हमेशा स्वार्थ, अहंता, लालच जैसी संकीर्णताओं के कारण होती है। प्राचीन वाङ्मय में भी इसके संकेत मिलते हैं। 'वसुधैवः कुटुंबकम्' जैसी सूक्तियों की चेतावनी के बावजूद मानव समाज अब तक स्वार्थ, अहंता, लालच जैसी आदतों से मुक्त नहीं है। बीसवीं सदी में मार्क्सवादी भौतिकवादी दर्शन भी एक वर्गरहित विश्वसमाज की कल्पना है। आज उस पर प्रश्नचिह्न लग गया है। गाँधी जी ने भारतीय संस्कृति के आधार पर विश्वमानवता की कल्पना की थी। आज इससे भिन्न मकसद से सार्वभौमीकरण (ग्लोबलैसेशन) की बातें उभर आने लगी हैं। प्रागैतिहासिक जीवन में ताकतवाला ही ज़िंदा एवं रहने योग्य था। परंतु सभ्यता के इस युग में भी मानव समाज में वही आदत किसी-न-किसी रूप में प्रकट होती रहती है। विज्ञान और प्रौद्योगिकी की प्रगति और औद्योगिक क्रांति से उन्हें अधिक रफ्तार मिलने लगी। इसके साथ दो गुटों में बँटी विश्वशक्तियों के बीच स्पर्धा और स्वार्थ चरम सीमा पर पहुँच गए। फलस्वरूप शीतयुद्ध की शुरुआत हुई। हकीकत यह है कि इस कारण से सामाजिक जीवन अवरुद्ध होने लगा; चेतना भी अवरुद्ध हुई है। आज तानाशाही ताकतें नए-नए तंत्र आजमाने लगी हैं। उनमें सार्वभौमीकरण, आणव निर्व्यापन संधि आदि मुख्य हैं। इनकी चर्चाएँ और परिचर्चाएँ ज़ोरों पर चलती हैं। उनके प्रणेताओं के अनुसार सार्वभौमीकरण के मूल में 'वसुधैवःकुटुंबकम्' की परिकल्पना मात्र है। 'गैट' संधि के अनुसार व्यापार करा, चाहे खाद्य पदार्थों का हो या आणविक रियक्टरों का, प्रथम स्थान है। 1986 तक आते-आते व्यापार के साथ व्यापार संबंधी अन्य बातों को भी इस 'उदार नीति' के अंतर्गत लाने की कोशिशें शुरू हुईं। एक ओर वे खुला बाज़ार और मूल्य की एकता माँगते हैं तो दूसरी ओर पैटंट, कॉपीराइट आदि बातों पर ज़ोर देते हैं। इससे उनके विश्वबंधुत्व का मकसद स्पष्ट होता है। 'गैट', सार्वभौमीकरण, आणव निर्व्यापन संधि जैसे सुंदर एवं मुलायम शब्दों के बहाने यह सिर्फ अर्थ और शस्त्र तंत्र के स्वामी की चाल है। अंधाधुंध औद्योगिक प्रसारवाद, प्राकृतिक संपदा का विवेकहीन

दोहन, संसार के नए-नए अस्त्रों, रसायनों एवं औषधियों का अन्वेषण और उत्पादन, उद्योगशालाओं तथा प्रयोगशालाओं से बहाए जानेवाले कूड़ा-कचरे से अंतरिक्ष का प्रदूषण और इन सबकी वजह ओज़ोन लेयर के टूटने की खतरनाक चेतावनी तक मिली है। ऐसी हालत में अर्थतंत्र और तंत्रज्ञान के स्वामी पर्यावरण प्रदूषण को रोकने और प्रकृत्ति की सुरक्षा करने के लिए एक सार्वभौमिक चर्चा के लिए भी तैयार नहीं है। क्योंकि ऐसा कदम उनके औद्योगीकरण, धन-लिप्सा, अहंता एवं स्वार्थ पर लगाम लगाना होगा। इस तरह की तांत्रिक अहंता और विज्ञानमूलक यांत्रिकता की अंधी दौड़ में हिस्सा लेनेवाली शक्तियों की करतूतों और उसके दुष्परिणामों तथा प्रकृति एवं मानव समाज पर पड़े संकटों पर प्रकाश डालना कवि कर्म का भी मुख्य लक्ष्य है।

इन्हीं बातों के इर्द-गिर्द लिखी गई कुछ कृतियाँ प्रकाशित हो चुकी हैं। 'अंधायुग' (धर्मवीर भारती), 'एक कंठ विषपाई' (दुष्यंत कुमार), 'संशय की एक रात' (नरेश मेहता), 'हिरोशिमा' (अज्ञेय) आदि रचनाएँ युद्ध और उसकी विभीषिकाओं से मानवराशी को सजग करती हैं। युद्ध की भाँति अनैतिक मनमानी के कारण जीवन के मूल में स्वार्थ, अहंता, व्यक्तिवाद आदि अक्सर रहते हैं। जयशंकर प्रसाद ने 'कामायनी' के जरिए अनैतिकता के कारणा हुए सर्वनाश को अभिव्यक्ति दी। अनैतिक मनमानीपन सामाजिकता का ध्वंस करता है और मानव चेतना को विघटित करता है। मनु की भाँति तानाशाही अपने मार्ग में बाधा पड़ने पर युद्ध के लिए उतारू होता है। एकदम नए संकटों को केंद्रीभूत करके गिरिजाकुमार माथुर ने 'कल्पांतर' लिखी है। आज की यांत्रिक विभूति का पूरा इस्तेमाल मानव-कल्याण के लिए नहीं हो रहा है। तानाशाही अर्थतंत्र एवं तंत्रज्ञान पर अपना कब्जा बरकरार करने की होड़ में इसका उपयोग हो रहा है। अत्यंत अनुदार, कर्मकांडी एवं निषेधात्मक तानाशाही जनहित को नगण्य करके कभी अपने वर्गहित और कभी अपने अहं की तुष्टि करना चाहता है।

प्रभाकर माचवे इन सबसे अलग हैं। उनके सोच-विचार, लेखन और कर्म देशी से राष्ट्रीय और राष्ट्रीय से अंतर्राष्ट्रीय स्तर तक पहुँच गए हैं। वे मानव को देश और रंग तथा वर्ग और धर्म से मुक्त स्वतंत्र मानव के रूप में देखना चाहते थे। साहित्य, समाज, संस्कृति, विज्ञान, प्रौद्योगिकी जैसी बातों के बारे में उनका स्पष्ट विचार है। वे अपने लेखन के स्तर पर विश्वदृष्टि के प्रवक्ता हैं। इसके बारे में मनोहरश्याम जोशी ने लिखा है 'माचवेजी अकादमी के एकमात्र राष्ट्रीय-अंतर्राष्ट्रीय स्तर के व्यक्ति हैं और इस माने में कोई हिंदी साहित्यकार उनकी टक्कर के हो सकते हैं तो अज्ञेय (बातों-बातों में)। रचनाकार की विश्वदृष्टि और रचना में अंतरलीन विश्वमानवताबोध की परख उनकी आदत बन गई। इसी ख़्याल से उन्होंने 'पोएट फिलॉसफर ऑफ पाकिस्तान : इकबाल' नामक ग्रंथ की भाँति जयशंकर प्रसाद पर एक उत्तम ग्रंथ प्रकाशित करने की सलाह दी थी। और 'प्रसाद : भारतीय और विश्वमनीषा' नामक ग्रंथ की भूमिका में उन्होंने इसका उल्लेख किया है।

माचवे जी के अनुसार जीवन और जगत का सीधा प्रत्यय लेना ही सच्ची प्रेरणा है। ऐसा सोचनेवाले कवि अतीत और वर्तमान, भारत और सारी दुनिया से अपनी रचना सामग्रियाँ इकट्ठा करते हैं। उनकी रचनाओं में विश्वजीवन के विभिन्न पहलुओं को अभिव्यक्ति मिली है। बीसवीं सदी विज्ञान और तकनीकी का युग है। उसने मानव जीवन के भौतिक पक्ष को सुंदर एवं सुखमय बना दिया है। यह अलग बात है कि भौतिक सुख-सुविधाएँ विश्व के एक सीमित समाज को ही उपलब्ध हैं। वास्तविकता यह है कि सारा विश्व विज्ञान और तकनीकी का सदमा भोग चुका है। इस यांत्रिक युग में मनुष्य यंत्र-सा हो गया है। उसके जीवन-दर्शन, मूल्य, अस्मिता सब रिस-रिसकर खाली हो चुके हैं। ऐसे समय ने मनुष्य को क्या दिया, इसे 'बीसवीं सदी' नामक कविता में कवि ने वाणी दी है–

'बीसवीं सदी ने यही किया ?
मानव को मानव का भक्षण
मानव को निज संरक्षण का
परवाना सबको बाँट दिया–
जीवन संघर्ष बढ़ा यों तक
उस हाथ दिया, इस हाथ लिया,
देख न पुण्य अथवा पातक
जिसने मारा बस वही जिया।'

सभ्य युग के मनुष्य विज्ञान की छाया में अधिक बर्बर हो गए हैं। यही बर्बरता कभी-कभी वर्ण या वर्ग और कभी-कभी धर्म या संप्रदाय के रूप में दिखाई पड़ती है। मनुष्य की इस बर्बरता के आगे पशुजगत भी हैरान है और स्वगत प्रश्न करता है–

'कौन यहाँ जंगली है ? हम जो सहस्रकों के लिए जिलाते
या कि आप जो अणु-बम की निर्माण-दौड़ में हो मदमाते।'

भौतिक सुख-सुविधाएँ यांत्रिक युग की देन हैं। इसके साथ मानव की बर्बरता, कूटनीति, आदर्शहीनता आदि दुगुनी हो गई हैं। विज्ञान, प्रौद्योगिकी और औद्योगीकरण ने मानव जीवन को अंतर्विरोधों से भर दिया है। सामाजिक एवं पारिवारिक जीवन ही नहीं, व्यक्ति जीवन भी खोखला बन गया है। उसमें शांति का एक कण भी बाकी नहीं रहा। तनाव, कुंठा, अकेलापन, निराशा एवं संशय से जीवन दूबर हो गया है।

ऐसे मानव जीवन को 'मेपल' की कविताओं में कवि ने अभिव्यक्ति दी है। 'मेपल' की कविताएँ विदेशों में और वहाँ से लौटने के बाद कवि ने लिखी हैं। उनमें उन्होंने अपने रूस, अमेरिका जैसे देशों के प्रवासी जीवनानुभवों को वाणी दी है। अमेरिका जैसे संपन्न यांत्रिक देशों में मनुष्य दिशाहीन जीवन बिता रहा है। वह अज्ञात

एवं अनिश्चय नियति के बीच अपने को एव की एवं अजनबी महसूस करता है।

'जनम नाम के अनजाने सुरंग पथ में
और
मरण नाम के बेचाबी दरवाज़े के बीच
मेरा अस्तित्त्व यहाँ कैद है
अँधियारा, सीलन से भरा हुआ एकाकी।'

विज्ञान के गुण-दोषों के बीच मानव पिस रहा है। वह ऐसी विवशताओं को भोगने के लिए अभिशप्त है।

'मैं अपनी बलि भी नहीं चढ़ा सकता किसी आदर्श पर
आधुनिक मानव हूँ, बुद्धिवादी हूँ
मेरे रक्त कोष शरमाते हैं
इस सभ्यता के चाकू के आगे आने में।'

मनुष्य इस सभ्यता की गति के बारे में वाकिफ है। उसे भली-भाँति मालूम है कि ये चाकू हैंडलविहीन हैं। इन दिशाहीन चाकुओं के आगे सहानुभूति, ममता, आदर्श जैसे मानवीय गुणों के लिए कोई स्थान नहीं है। ये 'बुलडोजर' की भाँति सबको पीसते रहते हैं।

'और अब दर्द ऐसा भर गया है,
कि तू...तेरी याद भी उसमें खो गई है,
ओ मेरी आत्मा,
मेरी तलाक दी हुई प्रियतमा निजता।'

इस दिशाहीन विज्ञान और प्रौद्योगिकी की होड़ और उसके बीच फँसे मानव की कारुणिक स्थिति को कवि ने 'विश्वकर्मा' नामक काव्य में अभिव्यक्ति दी है। मानव समाज तंत्रज्ञान के जंजाल में पड़कर अपने सर्वनाश के दिन गिन रहा है। खुद अपना ही नहीं, अपने जीवन-दाता का अस्तित्त्व भी खतरे में हैं। माचवे जी ने सूर्य से संबंधित मिथक कथा के ज़रिए इसे अभिव्यक्ति दी है। प्रकृति और सारे सौरमंडल सूर्य पर निर्भर है। ऐसे सूर्य के सिवा यहाँ कोई नहीं बचा रहेगा। इस तथ्य से अवगत प्रागैतिहासिक मनुष्य सूर्य की वंदना करता था, परंतु आधुनिक मानव सूर्य से बहुत दूर चला गया है। प्रकृति तत्त्व हट गया है। मनुष्य की दारुण स्थिति को व्यक्त करने के लिए कवि ने सूर्य, छाया, मनु और विश्वकर्मा को प्रतीकवत् किया है। 'इन चार पात्रों के माध्यम से ही मैंने इस छोटे काव्य में कई बड़े प्रश्न संकेत से उठाए हैं : 'पर्यावरण की शुद्धि और प्रसारण, यंत्र का मानव पर हावी होना या मानव का यंत्र

को अपने अधिकार में रखना, नारी-पुरुष की स्पर्द्धा, धनसत्ता और तांत्रिकी (टेक्नोलॉजी) का गठबंधन और मनुष्य का बढ़ता हुआ एकाकीपन और आत्मनिर्वासन।'

सूर्य प्रकृति पुरुष का प्रतीक है। वह प्रकृति दर्शन है, सबका नियंता है। वह सिर्फ दिनागम का सूर्य और प्रकृति का सबसे बड़ा तेजोगोल भी नहीं। वह सबका जीवनदाता है।

'सूर्य के अभाव में
दीर्घतमस...
ठिठुरता हुआ जाड़ा
हिम-भार बेबस
सृष्टि-नाश होगा बस।'

सूर्यविहीन प्रकृति में सिर्फ अंधकार बाकी रहेगा। ऐसे सूर्य का विवेकहीन शोषण करनेवाला विश्वकर्मा विज्ञान और प्रौद्योगिकी तथा आणविक तंत्र के ज़रिए मनमानी करनेवाला तानाशाही है।

'विश्वकर्मा शस्त्रों के बहुत बड़े व्यापारी
उनके पास ग्यारह तरह के थे आयुध।'

यह तानाशाही, कूटनीति, भेदनीति और अवसरवादिता का स्वामी है। वह अस्त्र-शस्त्रों और विभिन्न युक्तियों से शत्रुओं को ध्वस्त करता है और अन्यों को जाल में फँसाता है। उसकी महत्त्वाकांक्षा लगामहीन घोड़े की तरह आगे की ओर दौड़ती है।

'विश्वकर्मा चाहता था एक हो प्रतिसृष्टि
नई ऐसी, स्वर्ण की ऑ, शस्य की नित सृष्टि
सभ्यता को यंत्रचलित एक ऐसा मोड़
दें कि जिससे सूर्य को भूलें करोड़-करोड़
छोड़ अपने क्रोड पंछी भूल जाएँ गान
भूल जाएँ होड़ सारे लोग एक समान।'

तानाशाही अपने हथियारों की बिक्री के लिए परस्पर लड़ाता है। वह पृथ्वी रक्त-स्नात करना चाहता है। आपस में लड़ने की वजह से दोनों क्षीण होते हैं और तानाशाही अपनी प्रभुता बनाए रखता है। अपनी प्रभुता को बरकरार रखने के लिए वह नए-नए प्रयोग करता है, बड़े-बड़े उद्योग-धंधों की स्थापना करता है जिससे पर्यावरण प्रदूषित होता है। प्रदूषण से सारे जीव-जंतुओं का अस्तित्त्व खतरे में पड़ता है। ऐसे परिवेश से मनु उब गया और वह भौतिक सुख-सुविधा से मुक्ति तलाशने लगता है—

'यंत्र-तंत्र यों सुन-सुनकर वह ऊब गया था मनमारा
सोच रहा था भौतिक सुख-सुविधा में कब तक बँधा रहूँ ?
मैं 'स्वतंत्र' बनना चाहूँगा, बहुत हुई बंधन कारा
अपनी गति को भूल, दूसरों की पर सधा रहूँ ?'

तानाशाही चतुराई, कुबुद्धि, षड्यंत्र और चाल ने मनुष्य को इस दुर्दशा में पहुँचा दिया है। संस्कृति पर उसने विकृति का बाना पहनाया है। तंत्र ज्ञान की इस विकृति से ऊबकर दम घुटकर और उसकी प्रतिसृष्टि के खतरे से अवगत मनु (मनुष्य) पुनः प्रकृति की ओर जाना चाहता है।

'चाहते हैं सब मनु
पुनः सूर्य-रश्मि मिले, जड़ता हिले
भूल जाएँ हम वे अणु
तम से आवृत पिघले, अहम गले
जीवन में सूर्य और छाया मिल
पुनः हमें मुक्त करें'

काव्य के अंत में कवि की आशावादिता व्यक्त हुई है। विश्व-भ्रातृत्व, विश्वशांति एवं सुखमय जीवन की वे आशा करते हैं–

उसी सौर ऊर्जा से
मानव बन अधिक सहज
प्राकृतिक, शांति-भक्त
भ्रातृ-स्नेह की समझ
बढ़ाता, बनाता जग
स्वर्ग से भी सुखमय स्थल
खग-मृग, जल-चर, पन्नग
रहते मिल-जुल समस्त
उससे ही मिलती सब
बंधनों से मुक्ति

सही मानव संकल्प के ज़रिए ही विश्वमानव का संकल्प सुदृढ़ एवं सुनिश्चित हो सकता है। प्रभाकर माचवे की कविता का मूलाधार मनुष्य-केंद्रित है। इसलिए उनकी कविताओं में इसका विकास दर्शनीय है। विश्वकर्मा में प्रकृति को साथ लेकर चलते हुए, विश्वमानवता के सतहीपन का उन्होंने सख्त विरोध किया है और उसकी वास्तविक दिशा खोलने का कार्य भी किया है।

स्वातंत्र्योत्तर प्रबंध काव्यों में पौराणिक तत्त्व

कवि डॉ. रामकुमार वर्मा के विशेष संदर्भ में

डॉ. सी. गीता कुंजम्मा

पौराणिक कथानक को आधार बनाकर काव्य-रचना करने की प्रवृत्ति आज भी ज़ारी है। स्वातंत्र्योत्तर हिंदी काव्य-क्षेत्र में ऐसी रचनाओं की संख्या कम नहीं है। साहित्यकार पौराणिक आख्यानों, कथानकों एवं प्रसंगों को नई दृष्टि से प्रस्तुत कर उनके माध्यम से आधुनिक युग की विभिन्न समस्याओं का समाधान करके नए विचारों एवं शाश्वत मूल्यों की प्रतिष्ठा करने का प्रयास करता है। जिन रचनाओं में कालजयी तत्त्व विद्यमान है, ऐसी रचनाएँ हमारी चेतना को झकझोरती हैं, जो हमें सोचने-विचारने को विवश कर देती हैं। लेखक परंपरा को नवीन दिशा देकर और नया प्रयोग करके प्राचीन कथाओं को युगानुरुप नया संदर्भ देने का प्रयास करता है। यों नवीन जीवन-बोध एवं शाश्वत मूल्यों की पुनः प्रतिष्ठा संभव होती है।

प्रस्तुत आलेख में स्वातंत्र्योत्तर काल में रचित दिनकर के 'उर्वशी' और 'रश्मिरथी', धर्मवीर भारती का 'कनुप्रिया', नरेश मेहता का 'महाप्रस्थान', डॉ. रामकुमार वर्मा के 'एकलव्य', 'उत्तरायण', 'ओ अहल्या' जैसे कुछ चुनिंदा प्रबंधात्मक ग्रंथों को अध्ययन का विषय बनाया गया है।

रश्मिरथी

रामधारी सिंह दिनकर द्वारा रचित 'रश्मिरथी' एक सफल प्रबंध काव्य है। इसमें कर्ण को अत्यंत आदर्श एवं उदात्त रूप में प्रस्तुत किया गया है। प्रस्तुत काव्य का कथानक 'महाभारत' से लिया गया है। दिनकर ने कर्ण के चरित्र को आधुनिक मानवतावाद के प्रकाश में उद्घाटित किया है। कवि ने कर्ण के चरित्र के माध्यम से कलंकित और उपेक्षित मानवता को वाणी देने का स्तुत्य प्रयास किया है–

'करना क्या अपमान ठीक है इस अनमोल रतन का,
मानवता की इस विभूति का, धरती के इस धन का
बिना राज्य यदि नहीं वीरता का इसको अधिकार,
अंगदेश का मुकुट कर्ण के मस्तक पर धरता हूँ।'[1]

नियति द्वारा वह बराबर पराजित होता है। सत्य छिपाने के कारण परशुराम ने उन्हें शाप दे डाला कि ब्रह्मास्त्र चलाने की शिक्षा तू अंतकाल में भूल जाएगा। शाप से ग्रस्त होकर, असहाय होकर लौटनेवाले कर्ण का चित्र उनकी सारी पीड़ा का मूर्तिमत् रूप बन गया है।[2] कवि ने कर्ण-धर्म को प्रतिष्ठित कर समाज के समक्ष कर्ण के चरित्र को आदर्श रूप में चित्रित किया। कर्ण जिस घुटन, पीड़ा का अनुभव कर रहा है, आज का व्यक्ति भी इसी टूटन और घुटन का शिकार हो रहा है। पुरुषार्थ के द्वारा नियति से लड़ने की कर्ण की अद्‌भुत क्षमता मानव जीवन को नियति से टक्कर लेने की प्रेरणा देती है।

कनुप्रिया

यह धर्मवीर भारती की प्रबंधात्मक रचना है। इसमें कृष्ण के साथ बीते राधा के तन्मय क्षणों की विभिन्न स्थितियों का रूप देना ही कवि का लक्ष्य है। तर्क के विरुद्ध भाव तथा बुद्धि के विरुद्ध हृदय की पुकार है इसमें। 'कनुप्रिया' की रचना के पीछे कवि का अभीष्ट यह है कि इतिहास का निर्माण युद्ध से नहीं हो सकता, प्रेम से ही संभव होता है। राधा अर्थात् प्रेम को अपनाकर ही इतिहास-नियंतता कृष्ण सफल हो सकते हैं। मनुष्य जीवन की सार्थकता के लिए युद्ध के बदले प्रेम को स्थान मिलना चाहिए। प्रेम के द्वारा ही सत्य और न्याय की धारणाएँ सार्थक हो जाएगी। इसके बिना ये धारणाएँ व्यर्थ ही रह जाएँगी।

'कनुप्रिया' में कवि ने राधा-कृष्ण के प्रणय को माध्यम बनाकर अतीत के प्रसंगों के द्वारा समयुगीन समस्याओं का चित्रण किया है। राधा-कृष्ण को उन्होंने आधुनिक नर-नारी के रूप में लिया है। आधुनिक नारी के समान वह शंका, विवशता और घुटन की शिकार होती है। डॉ. ब्रजमोहन शर्मा के शब्दों में 'कनुप्रिया' की प्रेमभावना में समसामयिक जीवन की घुटन, निराशा, असुरक्षा, वैरूप्य की भी प्रतिच्छाया है।'[3] उसकी घुटन का कारण है कि वह अकेली 'अजनबी' रहने पर मज़बूर है। निराश, अमानवीय उत्पीड़न और स्वार्थजन्य छल-प्रपंच के युग में स्वाभाविक प्रेम-व्यापार मिथ्या प्रतीत होता है। राधा को अपने पर शंका होने लगती है और वह यों सोचने पर मज़बूर हो जाती है—

'कि मेरे ये सारे तन्मयता के गहरे क्षण
सिर्फ भावावेश थे,

सुकोमल कल्पनाएँ थीं,
रंगे हुए अर्थहीन, आकर्षक शब्द थे।'[4]

'कनुप्रिया' शाश्वत नारी-धर्म की व्याख्या है। राधा काल की अनंत पगडंडी पर हारे, थके, द्विधाग्रस्त कनु को सृष्टि के सुरुचिपूर्ण विकासार्थ प्रोत्साहित करती है जो नारी के पूरक मानती है।[5] कवि 'कनुप्रिया' के माध्यम से युद्ध को, इतिहास को नकारता है जिसमें मानव और उसकी संवेदनाएँ उपेक्षित हो जाती हैं। कवि ने कृष्ण को हारा हुआ चित्रित किया है जो थककर कनुप्रिया के पास लौट आता है। यही है धर्मवीर भारती द्वारा चित्रित कृष्ण का आधुनिक रूप। कृष्ण आधुनिक मानव की तरह वर्तमान जगत में युद्ध-संघर्ष को विषमताओं से जूझ रहे हैं।

'कनुप्रिया' पर अस्तित्त्ववाद का प्रभाव लक्षित होता है। कनुप्रिया प्रत्येक पल अपने अस्तित्त्व के प्रति जागरूक है। वह अपना अस्तित्त्व बनाकर रखना चाहती है, जिससे इतिहास-निर्माण में अपने प्रियतम को सृजनात्मक सहयोग दे सके।[6] अपने अस्तित्त्व के प्रति वह इतनी जागरूक है कि उसने कृष्ण के अस्तित्त्व को भी अपने निमित्त माना है।[7]

यों राधा की प्रेम-संवेदना के माध्यम से जीवन को समझाने का एक सफल प्रयत्न है 'कनुप्रिया'। आधुनिक शिल्प और भावबोध का समन्वय है इसमें।

उर्वशी

महाकवि दिनकर द्वारा रचित महत्त्वपूर्ण काव्य रचना है 'उर्वशी'। कवि ने प्रस्तुत रचना में उर्वशी और पुरुरवा के प्राचीन आख्यान को नई दृष्टि, नूतन भावभूमि एवं आधुनिक विचारधारा से समन्वित करके प्रस्तुत किया है। सर्वप्रथम इसका निरूपण 'ऋग्वेद' में हुआ है जिसे विश्व के उपलब्ध ग्रंथों में प्राचीनतम माना जाता है। उर्वशी और पुरुरवा के माध्यम से जीवन के भावपक्ष, निरुद्देश्य आनंद एवं कामपक्ष के माहात्म्य को व्यंजित किया है। कवि ने पुरुरवा का चित्रण आधुनिक युग के पुरुष के रूप में किया है। पुरुरवा मानवीय काम का प्रतीक है। वह अरूप से रूप की ओर और रूप से अरूप की ओर भटकता रहता है। मिलन के तन्मय क्षणों में भी पुरुरवा बेचैन है। यह बेचैनी अंत तक बनी रहती है और पुरुरवा संन्यास ग्रहण कर लेता है। डॉ. नगेंद्र के शब्दों में, 'पुरुरवा आज के युग का भारतीय पुरुष है—जो संस्कारवश चिन्मय आस्वाद को न तो सर्वथा अस्वीकार कर मृण्मय आस्वाद के अमिश्र रस का भोग कर सकता है और न अपने पूर्वजों की भाँति मृण्मय अनुभूति का सहज परित्याग कर चिन्मय अनुभूति में लीन हो सकता है।'[8] मानव प्रेम अपने प्रकृत रूप में शांतिकर नहीं है। मृण्मय अंश का परित्याग अनिवार्य है। 'उर्वशी' का पुरुरवा अंत में संन्यास ग्रहण कर लेता है। दांपत्य जीवन का एक अत्यंत संतुलित एवं आदर्श रूप का चित्रण च्यवन ऋषि

एवं सुकन्या के द्वारा प्रस्तुत किया है। वास्तव में दांपत्य जीवन का महान् आदर्श पति-पत्नी के पूर्ण समर्पण, गंभीर एकान्मुख एवं सच्ची आत्मिक एकता पर आधारित है। च्यवन ऋषि एवं सुकन्या के कथानक के माध्यम से दिनकर ने इस तत्त्व की ओर इशारा किया है कि प्रेम की पवित्रता एवं श्रेष्ठता इसमें है कि उसकी सीमाएँ तन और मन के आदेशों से आगे बढ़कर आत्म एवं अध्यात्म तक व्याप्त होने में है। उसका उद्देश्य लौकिक जीवन के सुखों से भी अधिक उच्च एवं उदात्त सुख—सच्चे आत्मिक एवं आध्यात्मिक आनंद की प्राप्ति में है।

महाप्रस्थान

नरेश मेहता का आख्यात्मक काव्य है 'महाप्रस्थान'। महाभारतीय प्रसंग को आधार बनाकर उन्होंने प्रस्तुत काव्य की रचना की है। युद्धोपरांत पांडव महाप्रस्थान करते हैं। यह प्रसंग ही इसका मूल विषय है। नरेशजी ने मानव-मन के द्वंद्व का भी स्पर्श किया है। इसमें समकालीन समस्याओं का अंकन है। 'महाभारत' युद्ध का मूल कारण 'अपमान' है (मयसभा में द्रौपदी द्वारा दुर्योधन का अपमान, दुर्योधन द्वारा द्रौपदी का अपमान आदि)। समकालीन युग में भी संशय और अपमान संघर्ष के कारण बने हुए हैं, जो आधुनिक मानव को 'महाप्रस्थान' के लिए मज़बूर करते हैं। नरेशजी के अनुसार राज्य व्यवस्था मानव को मानवता से पदच्युत कर देती है। उनका मानना है कि मनुष्य में विराजे देवता को जाग्रत करना है, उसके विश्वास और आस्था को जगाना है। सत्ताधारी व्यक्ति के व्यक्तित्त्व को अपने अधीन कर लेता है। वह कठपुतली के समान सत्ताधारी के संकेतों पर नाचता है। प्रतिभा मुदलियार ने इसकी ओर इशारा करते हुए अपना मत स्पष्ट किया है—'धर्म, अधर्म, न्याय, अन्याय, सच-झूठ इस पर विचार करने का उनके पास समय ही नहीं होता था, फिर समझकर भी उन्हीं का साथ देना होता है।...' नरेश जी ने युधिष्ठिर के मुख से गुरु द्रोणाचार्य का जिक्र किया है जो मेधावी, पांडित्यपूर्ण, विद्वान, श्रेष्ठ योद्धा होने पर भी विवश थे।[9] कथा काव्य के माध्यम से हमारे सामने व्यक्ति और इसमें राजनीति के बीच के समकालीन संबंध को प्रस्तुत करने का प्रयास है। राजनीति के कुचक्र में फँसकर व्यक्ति अपना व्यक्तित्त्व खो बैठता है। आजकल करुणा और मानवता जैसे शाश्वत मूल्यों की च्युति हो रही है। प्रस्तुत रचना के माध्यम से करुणा को अपना धर्म मानकर मानवता की राह अपनाने का आह्वान किया गया है। समकालीन राजनीति का चित्रण करने में और शाश्वत मूल्यों के प्रति आग्रह स्पष्ट करने में प्रस्तुत काव्य सफल हुआ है।

एकलव्य

डॉ. रामकुमार वर्मा ने पौराणिक कथानक को आधार बनाकर तीन महाकाव्यों की रचना की है—'एकलव्य', 'उत्तरायण' और 'ओ अहल्या'। मानवतावादी विचारधारा और

भारतीय संस्कृति के प्रति उनकी अडिग आस्था का परिचायक हैं ये महाकाव्य। महाभारत का एक महान् किंतु उपेक्षित वीर एकलव्य को आधार बनाकर डॉ. वर्मा ने 'एकलव्य' महाकाव्य की रचना की। 'महाभारत' के आदि पर्व में 132वें अध्याय में एकलव्य का प्रसंग आता है। एकलव्य शूद्र होकर, अनार्य होकर अपने चरित्र से, अपने महत्त्वपूर्ण व्यक्तित्त्व से इतिहास के पन्नों में सुनहला दीख पड़ता है। वह अपने वीरत्व, तेज और क्षमाशील आचरण से, त्यागपूर्ण कर्तव्यनिष्ठ सेवा से, एकाग्रता से 'महाभारत' का अविस्मरणीय चरित्र बन गया है। 'एकलव्य' नई व्याख्या, नई विधि, नई दिशा उपस्थित करनेवाला महाकाव्य है। वर्माजी यह विश्वास करते हैं कि मनुष्य जाति से नहीं, व्यक्तित्त्व से बड़ा होता है, श्रेष्ठ होता है।

गाँधीजी के अछूतोद्धार आंदोलन से प्रभावित होकर उन्होंने 'एकलव्य' की रचना की। महात्मा गाँधी तथा अन्य राजनीतिज्ञों ने व्यक्तित्त्व की महत्ता स्वीकार करते हुए जातिगत संकीर्ण रूढ़ियों के विरुद्ध आंदोलन किया। ऐसी राजनैतिक विचारधारा का प्रभाव प्रस्तुत रचना में दृष्टिगत होता है।[1] अमुक साहित्यकार युग की प्रगतिशील धारा को आत्मसात कर लेता है। वह अपनी रचना के माध्यम से नए मूल्यों को वाणी देता है। साहित्य कृति के माध्यम से मानवता का नया निर्माण करने के कारण कलाकार स्रष्टा भी माना जाता है। एक बृहद् नव संदेश देने का मंगलकारी प्रयास है 'एकलव्य'। डॉ. वर्मा ने जातीयता की शृंखला का विच्छेद करते हुए युग को, राष्ट्र को नया संदेश प्रदान किया। इतिहास जाति को नहीं, कर्म को पूजता है। समाज का कल्याण व्यक्ति के महत्त्वपूर्ण कर्तव्य पर अवस्थित है। कवि इस मत पर विशेष ज़ोर देते हैं कि समाज को जाति का नहीं, कर्तव्य का उपासक होना चाहिए।

डॉ. रामकुमार वर्मा ने 'एकलव्य' में महाभारतकालीन राजनीति को सफलता से चित्रित किया है। राजनीति से पीड़ित था वह युग। विद्या के प्रति अगाध निष्ठा, अटूट गुरु-भक्ति, ज्ञान-पिपासा आदि गुणों से युक्त एकलव्य को अपना शिष्य बनाने में आचार्य द्रोण असमर्थ होते हैं। वे भीष्म की राजनीति के अधीन होने के कारण एकलव्य को शिष्य न बना सकते हैं। तत्कालीन सामाजिक व्यवस्था[10] के कारण उन्हें यह कहना पड़ा—

'जाओ हे निषाद पुत्र! तुम हो अस्वीकृत!'[11]

वे तो राजगुरु हैं, उन्हें भीष्म की राजनीति का पालन करना पड़ता है। भीष्म की राजनीति से अंधित होने के कारण वह अपनी असमर्थता यों प्रकट करते हैं—

'राजगुरु हूँ, विशेष पद की मर्यादा है।
शिक्षा-नीति राजनीति के पदों है चलती।'

अनार्य होकर भी एकलव्य ने आदर्श गुरुभक्ति का परिचय दिया है। उसके

आगे सब नतमस्तक हो जाते हैं। वर्मा जी व्यक्ति की अपेक्षा शील को महत्त्व देते हैं। 'एकलव्य' के आमुख में उन्होंने जो मत प्रकट किया है वह द्रष्टव्य है।[12]

'महाभारत' में वर्णित एकलव्य प्रसंग और प्रस्तुत महाकाव्य में कथानक की दृष्टि से कुछ अंतर है। डॉ. वर्मा ने अपनी मौलिक उद्‌भावना द्वारा एकलव्य और आचार्य द्रोण का चित्रण किया है। मूल 'महाभारत' में एकलव्य की माँ, मित्र नागदत्त, वाणिक आदि का उल्लेख नहीं है। 'एकलव्य' महाकाव्य के 'ममता' सर्ग में और अंतिम सर्ग 'दक्षिणा' में एकलव्य की माँ का चित्रण हुआ है। 'ममता' सर्ग में पुत्र-विरह में तड़पनेवाली माता का चित्रण है और अंतिम सर्ग में अपने पुत्र के कटे हुए अंगुष्ट देखकर रोनेवाली माता का चित्रण है। वह द्रोण से यह प्रार्थना करती है कि द्रोण उनकी आँखें अपनी सेवा में लीजिए यदि शिष्य-माता से दक्षिणा लेने का विधान है। एकलव्य का मित्र नागदत्त का चित्रण वर्माजी की मौलिक उद्‌भावना है। महाकाव्य का आरंभ ही नागदत्त और एकलव्य की बातचीत से होता है। वाणिक की ओर भी वर्माजी ने संकेत किया है, जिसका चित्रण 'ममता' सर्ग में हुआ है। वन में साधना करनेवाले एकलव्य से उनकी मुलाकात होती है और एकलव्य उनके पास माँ को देने के लिए एक संदेश देता है।

गुरु के लांछित पद का संस्कार उनका लक्ष्य है। 'एकलव्य' के आमुख में उन्होंने अपना विचार प्रकट किया है—'आचार्य शाब्द लांछित न हो यही विधेय है। 'महाभारत' में स्वयं एकलव्य से गुरुदक्षिणा के रूप में दक्षिणांगुष्ठ माँगनेवाले आचार्य द्रोण का चित्रण है—

> तमब्रवीत् त्वयाइगुष्ठो दक्षिणोदीलतामिति।
> एकलव्यस्तु तरछुत्वा वचो द्रोणास्य दारुण्मम् ॥[13]

यह घटना द्रोण के चरित्र पर सदा के लिए लगा हुआ कलंक है। डॉ. रामकुमार वर्मा ने अपनी मौलिक उद्‌भावना द्वारा इस कलंक को दूर करने की चेष्टा की—

> गुरु का हृदय खंड-खंड हो, असंभव।
> दक्षिणांगुष्ठ ही हो खंड-खंड मेरा जो कि
> पार्थ को बना दे अद्वितीय धन्वी विश्व में
> गुरु प्रण पूर्ति करे सब कलंक के लिए
> जय गुरुदेव! यह रही मेरी दक्षिणा।[14]

अपने प्रयत्न में कवि सफल हुआ है। द्रोण निश्चय ही महान् चरित्र के अधिकारी हैं।

उत्तरायण

'उत्तरायण' डॉ. रामकुमार वर्मा का दूसरा महाकाव्य है। पौराणिक कथानक को आधार बनाकर उन्होंने प्रस्तुत महाकाव्य की रचना की है। 'उत्तरायण' के माध्यम से रामकुमार वर्मा ने रामकथा से संबंधित लोकापवाद तथा सीता-निर्वासन के प्रसंग को पूर्णतः असत्य और कल्पित स्थापित किया है। प्रस्तुत रचना के माध्यम से कवि यह स्थापित करता है कि उत्तरकांड प्रक्षिप्त है। उनका मत है कि वैदिक धर्म की प्रगति देखकर बौद्ध, जैन आदि धर्मावलंबियों ने इसकी शोभा मिटाने की कोशिश की। फलस्वरूप गुणदय और सोमदेव ने 'बृहत्कथा' और 'कथासरित्सागर' में सीता-निर्वासन का प्रसंग जोड़ दिया और यही विकृत प्रसंग कालांतर में प्रक्षिप्त रूप में 'वाल्मीकि रामायण' के साथ लगा दिया है। यह कार्य तुलसी के स्वप्न में दिखाई पड़नेवाले वाल्मीकि करते हैं। वाल्मीकि का कथन यों है—मैंने रामायण का षट्कांड ही लिखा है। किसी निर्मम कवि ने हृदयहीन होकर उसके साथ उत्तरकांड जोड़ा है। नारी वर्ग सीता के पातिव्रत्य पर न्योछावर है। ऐसी अनुपम सीता के सतीत्व पर राम संदेह कर सके ? यह तो झूठ है। सीता-निर्वासन के संबंध में उनका मत है कि वैदिक दर्शन की प्रगति देखकर बौद्धमतावलंबियों ने उनकी प्रगति में बाधा डालने के लिए उस महापुरुष के चरित्र को गर्हित करने की चेष्टा की। कालांतर में मेरी रचना में भी यह कथा जोड़ दी। यह बौद्ध मतावलंबियों का षड्यंत्र था जिससे रामचरित की निंदा संसार में फैल जाए। क्रौंची के कातर स्वर से ही मेरी कविता की रचना हुई है। तब मैं इस निरपराध सीता के निर्वासन को कैसे लिख सकता हूँ।' यों मौलिक उद्भावना द्वारा यह स्थापित करने में कवि सफल हुआ है कि वाल्मीकि रामायण का उत्तरकांड प्रक्षिप्त है।

ओ अहल्या

डॉ. रामकुमार वर्मा का तीसरा महाकाव्य है 'ओ अहल्या'। उसका कथानक पौराणिक है। मुनि पत्नियों में प्रसिद्ध अहल्या की अखंड साधना और तपःपूत जीवन की महागाथा को उन्होंने काव्य-रूप दिया है। कवि की शोध-शक्ति और पांडित्य की झलक है इसमें। भारतीय पुरातन आर्य-संस्कृति के प्रति उनकी असीम श्रद्धा-भक्ति भी व्यंजित हुई है। वाल्मीकि रामायण के बालकांड में 48वें अध्याय में यह प्रसंग आता है। प्रस्तुत महाकाव्य के माध्यम से डॉ. वर्मा ने मुनि-पत्नियों में एकमात्र अहल्या के चरित्र पर लगे कलंक को दूर करने का सफल प्रयास किया है। विवेचित महाकाव्य में वर्माजी ने अपनी मौलिक उद्भावना द्वारा कथानक में कुछ परिवर्तन किए हैं। वाल्मीकि रामायण में इंद्र और अहल्या की भोगवृत्ति की कथा है। प्रस्तुत महाकाव्य के अनुसार इंद्र केवल अहल्या का तन स्पर्श करता है—

> आह! यह क्या हुआ कि एक क्षण भर में,

जैसे ही अहल्या का शरीर छुआ उसने
उसको लगा कि एक प्रज्ज्वलित ज्वाला से
हाथ जलने लगा है उस व्रजपाणी का।[15]

गौतम द्वारा अहल्या को शाप देने की कथा में प्रसंगानुकूल अंतर है। मूल कथा के अनुसार गौतम उसे पाषाण बन जाने का शाप देता है। लेकिन प्रस्तुत महाकाव्य की नायिका अहल्या स्वयं अपने शरीर को पाषाण जैसा अनुभव करती है–

मात्र तन-स्पर्श किया मेरा काम-भाव से,
इससे शरीर मेरा हो गया पाषाण-सा।[16]

अहल्या अपने शरीर को भस्म करने की इच्छा प्रकट करती है। गौतम उसे सांत्वना देते हैं और उन्हें ऋषि-नारियों की देवी मानते हैं। उसे पवित्र और पुनीत मानते हैं। उनके ही शब्दों में–

देवी! जानता हूँ मैं
तुम पातिव्रत द्वारा परम पुनीता हो।[17]

गौतम उसे तप द्वारा मानसिक ग्लानि दूर करने का सुझाव देते हैं। साथ ही यह आश्वासन भी देते हैं कि गुरु विश्वामित्र और लक्ष्मण के साथ आनेवाले श्रीरामचंद्र के चरण-स्पर्श से तुम्हारा शरीर गंगाजल के समान पवित्र बन जाएगा।

भारतीय वाङ्मय में अनादिकाल से अहल्या के जीवन से संबंधित जो भ्रांतियाँ चली आ रही हैं उन्हें दूर करने में कवि को सफलता मिली है।

परंपरागत सामाजिक मर्यादाएँ, नैतिक आदर्श एवं मूल्य समाज और जीवन से गायब होने लगे हैं। नई पीढ़ी पाश्चात्य सभ्यता का अंधानुकरण करती है। साहित्यकार का दायित्व है। अपनी सशक्त तूलिका से नैतिक मूल्यों की पुनःप्रतिष्ठा करना। डॉ. वर्मा ने युवा पीढ़ी को प्रस्तुत रचना के माध्यम से पश्चिम की मृगतृष्णा से निकलकर भारतीय जीवन पद्धति के साँचे में ढलने का संदेश दिया है। उच्चवर्गीय विलासिता में पलनेवाले इंद्र के नैतिक पतन का चित्रण है इसमें। उसकी आत्मा भोग के महल में कैद है। उसकी काम-कुंठा उसे व्यक्तित्त्वहीन और निस्तेज बना देती है।[18] यों इंद्र के अप्रतिष्ठित और भोगमय जीवन के माध्यम से भौतिकवादी युग के धन-लोलुप मानव को सावधान किया है। महर्षि गौतम के माध्यम से उन्होंने इस तथ्य की स्थापना की है कि मनुष्य धन और पद से नहीं, साधना और कर्म से देवत्व को प्राप्त करता है।

उपर्युक्त महाकाव्यों के अध्ययन से यह स्पष्ट हो जाता है कि वे जीवन की विसंगतियों एवं विद्रूपताओं से अनजान नहीं रहे हैं। 'एकलव्य' महाकाव्य इसका स्पष्ट उदाहरण है, जिसका कथानक समसामयिक संदर्भों से जुड़कर आज के लिए प्रासंगिक

बन गया है। 'एकलव्य' महाकाव्य में उनकी राष्ट्रीयता और मानवतावादी विचारधारा की अभिव्यक्ति है, 'उत्तरायण' में भारतीय संस्कृति के प्रति उनकी आस्था और 'ओ अहल्या' में नारी के प्रति उनकी श्रद्धा और सम्मान की भावना लक्षित होती है।

भारतीय संस्कृति के प्रति गहरी श्रद्धा एवं अटूट आस्था उनके महाकाव्यों की सबसे बड़ी विशेषता है। भारतीय संस्कृति में गुरु का स्थान सर्वोपरि है। 'महाभारत' में एकलव्य से स्वयं गुरु-दक्षिणा के रूप में दक्षिणांगुष्ठ माँगने के कारण आचार्य द्रोण के चरित्र पर कलंक लग गया है। डॉ. वर्मा यह नहीं चाहते हैं कि गुरु.द्रोणाचार्य का चरित्र गुरु परंपरा को कलंकित करे। इसलिए वर्माजी ने अपनी मौलिक उद्भावना द्वारा आचार्य द्रोण पर लगे कलंक को दूर करके 'आचार्य' शब्द को लाँछन से बचाया। 'एकलव्य' में युग का मंगलकारी संदेश है, मनुष्य के कर्तव्य की महत्ता है। एकलव्य ने मौन साधना से व्यक्तित्त्व का तेज विकसित किया, जाति के दंभ को अपने प्रकर्षपूर्ण चरित्र से ध्वस्त कर दिया। वह 'शिष्य' का ज्वलंत प्रतीक है। शिष्य के उदात्त व्यक्तित्त्व के सम्मुख राजगुरु द्रोण अपने को क्षुद्र मानते हैं। प्रस्तुत महाकाव्य में डॉ. वर्मा ने महाभारत की राजनीति का छल भरा रूप मार्मिक और तीक्ष्णता से अंकित किया है। 'उत्तरायण' महाकाव्य के माध्यम से कवि ने सीता को लोकापवाद तथा शंका के गहन कुहासे और कलंक से मुक्त करने का प्रयास किया है। प्रस्तुत काव्य का प्रमुख पात्र तुलसी के चरित्र-चित्रण के माध्यम से उन्होंने अपने लक्ष्य की पूर्ति की है। उनके अनुसार रामायण के 'उत्तरकांड' की रचना प्रक्षिप्त है, यह सिद्ध करने के लिए पर्याप्त सबल तर्क प्रस्तुत किए हैं। तुलसी के अंतर्द्वंद्व के माध्यम से इन तर्कों को प्रस्तुत करके अपने लक्ष्य की पूर्ति में कवि को सफलता हासिल हुई है। 'ओ अहल्या' की रचना द्वारा मुनि-पत्नियों में एकमात्रा अहल्या के सतीत्व पर लगे कलंक को दूर करने का प्रयास किया है। भारतीय नारी के प्रति उनकी श्रद्धा और सम्मान की भावना प्रस्तुत रचना में लक्षित होती है।

शिल्प की दृष्टि से उनके महाकाव्यों की एक उल्लेखनीय विशेषता है संवाद-शैली की योजना। यह शायद वर्माजी के एकांकी-नाटककार व्यक्तित्त्व का प्रभाव हो सकता है।

इन स्वातंत्र्योत्तर काव्यरचनाओं का मूल्यांकन करने पर हमें यह विदित होता है कि हरेक साहित्यकार ने हमारी संस्कृति की पुनःप्रतिष्ठा और युगीन समस्याओं की अभिव्यक्ति के लिए पौराणिक कथानक को आधार बनाया है। पौराणिक कथा व पात्रों के माध्यम से आधुनिक-बोध को व्यक्त करने में ये लेखक सफल रहे हैं। वर्तमान जीवन की वास्तविकता को उभारने के लिए पौराणिक संदर्भ को नया रूप देकर ही उन्होंने प्रस्तुत किया है। जहाँ साहित्यकार ने अतीत की कथा को प्रतीकों के सूत्र में पिरोकर वर्तमान युग की समस्याएँ प्रभावेत्पादक रूप से प्रस्तुत करने का प्रयत्न किया है वहाँ वे रचनाएँ कलात्मक वैभव पाकर चमक उठी हैं।

सन्दर्भ

1. रश्मिरथी—रामधारी सिंह दिनकर, पृ. 17
2. वही, पृ. 32
3. आधुनिक प्रबंध काव्य-संवेदना के धरातल—डॉ. विनोद गोदरे, पृ. 59
4. कनुप्रिया, धर्मवीर भारती, पृ. 67
5. वही, पृ. 79
6. वही, पृ. 73
7. वही, पृ. 78
8. वही, पृ. 55
9. आधुनिक प्रबंध काव्य : संवेदना के धरातल— सं. डॉ. विनोद गोदरे
10. नरेश मेहता के काव्य का अनुशीलन : प्रतिभा मुदलियार, पृ. 181
11. एकलव्य—'आमुख'—डॉ. रामकुमार वर्मा, पृ. 6
12. एकलव्य—डॉ. रामकुमार वर्मा, पृ. 126
13. वही, पृ. 127
14. वही, पृ. 6
15. महाभारत—आदिपर्व, पृ. 175
16. एकलव्य—डॉ. रामकुमार वर्मा, पृ. 296
17. ओ अहल्या—डॉ. रामकुमार वर्मा, पृ. 93
18. वही, पृ. 94
19. वही, पृ. 96
20. ओ अहल्या—डॉ. रामकुमार वर्मा, पृ. 108

स्वातंत्र्योत्तर युग और हिंदी उपन्यास–तुलनात्मक साहित्य की दृष्टि से

डॉ. विश्वनाथ अय्यर

श्री शंकराचार्य संस्कृति विश्वविद्यालय के तत्त्वावधान में–खासकर हिंदी विभाग की तरफ़ से प्रथम साहित्यिक संगोष्ठी का आयोजन हुआ है। इस विभाग में गोष्ठी के आयोजन की खबर दो मास पहले मिली तो खुशी हुई। कुछ दिन पहले डॉ. जलील ने टेलीफोन यानी दूरभाष से बड़ी आत्मीयतापूर्ण वाणी में जब मुझे भी निमंत्रित किया तब तो और प्रसन्नता हुई। हिंदी विभागों का नेमी कार्य अवश्य अध्यापन है, पर छात्रों व प्राध्यापकों के ज्ञान-भंडार की वृद्धि करना एवं बौद्धिक व्यापार को उत्तेजित करना उससे भी महत्त्व का कार्य है। इसलिए मैं बिना सोचे-समझे 'हाँ' कह गया। इस पर मैंने गोष्ठी का विषय पूछा तो जलील ने कहा–'स्वातंत्र्योत्तर हिंदी साहित्य'। श्री शंकराचार्य से जुड़ा विश्वविद्यालय और प्रथम हिंदी गोष्ठी का विषय स्वातंत्र्योत्तर हिंदी साहित्य। मेरे मन में थोड़ी-सी हिचक महसूस हुई, मगर दूसरे क्षण में सोचा कि उस विभाग की अध्यापक पीढ़ी ही स्वातंत्र्योत्तर पीढ़ी है। उस पीढ़ी के भाई-बहन पतझड़ की बात न सोचकर, बहार की बात सोचें ते कोई असंगत बात नहीं। बीत गई सो बात गई। परंतु साहित्य के क्षेत्र में यह पूर्णतः ठीक नहीं है क्योंकि कल की गोदी से ही आज का नन्हा जन्म लेता है। परंपरा ही आधुनिकता की जननी रही है।

संस्कृत में एक सूक्ति है–यथा राजा तथा प्रजा। आजकल राजा नहीं है, सरकार ही है। दिल्ली की सरकार, जल्दबाजी में नया-नया प्रस्ताव रखती है। सांसद चिल्ला उठते हैं, तब गलती समझकर सरकार इरादा छोड़ती है। मैंने भी सरकार की तरह बिना सोचे-विचारे, जलील साहब को बताया कि मैं स्वातंत्र्योत्तर उपन्यासों की दिशाएँ–विषय पर आलेख पढ़ूँगा। बाद में सोचने लगा और यह बात स्पष्ट मालूम होने लगी कि मैं उथली जानकारी ही रखता हूँ। अगर सार्वजनिक नेता होता और यहाँ विद्वानों के भाषण होते तो उनके भाषण से दो-तीन नाम चुराकर उन्हें विशेषणों से संजाती और

अपनी व्यस्तता का बहाना बताकर छुट्टी पाता। वैसे जीवनरथ की यात्रा के दौरान नई-नई बातें पढ़ते तो हैं पर चौबेजी होने गए छब्बे पर, रह गए दुब्बेवाली बात हो जाती है। मैं, आखिरी परंपरा का अनुयायी हो गया हूँ। उन्होंने यह उपदेश दिया है—जब अपना अज्ञान खुलने का खतरा हो तब मेरा मंत्र दुहरा दो। यद्यपि मंत्र एकांत में बताने की चीज़ है तो भी मैं अपने छोटे भाई-बहनों को श्रीशंकराचार्यजी की सन्निधि में वह पवित्र मंत्र बताता हूँ। मंत्र है—इत्यादि। मैंने यह पृष्ठभूमि इसीलिए बाँधी है कि यदि मैं पद-पद पर इत्यादि का प्रयोग करूँ तो क्षमा किया जाए। आजकल बड़े-बड़े नेता अग्रिम जमानत की अर्जी देते हैं। मैं भी इस विद्वत्सभा के अध्यक्ष से अग्रिम जमानत की प्रार्थना करता हूँ।

आचार्य रामचंद्र शुक्ल जी हिंदी साहित्य के प्रामाणिक इतिहासकार हैं। उन्होंने 1882 में लाला श्रीनिवासदास के रचे 'परीक्षागुरु' को प्रथम हिंदी उपन्यास माना है। उपन्यासों की धारा हिंदी में बह चली। उपन्यास अब एक सौ सोलह वर्ष का प्रौढ़ वाङ्मय है। यही बात मलयालम उपन्यासों की भी है। मलयालम का प्रथम लक्षणयुक्त उपन्यास 'इंदुलेखा' 1889 में प्रकाशित किया गया। उसके लेखक श्री ओ. चंतु मेनोन थे।

श्री चंतु मेनाने ने 'इंदुलेखा' की भूमिका में उपन्यास-रचना के विषय में जो लिखा है वह हिंदी उपन्यासों के प्रसंग पर भी लागू हो सकता है। मेनोनजी अँग्रेज़ी उपन्यास पढ़ते थे और उनकी पत्नी उनसे आग्रह करती थी कि उन उपन्यासों का सार बतावें। यों आग्रह बढ़ता गया तो मेनोन ने सोचा कि अँग्रेज़ी में जैसे नोवल रचे जाते हैं वैसा एक नोवल स्वयं मलयालम में लिखूँगा। इसी के फलस्वरूप 'इंदुलेखा' लिखा गया। वह सफल भी निकला।

हमारे देश में पहले लोककथाएँ थीं। संस्कृत भाषा में एक तरफ़ पंचतंत्र आदि कथाएँ थीं; दूसरी तरफ़ दशकुमारचरित, वासवदत्ता आदि गद्यरूपी आख्यायिकाएँ थीं। काव्य, नाटक, पुराण आदि की कथाएँ गद्य में सुनाई जाती थीं। आगे फारस, अरब आदि देशों से आगत कहानियाँ चलीं। इनके विकास के दौरान उन्नीसवीं सदी के उत्तरार्ध में धीरे पश्चिमी शैली की कथा व उपन्यास सुनाए जाने लगे।

उपन्यासों के विषय में सबसे प्रथम ध्यान देने की बात यह है कि तेरहवीं-चौदहवीं सदी से उन्नीसवीं सदी के उत्तरार्ध तक—करीब पाँच सदियों तक सभी आधुनिक भारतीय भाषाओं में छंदोबद्ध कविता को वरीयता दी जाती थी। कवि ही साहित्यकार माना जाता था। किंतु जब उपन्यास लिखे जाने लगे तब पद्य की जगह गद्य अधिक लोकप्रिय हो चला। गद्य में भी कहानी व उपन्यास सबसे लोकप्रिय हो गए। इस शाखा की दिन-दुगुनी रात चौगुनी तरक्की होती गई।

इस गोष्ठी की तैयारी के लिए मैं पुस्तकालय गया तो मेरे लिए कामधेनु-सी एक पुस्तक दीख पड़ी। हिंदी उपन्यास कोश। सो भी 1948 से 1990 तक प्रकाशित उपन्यासों

के नाम, लेखक का नाम, प्रकाशन वर्ष व प्रकाशक—इतनी सूचनाएँ हैं। बड़े शब्दकोश के साइज़ के इस ग्रंथ में 500 से अधिक पृष्ठ हैं। प्रकाशक हैं—भारतीय ग्रंथ निकेतन, नई दिल्ली। इस कामधेनु को देखकर सिर चकराने लगा। अगर इस कोश के सारे उपन्यास मँगाए जाएँ तो पूरा बड़ा पुस्तकालय भी काफ़ी नहीं होगा।

इतने बड़े संग्रह का कारण यह है कि इनमें भर्ती के उपन्यास ही अधिक हैं। उत्तर भारत के कुछ नगरों में मैं ऐसे उपन्यास-लेखकों का परिचय पा सका जिन्होंने सौ-दो सौ उपन्यास लिखे हैं। कुछ लोग ठोस लिखते हैं तो कम लिखते हैं। साल-दो साल में भी एक उपन्यास पूरा नहीं कर पाते। दूसरी ओर कुछ लेखकों के कारखाने से हफ़्ते में एक उपन्यास निकलता है। भारतीय भाषाओं के क्षेत्रों में उपन्यास पढ़ने का भस्मक रोग कई लोगों को है। उन्हें खुश करने के लिए बाज़ार में प्रकाशक माल तैयार करते हैं। कोचीन स्टेशन पर गाड़ी में चढ़ते ही उपन्यास पढ़ना शुरू करें तो त्रिश्शूर या सोर्नूर में पुस्तक समाप्त हो जाए। ऐसे उपन्यासों को साहित्यकार महत्त्व नहीं देते। एक सरस सहृदय श्री गोपालकृष्ण जी (काल) ने महत्त्वपूर्ण साहित्य की व्याख्या दी :

लेखक के मत में श्रेष्ठ साहित्य वही है
जिससे अच्छी रायल्टी मिलती है।
प्रकाश के मत में श्रेष्ठ साहित्य वही है
जो खूब बिकता है।
पाठक के मत में श्रेष्ठ साहित्य वही है
जो मुफ्त में पढ़ने को मिलता है।
कबाड़ी के मत में श्रेष्ठ साहित्य वही है
जो रद्दी के भाव बिकता है।

हमारा मतलब ऐसे उपन्यास से है जो किसी-न-किसी रूप में अपनी हस्ती की प्रतिष्ठा पाता है। समय के रूप में जो बहे बिना बचता है। समीक्षक इन्हें स्तर के अनुसार विभिन्न विशेषण देते हैं—युग के प्रतिनिधि, कालजयी आदि।

हम आज स्वातंत्र्योत्तर हिंदी उपन्यासों की चर्चा करते हैं। स्वातंत्र्योत्तर युग की अवधि काफ़ी लंबी है। इसमें द्विवेदी युग के उपन्यासकारों से लेकर नवीनतम लेखक तक आते हैं। हिंदी प्रदेश अत्यंत विशाल है। हिंदीतर प्रदेशों में भी हिंदी उपन्यास रचे जाते हैं। अतः आसानी से आप दो-तीन सौ उत्तम कोटि के हिंदी उपन्यास उक्त युग में देखते हैं। इनकी चर्चा संक्षेप में ही सही असंभव है। मगर अपने कर्तव्य का निर्वाह करना तो है। इसलिए इस युग में उपन्यास-वाङ्मय की उपलब्धियों की कुछ दिशाएँ और संभावनाओं की दिशाएँ देखने का विनम्र प्रयास करेंगे।

प्रारंभ में हमने उपन्यास की व्याख्या में अँग्रेज़ी उपन्यासों की शैली पर ज़ोर

देखा। अब हम सामान्य निरीक्षण से कह सकते हैं कि प्रतिभाशील उपन्यासकार अपने युग के या किसी अतीत युग के मानव-समाज की जीवनगाथा रोचक ढंग से सुनाता है। व्यक्तियों के बिना समाज नहीं होता, समाज तो युग सापेक्ष होता है। उपन्यासकार की अलग व्यक्तिगत दृष्टि भी होती है। इन सबके मिलने से अच्छा उपन्यास रचा जाता है। लेखक के अनुसार, ग्रंथ आदर्शवादी, यथार्थवादी, क्रांतिवादी, ऐतिहासिक आदि पुकारे जाते हैं। लेखक की कृति से सहमति व सहानुभूति रखनेवाले उसकी रचना पढ़ते हैं। जो लेखक कलम का जादू जानते हैं वे शीघ्र लोकप्रिय बनते हैं।

हम स्वातंत्र्योत्तर हिंदी साहित्य शब्द की चर्चा जब करते हैं तब ऐसा भ्रम होता है कि स्वतंत्रता-प्राप्ति की घटना ने इस देश के नक्शे को ही बदल डाला है। भारत पहले गुलाम था और 1947 के बाद आज़ाद मुल्क हो गया। गुलामी की दशा का साहित्य निकम्मा और आज़ादी का साहित्य जीवंत होना चाहिए। लेकिन अनुभव उलटा था। परीक्षा की बात सोचते-सोचते छात्र सावधानी से पढ़ते हैं, पर परीक्षा खत्म होते ही मस्ती के आलस में पड़ते हैं। यों हिंदी साहित्य के अनेक कथाकार आज़ादी पुरुषार्थ आदर्शवाद जैसे सकारात्मक तत्त्वों को वरीयता देते थे। एक बार आज़ादी मिल गई तो उसके बाद महान ध्येय नहीं रह गया।

यह कहना सही नहीं कि कोई ध्येय नहीं रहा। आज़ादी के संघर्ष के दिनों में ही कई उपन्यासकारों ने अलग-अलग रास्ते चुन लिए थे। पश्चिम के वैचारिक दर्शन और शिल्पविधियाँ आदि उनके प्रेरणा स्रोत रहे। अतएव सर्वश्री जैनेंद्रकुमार, भगवतीचरण वर्मा, इलाचंद्र जोशी, अज्ञेय आदि ने व्यक्ति और 'अहं' के अंतर्जगत की यात्रा प्रारंभ की। यह कई दिशाओं में बढ़ी, अस्तित्त्ववाद जैसे दर्शनों का सहारा लिया गया। अब भी विभिन्न रूपों में यह जारी है।

स्वतंत्रता-प्राप्ति! कुर्बानियों का इनाम। योगिराज अरविंद ने उपदेश दिया था कि सर स्टेंफोर्ड क्रिप्स का प्रस्ताव स्वीकार किया जाए। इसमें बँटवारे की बात नहीं थी। मगर काँग्रेसी नेताओं ने उसमें गुलामी के बचे रहने की आफत देखी और इनकार किया। अब हमारे देश के शिक्षित समाज का विदेशी प्रेम या श्रद्धा देखकर हमें संदेह होता है कि क्या हमीं ने आज़ादी की लड़ाई लड़ी थी। अँग्रेज़ सरकार ने हिंदुस्तान व पाकिस्तान के दो टुकड़े कर दिए। जनता की अदला-बदली हुई। लाखों लोग—बूढ़े-जवान व बच्चे दिन-दहाड़े मारे गए। उस कांड को देखने के बाद जो साहित्यकार बने उनका जी दहल उठता था। इंसानियत पुकार उठी। दूसरी तरफ़ हिंदुस्तान के निवासी पाकिस्तानियों को दुश्मन मानने लगे और पाकिस्तानी भारतीयों को दुश्मन समझने लगे। राजनीतिक बात तो हम जानते ही हैं। इस दरार को पाटने का बड़ा हार्दिक उपक्रम हाल ही में हमारे सम्माननीय व प्रिय प्रधानमंत्री अटल बिहारी वाजपेयी ने दिल्ली-लाहौर बस यात्रा से किया थ। उपन्यास व कहानियाँ हिंदी और उर्दू में लिखी गईं। यशपाल का 'झूठा सच' और भीष्म साहनी का 'तमस' दो श्रेष्ठ

प्रतिनिधि हैं। कृष्णचंद्र की 'पेशावर एक्सप्रेस', 'हम वहशी हैं', अज्ञेय की 'शरणागत' आदि अनगिनत कहानियाँ पढ़ते-पढ़ते अब भी रोंगटे खड़े होते हैं।

उपन्यास-धारा की लोकप्रियता का आधार यह सिद्धांत भी है कि साहित्य जीवन की आलोचना है। राजनीतिक स्वतंत्रता के आंदोलन के दिनों में युवा पीढ़ी वर्गवादी आंदोलन को भी चालू करने लगी। यहाँ समाजवादी मार्क्सवादी साहित्य की रचना होने लगी। ज़मींदार, कारखाने के मालिक, उच्च अधिकारी—सबको शोषक-नूर्ज्वा; और किसान, मज़दूर और छोटे कर्मचारी को शोषित दमित सर्वहारा की उपाधि दी गई। इनकी टकराहट, इनका द्वंद्व आदि समाज में होने लगे। उसका वर्णन उपन्यासों में चलने लगा। जवानी की जीवंतता और इंकलाब की लाली जवान पाठकों को अधिक खींचने लगी। इसी दिशा में हिंदी के बहुत सारे प्रगति-प्रेमी उपन्यास लिखे गए। हरिजन आंदोलन, कृषक-संघर्ष आदि सभी इसके विकसित रूप रहे हैं। वर्तमान दलित साहित्य का प्रारंभ भी वस्तुतः मार्क्सवादी साहित्य का विकसित रूपांतर है।

हमारे पुराने उपवन-वर्णन में भारत के पुराने फूलों की शोभा वर्णित होती थी। आम के बौर; चमेली, चंपा, हरसिंगार, मौसासिरी आदि के कुसुम थे। भलके आलगुम नूरजहाँ, गुलाब का फूल व इत्र हिंदुस्तान को भेंट कर गई तो गुलाब का बगीचा खूबसूरती का संदेश देने लगा। स्वातंत्रायोत्तर युग में कितने ही विदेशी सुमन आर्किड और अन्य नामों से विराजमान हैं। नवीन वस्तु के प्रति प्रेम नई पीढ़ी की प्रवृत्ति है।

स्वातंत्र्योत्तर युग में कितनी ही दिशाओं का उदय हुआ है। एक तरफ़ छोटे आँचल की बिरादरी का ज़िंदगी-नामा खींचा जाता है। इसमें ग़रीब अमीर या ऊँच-नीच का फरक नहीं माना जाता। उनका प्यार व भिडंत—दोनों चित्रित होते हैं। इन आंचलिक उपन्यासों में बोलियों की मिठास रहती है। भाषा के प्रयोग बढ़ते हैं—फणीश्वरनाथ रेणु का 'मैला आंचल' इसका प्रारंभिक प्रतिनिधि रहा। आगे सैकड़ों आए। राही मासूम रज़ा का 'आधा गाँव', अब्दुल बिस्मिल्लाह का 'झीनी बीनी चदरिया' आदि स्मरण आते हैं। कृष्णा सोबती का 'ज़िंदगीनामा' की खूब चर्चा है।

स्वतंत्रता-प्राप्ति के बाद भी बिहार, मध्यप्रदेश, राजस्थान आदि पिछड़े ही रहे हैं। वहाँ भी नगरीकरण का लाभ बढ़ता जाता है और गाँवों को बूढ़ों के लिए छोड़ा जाता है। आजकल इन गाँवों को आतंकवादी-डाकू-गुंडों का खतरा हो गया है। सामाजिक जीवन के इस पक्ष ने अनेक उपन्यासकारों को प्रचुर सामग्री दी है।

समाज के कितने ही उपविभाग होते हैं। 1947 तक अपनी रियासतों के लाखों लोगों के प्रत्यक्ष दैवत रहे हुए राजा—उनके परिवारवाले—उनकी वर्तमान स्थिति में कैसा ज़मीन-आसमान का फ़र्क़ रहा। राजाओं की ही तरह बड़े भूस्वामी, मनसबदार, मीरासदार आदि के जीवननामा कम रोमांचक नहीं हैं। 'ढाई घर' (गिरिराज किशोर) ऐसा ही प्रतिनिधि उपन्यास है।

नगरीकरण का अभिशाप छोटे परिवारों की वृद्धि, मूल्यवृद्धि, नैतिक मूल्यों का

ह्रास, कामकाजी संस्कृति आदि कितनी ही बातों ने फिल्मी दृश्यों की तेज़ी से हमारे समाज को अपना गुलाम बनाया है। इन सबकी झाँकी उपन्यास-साहित्य में पड़े बिना नहीं रह सकती। मेरी एक पूर्वछात्रा बता रही थी कि वह साठोत्तर हिंदी उपन्यासों में नैतिकता का शोध कर रही है। पिछले महीने तिरुअनंतपुरम् पर सेक्स-वर्करों का सम्मेलन हुआ था और उन पर होनेवाले अत्याचारों की चर्चा की गई। यह नैतिकता का ही दूसरा ध्रुव है। यों मानव जीवन की कुछ बिंदुओं के आधार पर दक्ष उन्यासकार कितने ही उपन्यासों की तैयारी कर सकते हैं।

समय की सीमा के कारण मैं हिंदी उपन्यासों के एक नए परिवार की संभावना पर कुछ शब्द बताऊँ। हिंदी अब अन्यतम भाषा से बढ़कर भारतीय साहित्य के माध्यम के रूप में अधिक महत्त्व रखती है। अन्य भाषाओं के जो उपन्यास हिंदी में अनुदित हो जाते हैं वे भी हिंदी उपन्यास की कोटि में आने योग्य है। हिंदी पूरे भारत की भारती हो तो ऐसे उपन्यासों को भारतीय उपन्यास मानना भी उचित है। इन उपन्यासों ने स्वातंत्र्योत्तर हिंदी उपन्यासों की गरिमा बढ़ाई है। बंगला के कितने ही उपन्यास हिंदी में अनूदित होकर लोकप्रिय हो सके हैं। विभूति भूषण का 'आरोग्य निकेतन', 'पथेर पाँचाली', रवींद्रनाथ का 'उसेरा' आदि प्रसिद्ध हैं ही। असमिया से लेकर तमिल तक—कई भाषाओं के उपन्यास साहित्य अकादमी और नेशनल बुक ट्रस्ट के माध्यम से हिंदी में अनूदित हो सके हैं।

हमारी गोष्ठी केरल में चल रही है। केरल के कई उपन्यास भी हिंदी में अनूदित हुए हैं। अतएव उनकी चर्चा उचित रहेगी। इस क्षेत्र में हमारा प्रथम प्रणाम श्रीमती भारती विद्यार्थी को होना चाहिए। उन्होंने पंडित देवदूत विद्यार्थी के सहयोग से कई मलयालम उपन्यासों का सुंदर अनुवाद प्रथम प्रस्तुत किया। तकषि शिवशंकर पिल्लाई के 'रण्डिटंडषि', 'चेम्मीन' और 'तोट्टियुटे मकन'—और अन्य कुछ उपन्यासकारों की रचनाएँ भी भारतीजी ने अनूदित की हैं।

इन उपन्यासों का सबसे बड़ा लाभ यह है कि हिंदी जाननेवाले केरल के सामाजिक जीवन का प्रत्यक्ष अनुभव कर सकते हैं। जब वे चेम्मीन (मछुआरे) पढ़ते हैं तब उन्हें केरल के समुद्र तट के समाज का निकट परिचय मिलता है। परीकुट्टी और करूत्तम्मा उन्हें अपने बिहारी या उत्तर प्रदेश के परिचित व्यक्ति से मालूम होते हैं। इस ज्ञान से केरल के प्रति हार्दिक प्रेम भी उदय होता है।

मलयालम के उपन्यास सामाजिकता और यथार्थवाद से अधिक हृदयकारी हैं। मलयाट्टूर रामकृष्णन का 'वेरूकळ', पारप्पुरम का 'अरनाषिक नेरम', एम.टी. वासुदेवन नायर का 'कालम्', पूनत्तिल कुज़ब्दुल्ला का 'स्मारकशिलकळ' और ललितांबिका अंतर्जनम का 'अग्निसाक्षी' हिंदी में अनूदित हुए हैं। वेरुकळ—जड़ें (अनु. विश्वनाथ अय्यर), अरनाषिक नरेम—आधी घड़ी (अनु. विश्वनाथ अय्यर), कालम्—कालम (अनु. एन.पी. कुट्टन पिल्लाइ), अग्निसाक्षी—अग्निसाक्षी—ये सब केरल के अलग-अलग

उपसमाजों या क्षेत्रों के जीवनों का चित्रण करते हैं। इनकी रचना-शैली भी अलग है। इनका अध्ययन करने से हिंदी पाठक के ज्ञान-क्षितिज के आयाम विस्तृत हो जाते हैं। इन सबके हिंदी पर्यायों के प्रचार से हिंदी भाषा का शब्द भंडार अधिक धनी हो जाता है। हिंदी में कई नए पदबंध और नई अभिव्यक्तियाँ आ सकती हैं। हम कभी यह नहीं चाहते कि इनकी झूठी तारीफ़ ही हो। अन्य उपन्यासों से विभिन्न पहलुओं पर इनकी तुलना की जाए। 'मछुआरे' और नागार्जुन के 'वरुण के बेटे' में चित्रित मछुआरा समाज तुलना माँगता है। हिंदी में पांडे समाज या ब्राह्मणवाडे का जीवन ज़रूर चित्रित होगा। 'जड़ें' के जीवन-क्रम से उसकी तुलना संभव है। केरलीय समाज का विश्लेषण हो सकता है। यह तुलनात्मक साहित्य का विषय है। इसका गहरा विश्लेषण अपेक्षित है।

आलेख समाप्त करने के पहले मैं हिंदी के महान् यायावर लोक साहित्यकार श्री देवेंद्र सत्यार्थी को प्रणाम व शुभकामनाएँ अर्पित करना चाहता हूँ। वे नब्बे पार कर चुके और अब विश्राम कर रहे हैं। इस आलेख में उनकी चर्चा उनके एक उपन्यास के कारण की जा रही है। उन्होंने कई उपन्यास लिखे। उनमें 'दूधगाछ' (1957) विशेष उल्लेखनीय है। देवेंद्र सत्यार्थी कई वर्ष पहले केरल आए थे। वे कुछ समय वर्कला में रहे और उस स्थान को भी अपने उपन्यास की पृष्ठभूमि बनाया। वर्कला से बंबई जानेवाले कथापात्र का चित्रण बताया गया है। दुर्भाग्य से अभी मैं वह उपन्यास देख नहीं सका हूँ। हिंदी उपन्यास के दौर में अज्ञेय-शेखर एक जीवन में कथापात्र के दक्षिण भारत में कई स्थानों पर ठहरने की चर्चा है। हम शीघ्र ही ऐसे उपन्यासों की प्रतीक्षा हिंदी में करें जिनकी पृष्ठभूमि केरलीय हो। साहित्यकार तो प्रजापति है। कल्पना से वह कथापात्रों का सृजन कर सकता है। आपमें से ही कुछ भाई-बहन इस कालडी गाँव को पृष्ठभूमि स्वीकार करके छोटे उपन्यास लिखने की कोशिश करें। यहाँ जगद्गुरु श्री शंकराचार्यजी का प्रभामय मंडल है। बगल में मलयाट्टूर में सेंट थामस कितनी ही पुराकथाएँ लिए विद्यमान हैं।

ऐसे छोटे उपन्यासों की थोड़ी-सी प्रतियाँ छापकर परस्पर बिक्री करें और उनकी चर्चा हो। बड़े-बड़े लेखकों की प्रारंभिक रचनाएँ इसी प्रकार प्रचार पा सकी थीं। अगर श्रीशंकर विश्वविद्यालय के हिंदी विभाग के अध्यापकों व उपाधि-धारियों में से दो हिंदी उपन्यासकार निकले तो धन्यता की बात है। पी-एच.डी. उपाधियों की संख्या या रीडर-प्रोफेसरों की संख्या विश्वविद्यालय के महत्त्व की कसौटी नहीं होती। अप्रिय होने पर भी इस कटु सत्य को बता रहा हूँ। केरल के हिंदी क्षेत्र के पुराने मज़दूर के नाते यह बता रहा हूँ।

इस गोष्ठी के संगठकों ने उपन्यासों पर सोचने व लिखने का सुअवसर दिया, उसके लिए उनका आभारी हूँ।

वर्ग-चेतना, वर्ग-संघर्ष और वर्गहीन समाज की दार्शनिक भूमिका और हिंदी उपन्यास

डॉ. एन. रवींद्रनाथ

आज तक निष्पन्न समस्त मानव-प्रगति का मूल क्रमशः प्रकृति पर मानव की विजय तथा उत्पादन की सामाजिक शक्तियों की अभिवृद्धि में निहित है। किंतु प्रगति का यह स्वरूप शोषण पर आधारित होने के कारण विरोध-युक्त रहा है। जहाँ पर मनुष्य ने प्रकृति पर विजय पाई है, वहीं पर मनुष्य ने मनुष्य का शोषण और दमन भी किया है। विकास का प्रत्येक नया मोड़ अपने साथ शोषण का नया स्वरूप लेकर आया है—प्रगति की प्रत्येक अग्रिम सीढ़ी क्रमशः अधिक लोगों के शोषण पर टिकी हुई है। कुछ लोगों का लाभ दूसरों की हानि के रूप में तथा वर्ग-विशेष की प्रत्येक मुक्ति दूसरे वर्ग के लिए अभिनव दमन के रूप में सामने आती है। इस तथ्य के आधार पर ही मार्क्स ने अब तक के समाज के इतिहास को वर्ग-संघर्ष का इतिहास कहा है।

वर्ग जनता के बड़े समूह हैं। समाज का एक वर्ग जब दूसरे के मूल्य पर स्वयं को विकसित करता है, तो वर्ग-स्थिति स्वाभाविक है। समाज में वर्ग-विरोध की भूमिका जितनी ही प्रखर रहती है, जितनी तीव्रता के साथ शोषित वर्ग शोषकों के विरुद्ध संघर्षरत होता है, सामाजिक जीवन में उतनी तीव्रता के साथ प्रगति भी आती है।

हिंदी के समाजवादी-यथार्थवादी उपन्यासों में वर्ग के आधार पर सामाजिक विकासोन्मुख युग-विशेष की वर्गीय स्थिति के चित्रण का प्रबल आग्रह है। संभवतः यही कारण है कि इन उपन्यासों में शोषितों और शोषकों के संघर्षों के विशिष्ट पहलुओं का चित्रण काफी मात्रा में प्राप्त होता है। सर्वहारा वर्ग, ग़रीब मज़दूरों-किसानों का दलित, शोषित जीवन और इस जीवन में घूमायित असंतोष की चंचलता ही इन कृतियों के मूल क्रांतिकारी उपकरण हैं। क्योंकि इनका विश्वास है कि समाज के बहुतम अंश के इस यथार्थ जीवन-सत्य को अस्वीकार कर जो साहित्यकार आज भी विनाशोन्मुख बुर्जुआ जीवन का गान करेंगे, शीघ्र ही उनकी रचनाएँ इतिहास के कूड़ेखाने में फेंक

दी जाएँगी। इसी प्रगतिवादी दृष्टिकोण ने समाजवादी लेखक को शोषक वर्ग की वास्तविकता, स्वार्थ-रक्षा के प्रयत्न, उनके अंतर्विरोध को तथा निम्न वर्ग के जीवन-चरित्र और संघर्ष को अभिव्यक्ति देने की प्रेरणा दी।

आधुनिक भारत की विशिष्ट सामाजिक एवं राजनीतिक परिस्थितियों में यहाँ के शोषित-शोषक संघर्ष के मुख्यतः दो पहलू हैं। पहला पहलू किसान-जमींदार संघर्ष का है। कृषि भारतीय अर्थव्यवस्था का आधार-स्तंभ रही है। पहले अँग्रेज़ों और बाद में देशी ज़मींदारों की स्वार्थपूर्ण आर्थिक नीति के कारण भारतीय अर्थव्यवस्था का संतुलन नष्ट हो गया। कृषि पर निरंतर बोझ बढ़ता गया। परिणामस्वरूप भारतीय कृषक की दशा अत्यंत दयनीय हो गई। किसान आर्थिक अभावों के मध्य जीवन व्यतीत करने के लिए बाध्य हुए। कृषक की इस आर्थिक दुर्दशा के लिए ये परिस्थितियाँ उत्तरदायी हैं जिनमें वह जीवन-यापन करता है। अतः यह स्वाभाविक है कि इन परिस्थितियों में परिवर्तन लाने का प्रयत्न वह करे और शोषक ज़मींदार वर्ग से लड़े।

दूसरा पहलू मज़दूर-पूँजीपति संघर्ष का है। औद्योगिक सभ्यता ने भारतीय समाज को दो वर्ग में विभक्त कर दिया—एक वर्ग है उद्योग धंधों से लाभ उठानेवाले बड़े-बड़े उद्योगपतियों एवं पूँजीपतियों का, और दूसरा वर्ग है मज़दूरों का। भारत में औद्योगीकरण के परिणामस्वरूप देश का सारा धन थोड़े-से पूँजीपतियों के हाथ में एकत्र होता गया। इस स्थिति के विरुद्ध अपनी आर्थिक-सामाजिक तथा राजनीतिक दशा में परिवर्तन लाने के हेतु आज भारतीय मज़दूर वर्ग पूँजीपति वर्ग से संघर्षरत दिखाई पड़ता है।

श्रमिक किसानों एवं मज़दूरों का मूल लक्ष्य एक होने पर भी विशिष्ट कारणों से दोनों की संघर्ष-विधियों में पर्याप्त अंतर भी परिलक्षित होता है। समाजवादी यथार्थवादी उपन्यासकारों ने इस अंतर को पहचानते हुए संघर्ष के इन दोनों पहलुओं पर समाजवादी आदर्श के अनुकूल विचार किया है। नागार्जुन ने 'बलचनमा' और 'बाबा बटेसरनाथ' में तथा भैरवप्रसाद गुप्त ने 'गंगा मैया' और 'सत्ती मैया का चौरा' में आर्थिक वैषम्य के शिकार कृषक वर्ग की दयनीय दशा के करुण जीवन-वृत्त के माध्यम से सर्वहारा वर्ग के श्रेणी-संघर्ष की भूमिका को रेखांकित किया जबकि यशपाल ने 'दादा कामरेड', 'देशद्रोही' तथा 'झूठा सच' में, रामेश्वर शुक्ल अंचल ने 'चढ़ती धूप' में, भैरवप्रसाद गुप्त ने 'मशाल' में, राजेंद्र यादव ने 'उखड़े हुए लोग' में मज़दूर-संघर्ष का विस्तृत विवरण प्रस्तुत किया। इन उपन्यासों में श्रमिक किसान-मज़दूरों की आर्थिक विपन्नता, संघर्ष और संगठन के अनेक चित्र कुशलता के साथ उरेहे गए हैं।

यह एक आकर्षक तथ्य है कि राष्ट्रीय-संग्राम के युग में भारतीय किसान वर्ग की ओर राष्ट्रीय नेताओं की उपेक्षापूर्ण दृष्टि ही रही। राष्ट्रीय काँग्रेस के अतिरिक्त अन्य जो राजनीतिक दल थे, वे भी पहले शहरों की मज़दूर जनता को राजनीतिक शक्ति का मुख्य आधार मानते रहे। इसका कारण यही हो सकता है कि शहरी मध्यवर्गीय राजनीतिक नेता किसान की समस्याएँ ही नहीं जानते थे। यही कारण है

कि कतिपय चिंतक आधुनिक भारत के राष्ट्रीय आंदोलन को मध्यवर्गीय असंतोष का उभार बताते हैं। इस प्रकार युग की मुख्य राष्ट्रीय भावधारा किसानों की समस्याओं की उपेक्षा तो करती ही थी लेकिन उसकी युद्ध-पद्धति भी भारतीय किसान वर्ग के लिए आकर्षक नहीं थी। लेकिन यह संभव नहीं था कि अनेक समस्याओं से ग्रस्त भारतीय किसान् वर्ग सर्वतोन्मुखी जागरण-काल में नई करवट न ले। ज़मींदारों के विरुद्ध किसानों ने भी अपना आंदोलन संगठित किया। प्रेमचंद ने इन संघर्षशील भारतीय किसानों को अपने कथा-साहित्य में सर्वप्रथम साकार किया था। प्रेमचंद के बाद उन कथाकारों ने भी, जो मार्क्सवाद के अनुसार यह मानते हैं कि राष्ट्रीय संघर्ष में किसान वर्ग सबसे प्रबल शक्ति है, अपने उपन्यासों मे किसान के संघर्षमय जीवन पर प्रकाश डालते हुए समर्थन किया और आवश्यक प्रेरणा दी।

'रतिनाथ की चाची' का वर्ण्य-विषय भिन्न होते हुए भी विशिष्ट उद्देश्य से प्रेरित होकर नागार्जुन ने इसमें, सन् 1937-39 ईसवी के लगभग, बिहार प्रांत में किसानों का जो सशक्त आंदोलन चला था, उसका चित्रण किया है। इस आंदोलन में किसानों में 'गजब का जोश था।...किसान बित्ता-भर भी ज़मीन छोड़ने के लिए तैयार नहीं थे।' गाँव में से ही उस समय दो-तीन नौजवान लीडर निकल आए, जिनमें पं. कालीचरण का लड़का, ताराचरण प्रमुख था। वे 'दरभंगा' और पटना तक दौड़ लगा रहे थे। इस संघर्ष की ज़रा-ज़रा-सी बात भी जनता में विस्तारपूर्वक छपती थी। सभा, जुलूस, दफ़ा एक सौ चौवालीस, गिरफ्तारी, सज़ा, जेल, भूख-हड़ताल, रिहाई—यह सिलसिला किसानों को ठंडा नहीं कर सका। लेकिन अदम्य साहस, संगठन शक्ति, जागरूकता तथा दृढ़ता होने पर भी किसानों का यह आंदोलन सफल नहीं हुआ। इस असफलता के कई कारण थे। एक ओर किसानों में से ही कई-एक ने स्वार्थ-लाभ के लिए ज़मींदारों का समर्थन किया, दूसरी ओर सन् 1937-39 में बिहार में जो काँग्रेसी मंत्रिमंडल बना था, उसके मंत्रियों ने प्रतिक्रियावादी शक्तियों के साथ मिलकर किसानों के इस मुक्ति-संघर्ष को दबा दिया। आंदोलनकारी किसान वर्ग की स्थिति पर प्रकाश डालते हुए नागार्जुन ने काँग्रेसी मंत्रिमंडल पर तीव्र व्यंग्य और किसानों के प्रति सहानुभूति प्रकट की है—"ऊपर काँग्रेसी मंत्रिमंडल था, नीचे धरती माता थी। सत्याग्रही पृथ्वीपुत्र जब पिटने लगे, खून से तिरंगा तब लाल हो उठा। इस छोटे से महाभारत में कुर्मियों और एक ब्राह्मण की जान गई।"[1]

बिहार का किसान-ज़मींदार संघर्ष तथा काँग्रेसी मंत्रिमंडल के साथ गठबंधन एक ऐतिहासिक तथ्य है। दुनिया-भर में यह बदनामी फैल गई थी कि बिहार की काँग्रेस पर ज़मींदारों का असर है। जवाहरलाल तक ने खुल्लमखुल्ला यह बात कही है।[2] इस घटना से यह स्पष्ट हो गया कि जिन लोगों के नेतृत्व में राष्ट्रीय आंदोलन चल रहा था उनका स्वराज्य कैसा होगा। काँग्रेसियों पर साम्यवादियों के जो आरोप थे, सत्य निकले। फलतः काँग्रेस में भी स्पष्टतः दो दल बन गए जिनमें से एक परंपरावादी था,

और दूसरा था समाजवादी चेतना से अनुप्रमाणित। नागार्जुन के ही बाद के उपन्यास 'बाबा बटेसरनाथ' में काँग्रेसी दयानाथ काँग्रेस से अलग होता है और समाजवादी चेतना से प्रेरित होकर संघर्ष में किसानों का साथ देता है।

उपन्यासों का वर्ण्य-विषय भिन्न होते हुए भी बिहार के किसान आंदोलन का उल्लेख इसमें लेखक ने विशिष्ट उद्देश्य से प्रेरित होकर किया है। उनका उद्देश्य किसानों को यह दिखा देना है कि संघर्ष में उनका सहयोग कौन करेगा और कौन-कौन प्रतिक्रियावादी शक्तियों का समर्थन करते हुए विपक्ष में खड़े होंगे। इसलिए नागार्जुन ने जयदेव जैसे समाज के कोढ़ियों तथा जिला किसान सभा के प्रमुख नेता की लालची मनोवृत्ति एवं अवसरवादिता को दिखाकर उन्हें किसान-संघर्ष के हत्यारों के रूप में चित्रित किया[3] और किसानों को ऐसे नेताओं के प्रति जागरूक रहने का आह्वान किया।

किसान-जागरण एवं संघर्ष का व्यापक एवं दीप्त चित्र नागार्जुन के ही 'बलचनमा' में उपलब्ध होता है। सन् 1937 के आसपास तक मिथिला के किसानों की क्या अवस्था थी तथा किस प्रकार ज़मींदारों के द्वारा किए जानेवाले शोषण और दमन के विरुद्ध वहाँ किसानों में प्रतिहिंसा की भावना घर करती चली जा रही थी, किसान की इसी उभरती हुई विकासोन्मुखी चेतना को 'बलचनमा' के चरित्र-निर्माण के द्वारा प्रतिबिंबित करने का प्रयत्न लेखक ने इस उपन्यास में किया है।[4] "वस्तुतः बलचनमा तत्कालीन भारतीय किसान वर्ग के प्रतिनिधि के रूप में ही चित्रित हो पाया है, क्योंकि मूलतः उसकी और अन्य भारतीय किसानों की तत्कालीन अवस्था में कोई विशेष अंतर नहीं दिखाई देता है।" लेखक का उद्देश्य बलचनमा के जीवन-संघर्ष के चित्रण द्वारा उस साम्यवादी चेतना की ओर निर्देश करना है जो साधनहीन एवं स्वत्वाधिकार-वंचित किसान के अंदर अन्याय तथा अत्याचार के प्रति विद्रोह की भावना को जन्म दे रही थी।[5] यह उसी समाजवादी चेतना का प्रतिफल है कि बलचनमा परिस्थितियों से पराजित न होकर उनको अपने अनुरूप बनाने के लिए संघर्षरत रहता है।

दरभंगा जिले के साधन-विहीन एवं अभावग्रस्त निम्नवर्गीय कृषक-परिवार में बलचनमा का जन्म हुआ था। बाल्यकाल में ही वह सामाजिक विषमता तथा अभावों का अनुभव करता है और इन अभावों के जनक ज़मींदार-सामंत वर्ग को पहचानता है। बचपन से ही उसकी चेतना में एक विशेष प्रकार की प्रखरता देखने को मिलती है और उसका चरित्र उसके पूर्वजों से बिलकुल भिन्न है, दीनता और ज़मींदारी जुल्म के वातावरण में पला हुआ बलचनमा अपने पिता, दादी और माँ की भाँति भाग्य और ईश्वर पर विश्वास करनेवाले स्वामीभक्त सेवक के रूप में हमारे सामने उपस्थित नहीं होता बल्कि उसका चरित्र एक अनास्तिक एवं विद्रोही व्यक्ति का चरित्र है। उसकी बुद्धि वस्तु-विश्लेषण क्षमता से युक्त भी है। ज़मींदारों के अत्याचार सहन करते-करते जब उसके पिता उसे बारह वर्ष का छोड़कर सदा के लिए अत्याचार मुक्त हो जाते हैं तब परिवार के पालन की जिम्मेदारी उस पर आ पड़ती है और उसे छोटे मालिक

के यहाँ भैंस चराने का काम करने के लिए विवश होना पड़ता है। इसी उम्र ईश्वरीय विधान के नाम पर ज़मींदारों द्वारा किए जानेवाले शोषण की वास्तविकता का अनुभव उसको होता है। कटु प्रहार एवं प्रखर व्यंग्य पाठक को आश्चर्य में अवश्य डाल देता है, किंतु जब पाठक उसकी यथार्थ परिस्थिति एवं वातावरण-जन्य चेतना के विकास पर दृष्टिपात करता है तो यह स्वाभाविक ही प्रतीत होगा। ज़मींदार द्वारा भगवान की दुहाई दिए जाने पर वह सोचने लगता है—"अच्छा तो भगवान करते ही हैं ? चार परानी का परिवार छोड़कर मेरा बाप मर गया, यह भगवान ने ठीक ही किया। भूख के मारे दादी और माँ आम की गुठलियों का गूदा चूर-चूर कर फाँकती थीं, यह भी भगवान ठीक ही करते थे। और मालिक लोग कनकजोर और तुलसीदास के खुशबूदार भात, अरहर की दाल, परवल की तरकारी, घी, दही, चटनी खाते थे सो यह भी भगवान की ही लीला थी।"[6] इस प्रकार अल्पायु में ही वर्ग-वैषम्य की वास्तविकता के प्रति रोष और प्रतिहिंसा की भावना से ओत-प्रोत बलचनमा को भी विलासितापूर्ण तथा नैतिकता-विहीन जीवन व्यतीत करनेवाले छोटे मालिक के यहाँ गुलामी ही व्यतीत करने के लिए विवश होना पड़ता है। मालिक और मालकिन के निर्ममतापूर्ण व्यवहार से उत्पीड़ित बलचनमा की चेतना इस हीन परिस्थिति से मुक्ति पाने के लिए व्याकुल दिखाई देती है और यहीं उपन्यास में वर्ग-संघर्ष की भूमिका स्पष्ट होती है।

वर्ग-संघर्ष के सिद्धांत की भावना की प्रस्तुति को अधिक स्पष्ट एवं सजीव बनाने के लिए नागार्जुन ने इस उपन्यास के आरंभ और अंत में विशेष ध्यान रखा है। उपन्यास के आरंभ में कुछ पंक्तियों में अपना साधारण परिचय देने के बाद बलचनमा कहता है, "अपने जीवन की सबसे पहली घटना जो मुझे याद है...मालिक के दरवाज़े पर मेरे बाप को एक खंभेली के सहारे कसकर बाँध दिया गया है। जाँघ, चूतर, पीठ और बाँह सभी पर बाँस की हरी कैली के निशान उभर आए हैं, चोट से कहीं-कहीं खाल उखर गई है और आँखों से बहते आँसुओं के टघार गाल और छाती पर से सूखते नीचे चले गए हैं...चेहरा काला पड़ गया है। होंठ सूख रहे हैं। अलग कुछ दूर छोटी चौकी पर यमराज की भाँति मझले मालिक बैठे हुए हैं।"[7] लेखक ने विशेष अभिप्राय से घटना को आरंभ में रखकर उपन्यास की वर्ग विषतावाली प्रकृति का ज्ञान करा दिया है। बलचनमा की इस पुरानी स्मृति से, जिससे वह अपनी जीवन-कथा का आरंभ करता है, उसके जीवन की उस प्रारंभिक प्रवृत्ति (रूझान) या मूलभूत दृष्टिकोण का पता चल सका है, जिसका उत्तरोत्तर विकास इस उपन्यास का लक्ष्य है। उपन्यास का अंत भी ज़मींदारों के अत्याचार की घटना से होता है। अंतर केवल इतना ही है कि पहले बाप था अब बेटा है, दूसरे, "पहले अत्याचार को विवशता से सहन किया गया था और वर्ग-विषमता के विरुद्ध संघर्ष में बलचनमा को आहत होना पड़ा। पहली केवल करुण थी, दूसरी करुण के साथ भावी क्रांति की संकेतक-लेखक के उद्देश्य की व्यंजक भी है।[8] प्रेमचंद का गोदान यदि अपने युग के किसान का जीता-जागता चित्र है तो बलचनमा

भी उसी परंपरा की स्मृति ताज़ी करता है। राजनीतिक चेतना का सबल योग पाकर 'बलचनमा' का किसान 'गोदान' के कृषक से कहीं अधिक उद्यमशील है

नागार्जुन का उपन्यास 'बाबा बटेसरनाथ' भी सर्वहारावर्ग की जागृति, संगठन और संघर्ष का इतिहास है। इसमें चित्रित किसान वर्ग भी वर्ग-चेतना से प्रेरित होकर अन्याय और शोषण के विरुद्ध संघर्षरत है और अपने अधिकारों को प्राप्त करने के लिए सचेष्ट भी। प्रस्तुत उपन्यास में लेखक ने वट वृक्ष के रक्षक जयकिसुन तथा उसके साथियों और वृक्ष को उखाड़ने की कल्पना करनेवाले गाँव के खल पात्रों के मध्य संघर्ष की सूचना दी है।

अपने वर्ग-संघर्ष संबंधी राजनीतिक उद्देश्य के अनुकूल लेखक ने उपन्यास के प्रारंभ में ही यह प्रयत्न किया है कि यह किन्हीं व्यक्तियों के पारस्परिक संघर्ष की कहानी न रह जाए। इसलिए उन्होंने वृक्ष को लगानेवाले जयकिसुन-परिवार को ही नहीं, समस्त ग्रामीणों को वट वृक्ष के प्रति चिंतित और वट वृक्ष की आधारभूमि को सार्वजनिक उपयोग की भूमि बताया है। योजनानुसार खल पात्रों को उच्चवर्गीय ज़मींदारों से मिलकर साजस करनेवाले लालची किसानों के रूप में चित्रित किया गया है। इस तरह प्रथम परिच्छेद में ही संघर्ष-कथा वर्ग-संघर्ष की कथा बन जाती है।

टूनाई पाठक और जैनारायण द्वारा वट वृक्ष को कटवाने का प्रयत्न और किसानों का प्रतिरोध शोषकों और शोषितों के पारस्परिक संघर्ष का कारण बन जाता है। किसान-ज़मींदार संघर्ष में काँग्रेसी दयानाथ किसानों के साथ सम्मिलित होकर काँग्रेस के प्रति अपनी अनास्था का परिचय देता है, क्योंकि अब तक काँग्रेस केवल स्वार्थियों की संस्था बन गई थी। काँग्रेसियों का स्वार्थ-रुख देखकर युवक जीवनाथ का दिल भी उनकी ओर से कटने लगा था। जीव जयकिसुन का साथ देता है और कुछ ही समय में अपनी कर्मठता का परिचय देता हुआ आंदोलन का अगुवा बन जाता है। टुनाई पाठक के पुत्र, नीलांबर के प्रभाव के कारण जिले के सभी सरकारी अधिकारी भी किसानों के लिए अपने द्वार बंद कर लेते हैं। किंतु आंदोलन का वेग रुक नहीं पाता। जयकिसुन, जीवनाथ, दयानाथ आदि किसान-संगठन को मज़बूत बनाने तथा टुनाई पाठक, जैनारायण आदि पूँजीवादी ज़मींदारों के अन्याय का प्रतिकार करने के लिए तैयार हो जाते हैं। लेकिन उन्हें शोषक वर्ग के नृशंस एवं अमानुषी षड्यंत्र का शिकार बनना पड़ता है।

इस उपन्यास में शोषक वर्ग के यथार्थस्वरूप का चित्रण साम्यवादी दृष्टिकोण से करते हुए नागार्जुन इस निष्कर्ष पर पहुँचते हैं कि सर्वहारा वर्ग की मुक्ति का मार्ग संयुक्त मोर्चे द्वारा पूँजीपतियों और सत्ताधीशों के पराभव में निहित है। अतः बेदखली के विरुद्ध जीवनाथ के नेतृत्व में सर्वहारा वर्ग का संयुक्त मोर्चा बनता है और स्वयं कृषक अपनी समस्याओं के समाधान की सफल योजना बना लेते हैं। उपन्यास का अंत साम्यवादी नारे—'स्वाधीनता!, शांति!, प्रगति!' के साथ होता है। बरगद बाबा की

कथा को ग्रामीणों की 'सामूहिक प्रचेष्टा' जन्य सुखद विजय किसानों के संगठन की आधार—किसान सभा की विजय से अद्भुत कौशल से मिला भी दिया।

'बाबा बटेसरनाथ' में व्यक्त वर्ग-संघर्ष की भूमिका का अध्ययन करते वक्त इस उपन्यास का अंतिम भाग विशेष महत्त्वपूर्ण लगता है। उपन्यास के अंत में बरगद बाबा जयकिसुन को अंतिम आशीर्वाद और अपने मरण की सूचना देने आते हैं, जिसका प्रतीकात्मक अर्थ-संकेत महत्त्वपूर्ण है, यथा, बाबा कहते हैं—"मेरे पेड़ की सूखी लकड़ियों से ईंटें पका लेना। उन ईंटों से ग्राम कमेटी का मकान तैयार होगा।[9] पिछली बरसात में अपने ही बीज का एक रिवा उग आया है, हाजी करीमबक्स के बाग में पीपल के कंधे पर मेरी फलियाँ खानेवाले एक कौए को यह श्रेय है कि उसने जाकर वहीं बीट कर दी थी। वह पौधा अब बालिश्त-भर का हो गया है। ठीक मेरी ही जगह पर तुम उस पौधे को रोप लेना। कौन, दस वर्ष बीतते-न बीतते एक अच्छा-खासा छतदार बरगद यहाँ फिर लहरा उठेगा। आगे चलकर वही तुम लोगों का साथी, समझे बाबू।"[10] अंतिम परिच्छेद में इसी 'बच्चा बरगद' के अभिनंदन का चित्रण किया गया है। यह बच्चा बरगद किसानों का संगठन किसान सभा ही है। बरगद बाबा ने किसानों को दिशा दी, अब उसी की प्रेरणा से उत्पन्न यह शिशु-संगठन किसानों का साथी होगा और बाबा की तरह 'बच्चा' भी 'स्वाधीनता, शांति, प्रगति' का सही संदेश देता रहेगा। इस तरह उपन्यास के अंतिम प्रतीकात्मक कथा-कौशल से जहाँ सारे उपन्यास की कथा शृंखलित तथा पूर्ण हो गई है, वहाँ राजनीतिक प्रचारण-वर्ग संघर्ष से संबंधित शिक्षण को साहित्यिक स्वरूप भी मिल गया है।

साम्यवादी चेतना से प्रेरित होकर भारतीय किसानों के संघर्षमयी जीवन के चित्र प्रस्तुत करनेवाले उपन्यासकारों में नागार्जुन के बाद भैरवप्रसाद गुप्त का नाम आता है। वर्ग-वैषम्य और आर्थिक शोषण का शिकार जनसाधारण का जीवन ही गुप्त के उपन्यासों का विषय है। इनका उपन्यास 'गंगा मैया' किसानों के नवीन उद्बोधन का प्रतीक है। इस उपन्यास में चित्रित संघर्षशील शक्तियों को देखकर ऐसा प्रतीत होता है कि साम्यवादी चेतना और उसके माध्यम से बदलनेवाली सामंती तथा ज़मींदारी-प्रथा की झाँकी प्रस्तुत करना ही उपन्यासकार का मूल उद्देश्य है। यह कथन उचित ही है कि "पहले 'गोदान' में होरी मर चुका है, परिस्थितियों से परास्त हो चुका है। इस तरह किसान का परास्त होना समाजवादी जीवन-दृष्टि को अखरता है। उसे फिर से जीवित करने के लिए 'बलचनमा' की रचना की गई और 'गंगा मैया' में मटरू किसान को खड़ा करने का प्रयास किया गया।"[11]

मटरू सिंह गंगा के 'दीयर' (सपाटी) में अस्थायी झोंपड़ी बनाकर रहता है और ज्यों-ज्यों गंगा का प्रवाह घटता-बढ़ता रहता है त्यों-त्यों उसकी झोंपड़ी भी एक स्थान से दूसरे स्थान पर बनती-बिगड़ती है। आसपास के लोगों में मटरू का मान और प्रभाव इतना अधिक है कि उसकी सभी आवश्यकताओं की पूर्ति सहज ही हो जाती है। लेकिन

विवाह हो जाने पर उसके समक्ष जीवनोपार्जन की समस्या प्रस्तुत होती है और वह गंगा के 'दीयर' की उस कुँवारी मिट्टी पर खेती आरंभ करता है, जिस पर किसी ज़मींदार का अधिकार नहीं है। क्योंकि जिस प्रकार गंगा के जल पर किसी एक व्यक्ति का अधिकार संभव नहीं, उसी प्रकार गंगा मैया की छाती पर भी 'मेड़' खींच सकना, उसे किसी की वैयक्तिक संपत्ति के रूप में बाँट सकना संभव नहीं है।

मटरू सभी किसानों का उस ज़मीन पर खेती करने के लिए स्वागत करता है और उन्हें समझाता है कि वे ज़मींदारों को सलामी और लगान न दें। इसके साथ ही वह झाडूँ और सरकंडे भी बिना किसी को कुछ दिए काटकर ले जाता है और यह समाचार पूरे जवार में भिजवा देता है। इसका परिणम यह होता है कि बचे हुए किसान भी बिना बंदोबस्त कराए खेती शुरू कर देते हैं। पहले ही ज़मींदारों की नज़र मटरू की उस भूमि पर है, जिसे उसने कठोर परिश्रम से उर्वरा बनाया है। लेकिन अब तो उनके गुस्से का ठिकाना न रहा। परंतु मटरू को सीधे तौर पर छेड़ सकने की हिम्मत उनमें नहीं थी। वह 'दीयर' में जंगली शेर के समान रहता था और जवार में उसकी धाक थी कि उसके पास सैकड़ों लठैत हैं। वह जब चाहे दिन-दहाड़े लुटवा सकता है। अतः ज़मींदारों ने जब मटरू को अपने यहाँ बुला भेजा तो उसने स्पष्ट रूप से कह दिया कि--"मटरू किसी ज़मींदार का कोई आसामी नहीं है। जिसे गरज हो, वही उससे आकर मिले।"[12] ज़मींदारों ने मिलकर एक कारिंदे को भी मटरू के पास भेजा तथापि उनको कुछ सफलता नहीं मिली। कारिंदे के यह कहने पर कि "कानून-कायदे के ही हथकंडे में वे तुम्हें नचा मारेंगे," मटरू उसको साफ़-साफ़ सुना देता है कि "...कानून कायदे की बात वे घर बैठे उघारा करें। मुझे कोई परवाह नहीं। ज़मीदारों ने अगर इधर आँखों उठाई तो मैं उनकी आँखें फोड़ दूँगा।"[13] ज़मींदार वर्ग मन मसोसकर रह गया और अवसर की तलाश करने लगा। पुलिस भी मटरू को गिरफ़्तार कर खतरा मोल लेने को तैयार नहीं थी। इससे किसानों के हौसले बढ़ गए और पुलिस तथा अन्य सरकारी अधिकारियों के साथ मिलकर ज़मींदारों का संघर्ष किसानों से छिड़ जाता है, जिसमें किसान वर्ग का नेतृत्व न्याय और हक के लिए मर मिटनेवाला मटरू करता है। वह स्वयं कहता है कि "हक और न्याय के सामने किसी को मैंने कभी कुछ न समझा।"[14] लेकिन अंत में शोषक वर्ग के षड्यंत्र के फलस्वरूप मटरू और उनके साथियों को पुलिस ने पकड़ लिया और उन पर डाके का आरोप लगाकर तीन साल की सज़ा करवा दी।

जेल में भी मटरू को चैन नहीं। वह ज़मींदारों के अन्याय का मुकाबला करने की योजना बनाता है। उसका साला पूजन जब मटरू से मिलने जेल आता है तो उससे पता चलता है कि ज़मींदारों की लाख कोशिशों और पुलिस के आतंकों के उपरांत भी, मटरू की अनुपस्थिति में भी, किसान वर्ग झुका नहीं है। उसने जिस निर्भरता और साहस का संचार अपने वर्ग में कर दिया है वह ज्यों-का-त्यों बना हुआ है। पूजन

कहता है कि "ज़रा तुम जाओ, फिर देखेंगे कि कैसे किसी ज़मींदार के बाप की हिम्मत वहाँ पैर रखने की होती है। सब तैयारी हो रही है, पाहुन।"[15] यही नहीं पूजन की हिम्मत यहाँ तक बढ़ गई कि ज़मींदारों ने वहाँ पर जो फसल बोई है उसके संबंध में वह कहता है—"एक दाना भी ज़मींदारों के घर पहुँच गया तो गंगा मैया की धार में डूबकर जान दे दूँगा।"[16] तिरवाही के किसानों में विशेष परिस्थितियों में पले होने के कारण स्वतंत्रता, साहसिकता और वीरता की भावना विद्यमान थी और जब उन्हें मटरू पहलवान जैसे निडर और गंगा मैया के भक्त का नेतृत्व मिल गया तो वे ज़मींदारों के लालच में आकर उनसे समझौता कैसे कर लेते ? वे सभी अपने नेता के लौट आने की प्रतीक्षा कर रहे थे।

मटरू जेल से रिहा होकर 'दीयर' पहुँचा और अब वह पहल की तरह अकेला भी नहीं था। यहाँ से उपन्यास में चित्रित वर्ग-संघर्ष की भावना अपना सामाजिक स्वरूप धारण कर लेती है। अब मटरू की झोंपड़ी के पास दर्जनों झोंपड़ियाँ बस गई थीं। पचासों किसान नवजवान अपनी लाठियों के साथ उनमें रहते थे। स्वयं मटरू के शब्दों में, "अब तो सैकड़ों किसान हमारे साथ बस गए हैं। मटरू अब अकेला नहीं है। उसका परिवार बहुत बड़ा हो गया है।"[17]

एक ओर परिश्रम और हिम्मत के बल पर व्यर्थ पड़ी हुई ज़मीन सोना उगलने लगी और दूसरी ओर संघर्ष की उग्रता बढ़ जाने से मटरू के नेतृत्व में ज़मींदारों का सामना करने के लिए किसान संगठित होकर बड़ी सावधानी से तत्पर दिखाई देने लगे। मटरू के शब्दों में—"कई बार मुँह की खाकर भी इन ज़मींदारों की ऐंठ नहीं जाती। मुँह का लगा हुआ आसानी से नहीं छूटता, बाबूजी! पुश्तों हराम का 'दीयर' से बटोरा है। अब नहीं मिलता तो, दाँत किटकिटाते हैं।... जाने दे देंगे, बाबूजी, लेकिन ज़मींदारों का वहाँ पाँव न जमने देंगे। सालों यह लड़ाई चलेगी। गंगा मैया की किरिपा से हमारी जीत होगी। हक और न्याय हमारे साथ हैं। झूठ, फरेब, धाँधली, जोर-जुलुम की गाड़ी बहुत दिन तक नहीं चलती। अब मटरू अकेला नहीं, दीयर और तिरुवाहि के हज़ारों किसान उसके साथ हैं। अपनी प्यारी धरती पर जान देनेवालों से उनकी धरती छीन लेने की ताकत किसमें है।"[18] ज़मींदार वर्ग भी सोच लेता है कि "यह आख़िरी बाजी है, हारे तो हारे, और जीते तो जीते। जान लगाकर, इस बार इधर या उधर कर ही लेना चाहिए।"[19] शोषक वर्ग किसानों को कई यंत्रणाएँ देता है, लेकिन मटरू के नेतृत्व में किसान निडर होकर अपनी शक्ति और मोर्चे को और अधिक मजबूत बनाने में लग जाते हैं और अंत में डटकर संघर्ष करते हुए विजयश्री का वरण करते हैं। सही नेतृत्व के प्रति अगाध श्रद्धा, विश्वास और वर्ग-चेतना के अविकंपित स्वरूप का चित्रण 'गंगा मैया' में इस प्रकार हो पाया है।[20]

स्पष्ट है कि 'गंगा मैया' के संगठित कथानक का मूल स्वर किसान-ज़मींदार संघर्ष में गंगा मैया की जीत है, किसानों की जीत है। यह जीत वस्तुतः भारतीय किसान

वर्ग की जागृति का प्रेरक तत्त्व है और इस जागृति का स्वर पूजन के इन शब्दों में ध्वनित हुआ है–"तुम्हारे साथी अपने खून की आखिरी बूँद तक से इसकी रक्षा करेंगे। जिस तरह गुज़रा जमाना फिर वापस नहीं आता, उसी तरह ज़मींदारों के उखड़े पैर फिर कभी न जम पाएँगे। हमारा ज़ोर दिन-दिन बढ़ता जा रहा है।"[21]

भैरवप्रसाद गुप्त ने 'सत्ती मैया का चौरा' में भी यही बात बताई है कि वर्ग भावना से प्रेरित भारतीय किसान गैर-इंसाफ़ी के सामने कभी सिर झुका नहीं सकता। उसे विश्वास है कि "अंतिम लड़ाई में वह अवश्य जीतेगा, एक-एक ईंट चुनकर जो दीवार उसके सामने खड़ी हुई है, उसे वह एक दिन अवश्य तोड़ गिराएगा।"[22] यह वास्तव में उस क्रांतिकारी मानववाद का आह्वान है जिसका संदर्भ 'लघु मानस', नहीं, लघु कहे जानेवाले धरती के कोटि-कोटि संघर्षरत मानव हैं और जो उन परिस्थितियों के लिए संघर्ष करते हैं जिनमें मानव-व्यक्तित्त्व अपनी सहजता में संपूर्णतः विकसित हो सके।

मज़दूर-पूँजीपति संघर्ष के दीप्त चित्र काफी मात्रा में उपन्यासों में प्रस्तुत करनेवाले समाजवादी उपन्यासकारों में यशपाल भी प्रमुख हैं। उनके प्रायः सभी उपन्यासों में मज़दूरों की दुखपूर्ण जीवन-स्थिति एवं युगानुरूप उनमें उभरती नई चेतना का संकेत मिलता है।

'दादा कामरेड' के रचनाकाल तक भारतीय मज़दूर अपनी शक्ति पहचानने लगे थे। तभी तो मज़दूर अख्तर हरीश से कहता है–"बनियों से कहीं सुराज लिया जाता है। इन्हें तो जायदादों की फिक्रें हैं। हमें कहो न, मज़दूर और दिहात के लोगों को, एक दिन तख्त पलटकर रख दें।"[23] वस्तुतः अख्तर की यह जागरूकता मात्र उसकी नहीं है, पूरे मज़दूर वर्ग की है। तत्कालीन भारत का मज़दूर-वर्ग शोषण-जन्य घुटन का अनुभव कर उसके विरुद्ध संघर्ष के लिए तैयार हो गया था। प्रस्तुत उपन्यास में जाबर जब अख्तर से रिश्वत लेकर भी उसकी पदोन्नति नहीं करता तो अख्तर को उसमें भयानक शोषण दिखाई देता है। इसलए वह जाबर का खून करने तक के लिए तैयार हो जाता है। अख्तर का यह निर्णय शोषण के विरुद्ध होनेवाली अकुलाहट का ही प्रमाण है। पर शोषण का नाश करने के लिए वह जो मार्ग अपनाता है, वह स्वस्थ नहीं और इसलिए समस्या का समाधान भी नहीं। अख्तर जैसा मज़दूर यद्यपि अपनी शक्ति से परिचित है फिर भी सही विचार-निर्देश के अभाव में भटकता रहता है। इस तथ्य की ओर संकेत करने के लिए ही यशपाल ने प्रस्तुत उपन्यास में मार्क्सवादी वर्ग संघर्ष की भूमिका को तब तक स्पष्ट नहीं किया जब तक अख्तर जैसे मज़दूरों को कम्युनिस्ट रफीक तथा हरीश का नेतृत्व नहीं मिलता है।

संघर्ष के सही मार्ग से अपरिचित मज़दूरों को देखकर हरीश सोचता है कि "मज़दूरों की इस शक्ति को जो आकाश में गरजनेवाली बिजली की भाँति दुर्दमनीय है, कैसे संगठन के द्वारा क्रांति के उपयोग में लाया जा सकता है।"[24] हरीश अपना

नाम सुलतान रखकर मज़दूरों का संघर्ष के प्रति उत्साह बढ़ाता है और कपड़ा मिलों में हड़ताल करा देता है। लेकिन वह काँग्रेस की तत्कालीन नीति के अनुसार पहले भारतीय स्वतंत्रता की लड़ाई लड़ना चाहता है और फिर मज़दूरों की सामाजिक तथा आर्थिक स्थितियों को सुधारना चाहता है। अपने इस विचार के कारण वह साथियों से कहता भी है कि "मैं चाहता हूँ कि भिन्न-भिन्न देशों के मज़दूरों की केंद्रीय कमेटी में कुछ आदमी मध्यम श्रेणी के भी रहें, जो उनके आंदोलन को राजनीतिक रूप दिए रहे।"[25] इसके विपरित श्रेणी-संघर्ष की मार्क्सवादी धारणा को स्पष्ट करते हुए कम्युनिस्ट रफीक कहता है—"राजनीतिक प्रश्नों पर उन्हें (मज़दूर) संगठित और सचेत करना संभव नहीं है। जो समस्याएँ उनके जीवन में उनके सामने मौजूद हैं उनको हल करने की कोशिश से ही उनमें शक्ति और चेतना आएगी।...काँग्रेस जिस श्रेणी के लोगों की बनी है वो लोग साधारणतः न तो मज़दूर हैं और न उनके साथ सहानुभूति ही रखते हैं। काँग्रेस पर जिस श्रेणी का कब्जा है, उनके और मज़दूरों के हितों में विरोध है। काँग्रेस चलती है महात्मा गाँधी की नीति पर। इस नीति का आधार है कि भगवान् की इच्छा से ही मालिक मालिक बने हैं और मज़दूर मज़दूर।...हम मालिक को मालिक ही नहीं रखना चाहते तो फिर काँग्रेस की मालिक-श्रेणी हमें कैसे सह कर सकती है ? काँग्रेस को भी मज़दूर वर्ग के हाथ में देने के राबर्ट के तर्क को काटता हुआ रफीक पुनः कहता है कि "मज़दूरों को अपनी शक्ति का ज्ञान केवल हड़ताल के रूप मेंही हो सकता है।...तुम चाहते हो पहले राजनीतिक चेतना, बाद में आर्थिक माँग। यह कैसे हो सकता है। जिसके हाथ में आर्थिक साधन है वही राजनीतिक शक्ति का मालिक होगा। ...पहले मज़दूरों को, सब पेशों के मज़दूरों को आर्थिक प्रश्नों पर संगठित करना, फिर उनके संयुक्त मोर्चे के हाथ में राजनीतिक शक्ति देना, यही हमारी लाइन है।"[26] अंततः वर्ग-संघर्ष संबंधी रफीक की मान्यता हरीश तथा उसके अन्य सहयोगियों के द्वारा स्वीकृत होती है और लाहौर की पंजाब मिल, सतारा मिल, डाल्टन मिल आदि अनेंक कपड़ा मिलों में हड़ताल की जाती है। हड़ताल का यह कार्यक्रम 'दादा कामरेड' की प्रसिद्ध घटना है। इस घटना के द्वारा यशपाल मज़दूरों और पूँजीपतियों के संबंधों को चित्रित कर समाज में व्याप्त शोषण को उभारते हैं और मज़दूर वर्ग की संगठित शक्ति को अजेय सिद्ध कर देते हैं।

लाला ध्यानचंद के चरित्र के माध्यम से प्रस्तुत प्रसंग में यशपाल सर्वहारा क्रांति के प्रति पूँजीपति वर्ग के सिद्धांत एवं उसके दृष्टिकोण, दोनों को स्पष्ट कर देते हैं। इस वर्ग के जितने भी मानवीय मूल्य हैं, मज़दूरों के शोषण से अर्जित धन-संपत्ति के बल पर है। देश के प्रति भले ही वह कर्तव्य न निभावे, लेकिन संगठित होकर अपनी श्रेणी के अस्तित्त्व की रक्षा करने के लिए पूँजीपति कटिबद्ध अवश्य रहते हैं। उनकी देश-सेवा भी धन की सहायता में सीमित रहती है जिस धन को वे शोषण से अर्जित करते हैं।

'दादा कामरेड' में अंतिम जीत मज़दूरों की ही होती है। 'गोदान' के मज़दूरों की तरह उन्हें यहाँ हार नहीं खानी पड़ी। क्योंकि इस उपन्यास में यशपाल को इस तथ्य की ओर संकेत करना था कि सर्वहारा वर्ग शोषण से मुक्त यथार्थ मानवी-संबंधों की स्थापना में सक्रिय हो उठा है। अतः अपने उद्देश्य की प्राप्ति के लिए घटनाओं में बलात मोड़ उपस्थित किया है। इस हेतु पात्रों के व्यक्तित्त्व तथा उनके विकास में भी नाटकीय मोड़ ला दिया गया है। वस्तुतः यहाँ यशपाल विजयी मज़दूर वर्ग का चित्रण करके वर्ग-संघर्ष सिद्धांत की अंतिम सफलता की ओर संकेत करते हैं।

'देशद्रोही' के रचनाकाल तक भारतीय मज़दूर वर्ग चेतना से पूर्णतः जग चुका था और वर्ग-हितों की रक्षा के लिए कटिबद्ध हो गया था। पूँजीपति वर्ग ने भी मज़दूर संघर्षों का मुकाबला करने के लिए नए तंत्रों को खोज निकाला और हड़ताल का जवाब देने के लिए लोक-आउट का आविष्कार किया। दूसरी महत्त्वपूर्ण बात यह हुई कि मिल-मालिक तथा मज़दूरों के बीच एक शक्ति और आ गई जिसका कार्य दोनों में मध्यस्थ बनकर समझौता कराना हो गया। मज़दूर संघर्ष के संदर्भ में इन नई शक्तियों की—जो वास्तव में मज़दूर-विरोधी शक्तियाँ हैं—वास्तविकता को खोलकर दिखाने का प्रयत्न 'देशद्रोही' में हुआ है।

इस उपन्यास में बद्रीबाबू दक्षिणपंथी काँग्रेसी हैं और वे गाँधीजी के विचारों के प्रतीक हैं। अहिंसा के पुजारी बद्रीबाबू श्रेणी-हिंसा से घृणा करते हैं तथा सत्याग्रह एवं अनशन को राजनीति का सबल अस्त्र मानते हैं। उनका मत है कि "मालिक-मज़दूर में श्रेणी-हिंसा न होकर यदि उनमें प्रेम भाव हो, मालिक अपने को मज़दूर का रक्षक और पिता समझें तो उनमें द्वेष न होकर प्रेम होगा। उसमें समाजवाद के झगड़े की गुंजाइश नहीं। वही तो रामराज्य का आदर्श है।"[27] इसलिए जब मज़दूर हड़ताल करने लगते हैं, वे काँग्रेस-दफ्तर में आमरण अनशन करने लगते हैं। इस अनशन से मिल-मालिकों का कुछ नुकसान नहीं हुआ वरन् मज़दूरों की कमर टूट गई। अनशन ने जनता का ध्यान आकर्षित किया और मज़दूरों की माँगों और कटो का प्रश्न पीछे पड़ गया।[28] फलस्वरूप मज़दूरों के हित की दृष्टि से नहीं वरन् बद्रीबाबू की प्रतिष्ठा और प्राण-रक्षा के आधार पर मालिक और मज़दूरों के बीच समझौते की बात चलने लगी। यशपाल स्पष्टतः कहते हैं कि प्रेमभाव की नीति मालिकों के हक की नीति है। मिल-मालिकों के पास यदि धन की शक्ति है कि जिसे चाहे, जिस वेतन पर दास बनाए तो मज़दूरों के पास भी संगठन-शक्ति तथा हड़ताल करके लड़ने का बल है। मिल-मालिक कभी प्रेम-भाव नहीं रखेंगे। प्रेम-भाव की नीति अपनाने का अर्थ है कि मज़दूर अपनी माँगों के लिए संघर्ष न करें। शोषण की जो वर्तमान स्थिति है, हड़ताल उसमें परिवर्तन लाती है। लेकिन प्रेम-भाव का अर्थ है कि वर्तमान स्थिति को ज्यों-का-त्यों रखा जाए। मिल-मालिक भी यही तो चहते हैं कि वर्तमान समाज जिस कायदे पर चल रहा है, उसे वैसा ही चलने दिया जाए। राज बीबी समझौते का पैगाम लेकर आती है और

चाहती है कि मज़दूर, बद्री बाबू को अपना नेता मान लें। वह जिन शर्तों पर चाहे, हड़ताल बंद कर दे। मालिकों की मिल-कमेटी भी बद्री बाबू को मज़दूरों के प्रतिनिधि बनाने के लिए उत्सुक है। राजबीबी के यह कहने पर कि "...आप लोग तो बद्री बाबू पर विश्वास कर सकते हैं। मज़दूरों के लिए ही बेचारे अनशन कर रहे हैं।" मज़दूर-नेता मराठे अनशन की नीति का पर्दाफाश कर देता है–"मज़दूर के लिए कैसे अनशन करते हैं ? मज़दूर सभा को तो इसमें कुछ पूछा है। वो तो मोहब्बत में अनशन करता है, मज़दूर सभा के खिलाफ़। वो तो बोलता, लड़ो नई। लड़ो नई तो मालिक का बात है। मज़दूर को तो अपना हक के लिए लड़ना है।"[29]

बद्री बाबू के अनशन ने स्थिति ऐसी पैदा कर दी कि जनमत की सहानुभूति के अभाव में मज़दूरों का धैर्य टूटने लगा और उनके नेताओं में भी दो दल बन गए। बद्री बाबू को मध्यस्थ बनाना अनिवार्य हो गया और हड़ताल वापस ली गई। बद्री बाबू की मध्यस्थता में हुए समझौते का परिणाम मिल-मालिकों के ही अनुकूल सिद्ध हो गए जबकि बेचारे मज़दूर रुपये पर एक आना की वृद्धि पाकर ठगे गए। उपन्यास में इस घटना की योजना करके यशपाल यही व्यक्त करना चाहते हैं कि श्रेणी-संघर्ष में अहिंसावादी नीति मज़दूर वर्ग के लिए कभी सहायक सिद्ध नहीं होगी और प्रतिक्रियावादी व्यक्तियों अथवा संस्थाओं के निर्देश के अनुसरण करने से जय के स्थान पर पराजय का ही वरण करना पड़ेगा।

हिंदी के समाजवादी-यथार्थवादी उपन्यासों में अभिव्यक्त वर्ग-संघर्ष की भावना पर विचार करते समय नागार्जुन का उपन्यास 'रतिनाथ की चाची' भी उल्लेखनीय है जिसके प्रायः सभी साम्यवादी पात्र मज़दूर-संगठन तथा मज़दूर वर्ग को वैज्ञानिक शिक्षा देने के कार्यों मे लगे रहते हैं। संघर्षशील चेतना से अनुप्राणित नायक मोहन कानपुर को अपना कार्यक्षेत्र चुनता है जहाँ नेता वर्माजी के साथ रहने के कारण उसका संपर्क वर्माजी की बहन तारा और अन्य साम्यवादी कार्यकर्ताओं से होता है। तारा साम्यवादी चेतना से अनुप्राणित पात्र है। जिसे मज़दूरों के काम से अवकाश ही नहीं है। "वह दिन-दिन-भर मिल-मज़दूरों की बस्तियों में घूमकर औरतों में बगावत फैलावेगी। बाहर रहेगी तो देहातों में व्याख्यान देती फिरेगी।"[30] वर्माजी के यहाँ मोहन का संपर्क मज़दूर सभा के संयुक्त मंत्री अरोड़ा, रेलवे वर्कर्स यूनियन के प्रधानमंत्री मोहिले, प्रांतीय असेंबली मेंबर कामरेड सारस्वत, वर्कर्स यूनियन के प्रधान एवं क्रांतिकारी कवि तथा लेखक कामरेड रिज़वी जैसे साम्यवादी कार्यकर्ताओं के साथ स्थापित हो जाता है। इनके सहयोग से वैचारिक शिक्षा प्राप्त कर मोहन मज़दूर संगठन के कार्यों में लग जाता है।

मज़दूरों के बीच साम्यवादी दल की प्रतिष्ठा का ज्ञान हमें वर्मा के इस कथन से मिलता है--"यह तो हमारी लगन और कुर्बानी है जिसने हमें मज़दूर-किसानों में इतना प्रिय बना दिया है कि आज उस वर्ग में हमारा नेतृत्व है। कोई दूसरी राजनीतिक पार्टी इस सिलसिले में हमारा मुकाबला नहीं कर सकती।"[32] इस विश्वास के साथ ही

ये कार्यकर्ता यह भी मानते हैं कि इन मज़दूरों में बौद्धिक जागृति भी उत्पन्न करनी चाहिए। अतः मज़दूरों और उनके परिवार के सदस्यों में क्रांतिकारी भावना विकसित करने के लिए 'ग्रुप क्लासेज़' की योजना बनाई जाती है। मोहन मानता है कि "क्रांति की इच्छा, लालसा, शक्ति जन-जन के अंदर मौजूद है। उसका संचय और घनत्व इन आयोजनों से होगा। वह यह भी मानता है कि इस आयोजन द्वारा यदि लोगों में एक बौद्धिक आग जलाई जा सके—मज़दूरों में उनकी स्त्रियों में, उनके बच्चों में प्रचंड क्रांतिकारी ज्वाला धधक सके तो उसका लक्ष्य पूरा हो जाएगा। न वर्ग की अंतःशक्ति को उन्मादक अभिव्यक्ति देना—इस विद्रोह-शक्ति को पूर्णता तक पहुँचा देना हमारा ध्येय होना चाहिए।"[32]

इस प्रकार इस कृति में साम्यवादी कार्यकर्ताओं के प्रयत्नों से मज़दूर वर्ग को संगठित होते दिखाया गया है। लेकिन दूसरी ओर पूँजीपति वर्ग भी अपने वर्ग-हितों की रक्षा के लिए सचेत हो गया था। पूँजीपति मज़दूरी में कमी करने, मज़दूरों को नौकरी से निकाल देने तथा 'ग्रुप क्लसेज़' में न जाने का षड्यंत्र करने लगे। शोषक वर्ग का आतंक जितना अधिक होता गया शोषित वर्ग भी उतना संगठित होता गया। उपन्यास में यहीं वर्ग-संघर्ष की भूमिका स्पष्ट होती है। संघर्ष की ओर संकेत—श्यामचरण के इस कथन में मिलता है—"मिलों में हलचल मची है—उथल-पुथल जारी है।"[33] मज़दूरों की माँगें बढ़ती हैं। मिल-मालिकों और मज़दूरों के बीच की खाई बढ़ती जाती है। मालिकों के अत्याचार के विरुद्ध हड़ताल की योजना बनती है और अनेक साम्यवादी मज़दूर-नेता गिरफ़्तार कर लिए जाते हैं। मिल में 'लाक-आउट' हो गया, किंतु श्रमिक वर्ग पूँजीपतियों के षड्यंत्रों तथा आतंकों से अधिक प्रबुद्ध एवं आंदोलित हो उठा। लेकिन शोषक वर्ग के द्वारा हड़तालियों पर जो गोलीकांड चला उसमें मोहन और तीन साथी शहीद हो गए।

शोषक वर्ग के विरुद्ध शोषितों के संघर्ष के संबंध में अहिंसावादियों का जो विचार है उसमें डॉ. रांगेय राघव भी विश्वास नहीं रखते हैं। इस विषय में उनका दृष्टिकोण बिलकुल मार्क्सवादी है जो उनके उपन्यास 'सीधा-सादा रास्ता' में व्यक्त हुआ है। वर्ग-वैषम्य का अनुभव करके इस उपन्यास का प्रमुख पात्र ब्रह्मदत्त कहता है—"मैं वर्ग के अनुसार व्यक्ति को देखता हूँ। मैं भौतिकवादी कल्याण को ही सबसे बड़ा समझता हूँ। मुझे उस दयालुता में श्रद्धा नहीं जिसकी सामर्थ्य शोषक पर टिकी है।...जिसे आप परमार्थ का सत्य कहकर सीने से चिपटाए हुए हैं, हम उसके असाम्य को मिटाना चाहते हैं।...शोषक के हथियारों से न डरो। यही मार्क्स ने कहा था, लेनिन ने कहा था, यदि हो सके तो जैसे ही अन्यथा शस्त्रों से शोषक को हटा दो। हर नए निर्माण के लिए एक ध्वंस की आवश्यकता है।"[34] शोषित जनता की विडंबनाओं को देखकर ब्रह्मदत्त का मन एकदम विद्रोही हो उठता है और शोषण से जनता की मुक्ति वह केवल श्रेणी-संघर्ष से स्थापित शोषितों के अधिकार में ही देखता है। उसके ही शब्दों

में—"सैकड़ों आदमी, अनेक पीढ़ियाँ। जनता को सदैव यातना। अतीत का भव्य गौरव, केवल शोषकों का गौरव। मैं इस विराट धारा का बुदबुद हूँ। पर मुझमें समस्त महासागर की सत्ता है, मैं अलग नहीं हूँ। मैं एक नई दुनिया बनाने में लगा हूँ। मुझे इसका गर्व है। एक नई दुनिया...उसके लिए जीवन के कष्ट—इसलिए नहीं कि किसान-मज़दूर पर उनकी गरीबी देखकर मात्र एक भावनात्मक दया आ गई है वरन् इसलिए कि वह इतिहास की गति है, उसे कोई नहीं रोक सकता, क्योंकि वही मनुष्य के सर्वश्रेष्ठ और पवित्रतम का विकास है, वही इस सडांध को मिटानेवाली पानी की तेज धारा है, वही सत्य है, शोषितों का अधिकार है... ।"[35]

वर्ग संघर्ष से प्राप्त होनेवाले वर्ग-विहीन समाज की दार्शनिक भूमिका को स्पष्ट करते हुए डॉ. रांगेय राघव अधिनायकवाद के संबंध में व्याप्त भ्रांति का भी निराकरण कर देते हैं—डिक्टेटरशिप। "डिक्टेटरशिप दो तरह के होते हैं, एक व्यक्ति का स्वेच्छाचरण जो किसी शोषक वर्ग के स्वार्थ के लिए होता है, निरंकुश शासन। दूसरा समाज के पूर्ण अधिकारों से भरा वह शासन जो वर्गों को समाप्त करने में लगता है। यह दूसरा तरीका हो तो क्या हर्ज है ? वर्ग-भेद को मिटानेवाली बातें मिट जाएँगी। यह सब उस वर्गहीन समाज की रचना की मंजिल पर पहुँचनेवाला रास्ता है।"[36]

राजेंद्र यादव के 'उखड़े हुए लोग' की मूल प्रवृत्ति मार्क्सवादी सिद्धांत के आधार पर शोषण के विरुद्ध श्रेणी-संघर्ष का आह्वान है। पूँजीपतियों के राष्ट्र-प्रेम, संस्कृति-प्रेम और त्याग का मार्मिक चित्रण करनेवाले इस उपन्यास में कम्युनिज़्म तथा वर्ग-संघर्ष का प्रतिपादन होना स्वाभाविक ही था। इस उपन्यास में 'सत्या मिल' के मज़दूरों की हड़ताल का विस्तृत चित्रण किया गया है। हड़ताल के समय मज़दूरों के परचे और उनकी स्थिति के संबंध में प्रकट विचार वर्ग-संघर्ष की मार्क्सवादी विचारधारा को पुष्ट करते हैं। मज़दूरों की स्थिति के संदर्भ में कहा गया कथन पूँजीवादी नग्नता को उसकी वास्तविकता में ला देता है—"ज़िंदा रहोगे तो तुम्हारा खून मिलों में निचोड़ा जाएगा—तुम बाईलरों में जल-जलकर मरेंगे और वैसे मरने से इनकार कर दोगे तो नतीजा तुम्हारे सामने है। जब तक यह खद्दर के दूध के धुले चोंगे पहने राक्षस तुम्हारी छातियों पर हैं—हमारी किस्मत यही है।"[37] और इसी के लिए मज़दूरों की माँग है—"हमें भीख नहीं चाहिए, जो कुछ हम माँग रहे हैं, वह हमारा अधिकार है।"[38] मज़दूरों की एकता देखकर शोषक पूँजीपति वर्ग के पैर भी जम जाते हैं और वे नाना प्रकार से वर्ग-संघर्ष की प्रेरक शक्ति कम्युनिज़्म का विरोध करते हैं। हर तरह के अनाचार के दोषी देशबंधु शरद को समझाते हैं कि कम्युनिस्ट अपनी नेतागिरी के लिए मज़दूरों को भड़काते हैं जिससे हड़ताल हो, गोली चले, मज़दूर मारे जाएँ और वे नेता हो जाएँ।

उपन्यास में देशबंधु और उनका वर्ग काफ़ी शक्तिशाली है। लेखक ने दिखलाया है कि न्याय और शांति के रक्षक, एक वर्ग-विशेष के रक्षक हैं। लेबर अफ़सर उनका मददगार है। पुलिस और मंत्री उनके साथ हैं। मज़दूरों को संस्कृति के नाम पर देने

के लिए 'कल्याण और अमेरिकन रिपोर्टर' हैं। लेकिन यादव ने अपनी कृति में उस मज़दूर वर्ग की झलक प्रस्तुत की जो देशबंधु के हाथ से समाज की बागडोर छीन लेने की तैयारी कर रहा है।

मज़दूरों से एकता का आह्वान करनेवाला और एक समाजवादी उपन्यास भैरवप्रसाद गुप्त का 'मशाल' है। प्रस्तुत कृति का मूल उद्देश्य साम्यवादी चेतना को अभिव्यक्ति देना है। विषय और अभिव्यक्ति की दृष्टि से यह समाजवादी उपन्यास है और श्रमिक वर्ग की बढ़ती हुई शक्ति को अभिव्यक्ति देता है। इसके लिए श्रमिक वर्ग के संघर्ष का विस्तृत चित्रण इसमें किया गया है जो कानपुर के ऐतिहासिक मज़दूर-आंदोलन की प्रतिछाया है। 'मशाल' की भूमिका में कहा भी गया है कि "मज़दूरों के इस संयुक्त मोर्चे की आवाज़ कानपुर के मज़दूर आंदोलन के इतिहास में सदा अमर रहेगी। आठ शहीद मज़दूर और सत्तर घायल मज़दूरों के लाल खून से कानपुर के मज़दूर ने जो जंगी एकता और क्रांतिकारी संयुक्त मोर्चे की मशाल जलाई है वह कभी न बुझेगी। उसकी लाल रोशनी धीरे-धीरे सारे हिंदुस्तान में फैल जाएगी और जनता के सभी शोषित वर्गों को भी इंकलाबी रास्ता दिखाएगी।"[39] क्योंकि सर्वहारा वर्ग ने आज यह समझ लिया है कि "हमने यह दुनिया बनाई है। दुनिया की हर चीज़ हमारी है। लेकिन दुनिया के चंद सरमायेदारों ने इन चीज़ों पर अपना नाजायज हक जमा रखा है, हमें बेवकूफ़ बनाकर। वे हमसे गुलामों की तरह काम करवाते हैं और हमारी मेहनत की कमाई पर गुलछर्रे उड़ाते हैं।"[40]

इन उपन्यासों के अतिरिक्त अमृतराय के 'बीज', हिमांशु श्रीवास्तव के 'लोहे के पंख', नित्यानंद वात्स्यायन के 'नींव के पत्थर' आदि समाजवादी-यथार्थवादी उपन्यासों में भी पूँजीपति-मज़दूर संघर्ष के विस्तृत चित्रण मिलते हैं। अन्य समाजवादी लेखकों की कृतियों की भाँति इनके उपन्यासों में भी केवल 'विषमताओं से ग्रस्त दुर्बल मनुष्य की ही आकृति नहीं चित्रित है, उनमें उन 'विषमताओं से लड़ती' उसकी संकल्प दीप्त प्रतिभा भी उभरी है ताकि मानव-प्रगति की राह रोकनेवाली, मनुष्य-जाति की सृजन-शक्ति को तिल-तिल करके नष्ट करनेवाली बर्बर व्यवस्था का अंत हो और मनुष्य की अशेष, अनंत प्रगति का द्वार खुल जाए, जिस रास्ते सुंदरी मानवता के एक-एक पदाघात से ...रक्तपल्लव, मधु-पुष्प अशोक के नए सुनहरे और लाल फूल खिलेंगे।[41]

समाजवादी-यथार्थवादी लेखक यह जानते हैं कि श्रमिक वर्ग के भीतर निहित शक्ति में विस्फोट उत्पन्न होने से चेतना का ज्वालामुखी फट पड़ेगा। इसी सत्य का उद्घाटन 'बलचनमा' में बलचनमा तथा 'गंगा मैया' में मटरू कर रहे हैं। इनका यह उद्घाटन ध्वंसात्मक है। ये सड़ी-गली, रूढ़-जर्जर, शोषक और मानवता-घाती पुरानी जीवन-दृष्टियों, सामाजिक, राजनीतिक, धार्मिक और सांस्कृतिक परंपराओं तथा मान्यताओं का ध्वंस करते हैं। इस ध्वंस का तरीका संघर्षात्मक होने पर भी ये पुरानी

व्यवस्थाओं के स्थान पर नया निर्माण करते हैं। यह नया निर्माण नवीन युग और समाज की आवश्यकताओं-आकांक्षाओं की पूर्ति के लिए होता है।

संदर्भ

1. नागार्जुन—रतिनाथ की चाची, पृ. 110
2. वही, वही, पृ. 99
3. वही, वही, पृ. 94-96
4. डॉ. प्रभासचंद्र शर्मा महता—प्रगतिवाद और हिंदी उपन्यास, पृ. 371
5. डॉ. सुषमा धवन—हिंदी उपन्यास पृ. 304-305
6. नागार्जुन—बलचनमा, पृ. 19
7. वही, वही, पृ. 5-6
8. डॉ. सत्यपाल चुघ—प्रेमचंदोत्तर उपन्यासों की शिल्प-विधि, पृ. 569
9. नागार्जुन—बाबा बटेसरनाथ, पृ. 150-151
10. वही, वही, पृ. 151
11. डॉ. इंद्रनाथ मदान—आज का हिंदी उपन्यास, पृ. 56
12. भैरवप्रसाद गुप्त—गंगा मैया, पृ. 35
13. वही, वही, पृ. 38-39
14. वही, वही, पृ. 119
15. वही, वही, पृ. 63
16. वही, वही, पृ. 63
17. वही, वही, पृ. 103
18. वही, वही, पृ. 120
19. वही, वही, पृ. 130
20. डॉ. प्रभासचंद्र शर्मा महता—प्रगतिवाद और हिंदी उपन्यास, पृ. 403
21. भैरवप्रसाद गुप्त—गंगा मैया, पृ. 145
22. भैरवप्रसाद गुप्त—सत्ती मैया का चौरा, पृ. 311
23. यशपाल—दादा कामरेड पृ. 83
24. वही, वही, पृ. 72
25. वही, वही, पृ. 133
26. वही, वही, पृ. 175-176
27. यशपाल, देशद्रोही, पृ. 63
28. वही, वही, पृ. 79
29. वही, वही, पृ. 78

30. रामेश्वर शुक्ल अंचल—चढ़ती धूप, पृ. 77
31. वही, वही, पृ. 88
32. वही, वही, पृ. 99
33. वही, वही, पृ. 216
34. डॉ. रांगेय राघव—सीधा-सादा रास्ता, पृ. 275-276
35. वही, वही, पृ. 348
36. वही, वही, पृ. 334
37. राजेंद्र यादव—उखड़े हुए लोग, पृ. 271
38. वही, वही, पृ. 265
39. भैरवप्रसाद गुप्त—मशाल, भूमिका
40. वही, वही, पृ. 108
41. अमृतराय—बीज, पृ. 315

स्वातंत्र्योत्तर हिंदी उपन्यास–एक सर्वेक्षण

डॉ. वी.के. अब्दुल जलील

भारतवर्ष की स्वतंत्रता-प्राप्ति एक समय-बिंदु है जहाँ पर खड़ा होकर दृष्टिपात किया जाए तो यह बात स्पष्टतः उभर आएगी कि यहाँ लेखकों की दो श्रेणियाँ रही हैं जिनमें एक श्रेणी वह थी, जो पली-बढ़ी थी परतंत्रता की साँस लेकर, पर परिपक्व हुई थी स्वतंत्रता के माहौल में। दूसरी श्रेणी वह थी जो स्वतंत्र भारत में ही जन्मी-पली-बढ़ी। पहली श्रेणी के लेखक को भारतीय राष्ट्रीय आंदोलन का प्रत्यक्ष अनुभव था और उससे जुड़े अनुशासन, त्याग, सेवा एवं बलिदान इत्यादि तत्कालीन समाज की प्रतिष्ठित नैतिक मर्यादाओं का अहसास था। पर स्वातंत्र्योत्तर भारतीय राष्ट्रीय जीवन की गतिविधियों ने शीतयुद्ध-जन्य विश्व की दानवी स्थितियों ने उसके भीतर भय, अनास्था तथा आशंका भर दी। समस्त मानव-कुल तथा मानव-संस्कृति के स्वर्णिम भविष्य के प्रति उसकी आशावादिता पर ज़बर्दस्त चोट लग गई। परिणाम यह हुआ कि वह संत्रास, कुंठा, भग्नाशा, नैराश्य इत्यादि का शिकार हुआ। दूसरी ओर स्वातंत्र्योत्तर माहौल में जन्मी युवा-पीढ़ी के सामने जीवन का बिलकुल कृष्णपक्ष ही दिखाई देता था। जीवन की तमाम विसंगतियाँ, असंगतियाँ तथा जीवन-रिक्तताएँ उसके सामने मुँह फैलाए खड़ी थीं। जीवन का खंडित, एकांगी रूप ही उसने देखा, महसूस किया; स्वतंत्रता का बिगड़ा रूप ही उसके सामने था। संतुलित जीवन के जो मूल्य निर्धारित एवं निश्चित थे उनको ध्वस्त होते या बदलते देखा तो नई पीढ़ी का नवयुवक उनको ही जीवन का असली रूप समझने लगा और उसकी नज़र में पवित्राचरण का अवमूल्यन हो गया। उसके सामने जीवन का जो प्रतिबिंब था वह बिखरा हुआ था। फलतः परंपरागत आचरण पर निर्भर जीवन के प्रति उसकी आस्था टूटने लगी। इन सबका सम्मिलित प्रभाव यह हुआ कि पुराने मूल्यों का वह तिरस्कार करने लगा तथा भटकाव, अनिश्चितता और अंधकारपूर्ण भविष्य उसके लिए ज़बर्दस्त चुनौती के रूप में खड़े थे। जब कभी उसके खुशहाल जीवन में परंपरागत मान्यताएँ अड़चनें पैदा करती थीं, वह उनके ख़िलाफ़ विद्रोह करने लगता था। यह तो सही है कि इस नवयुवक में स्फूर्ति, अदम्य उत्साह, साहस एवं

ताकत ज़रूर थी, पर जड़ीभूत संस्कारों और वातावरण में पालन-पोषण से विध्वंसात्मक मनोवृत्ति उसमें बलवती हो उठी। यही कारण है कि पुरानी पीढ़ी उसे हेय दृष्टि से देखने लगी। वस्तुतः पीढ़ीगत संघर्ष यहीं से प्रारंभ हुआ था। चूँकि साहित्यकार संवेदनशील ज्यादा है, अतः उसमें यह संघर्ष अपेक्षाकृत तीखा, पैना एवं संशोधित दिखता है।

नई पीढ़ी के लिए, स्वतंत्रता का अर्थ था, तमाम शोषणों से मुक्ति और ताकतवर एवं वैभवशाली राष्ट्र के रूप में भारतवर्ष की प्रतिष्ठा। पर स्वतंत्रता-प्राप्ति के साथ देश-विभाजन से उद्भूत भीषण समस्याओं से जूझना हमारा अभिशाप बना; नियति बना। यह तो ज़रूर है कि स्वतंत्र भारत की सरकार द्वारा चलाई पंचवर्षीय योजनाएँ, परिवार-नियोजन तथा समाज-अर्थ के क्षेत्रों में उठाए सही कदम देश को अग्रसर करने में मदद कर गए हैं पर उसका दूसरा पक्ष भी है जो कुरूप एवं क्लेशकर है और अंधकारपूर्ण भविष्य की ओर इंगित करता है। जनता का चारित्रिक ढीलापन एवं उसकी नैतिकता की कमज़ोरी देश के विनाशकारी भविष्य के मुख्य कारणों में हैं। स्वातंत्र्योत्तर काल में गांधीजी जैसे कोई समाज-सुधारक उभर नहीं आए जो यहाँ के चारित्रिक एवं नैतिक स्तर को ऊपर उठाने में प्रेरणा दे सके। यही कारण है कि आज हमारे लोग अवसरवादिता, स्वार्थ-लोलुपता एवं ग़ैर-ईमानदारी से ग्रस्त हैं। मौजूदा भारत में स्वतंत्रता के नाम पर अराजकता, उच्छृंखलता और भीड़ की राजनीति चल पड़ी है।

देश का आर्थिक ढाँचा लड़खड़ाता गया है। बुनियादी सुविधाओं के अभाव तथा जीने के लिए आवश्यक चीज़ों के बढ़ते दाम से मध्यवर्गीय एवं निम्नवर्गीय जीवन पिसते चले गए हैं। चोर-बाज़ारी एवं तस्करी सामानांतर आर्थिक व्यवस्थाएँ बनती गई हैं।

नगरीय एवं महानगरीय समस्याएँ भी असंतोषजनक आर्थिक स्थिति एवं बढ़ती जनसंख्या से जुड़ी हुई हैं। बढ़ती जनसख्या ने नगरों-महानगरों की अवस्था को शोचनीय बना दिया है। बुनियादी सुख-सुविधाएँ तक वहाँ उपलब्ध नहीं रही हैं। नगरवासी तो गंदगी एवं सडांध में लिपटा नारकीय जीवन जीने के लिए बाध्य हो गए हैं। परिणामतः परंपरागत आचार-व्यवहार तो बदल रहे हैं, नैतिक मानदंड तथा लोगों के रीति-रिवाज़ भी बदल रहे हैं। इन नगरों-महानगरों का वातावरण भी प्रदूषित होता जा रहा है। नगरवासियों में साधन-संपन्न सुविधाभोगी एक उच्चवर्ग भी है। इन नगरों-महानगरों की समृद्धि, भीड़-भाड़ एवं यांत्रिक जीवन के कारण तथा कस्बों में रहते आम आदमी के जीवन की अभावग्रस्तता एवं तज्जन्य पीड़ा के कारण समसामयिक साहित्य में ऐसी मनोवृत्तियों की पैदाइश हुई है जिन्हें 'नगरबोध' के संदर्भ में आँका जाने लगा है। अकेलापन, विसंगतिबोध, अजनबीपन, ऊब एवं टूटन आदि मनोवृत्तियों को इसके तहत देखा-परखा जा सकता है।

गरज कि गुलाम भारत के सामने एक आदर्श था, एक लक्ष्य था, अनुशासन था, एकता की प्रबल चाह थी। लेकिन स्वतंत्रता-प्राप्ति के बाद पुरानी पीढ़ी का यह

आदर्श भिन्न-भिन्न हो गया। शासकगण देश के व्यापक हित को भूलकर स्वार्थहित में लिप्त रहे। नई पीढ़ी के जागरूक साहित्यकारों ने पाया कि भ्रष्टाचारिता देश का जीवन-क्रम बन गई है। यही कारण है कि पुराने जीवन मूल्य, पुरानी सामाजिक व्यवस्था एवं परंपरागत सांस्कृतिक रूपों के प्रति उनकी आस्था उठ गई।

नए दशक में समाज के विभिन्न वर्गों में तनाव पहले की अपेक्षा बहुत बढ़ गया और राजनीति का क्षेत्र अनिश्चिता का केंद्र बना रहा। इन सबका भुक्त-भोगी नवयुवक इतिहास का सबसे बड़ा मूर्ति-भंजक रहा है। मूलतः वह आदर्शवादी है, पर जीवन के किसी भी पहलू पर इस आदर्श परिस्थिति की अनुपस्थिति से वह सहज रूप से दिग्भ्रमित होने लगा है। स्वतंत्रता-आंदोलन के आदर्श पुरुष अब नहीं रहे हैं, जो बचे हैं उन्होंने आदर्श का नकाब पहना है। अब नवपीढ़ी में सब प्रकार के बंधनों से मुक्त होने की बलवती आकांक्षा है। अतः वह विद्रोह करना चाहता है जिसके मूल में अस्मिता की तलाश जुड़ी हुई है।

स्वतंत्रता-प्राप्ति के फलस्वरूप देश के भविष्य के संबंध में तथा यहाँ के जीवन के भिन्न-भिन्न पक्षों के संबंध में रंग-बिरंगे सपने सँजोए गए थे। इनको साकार कर पाने की असमर्थता ने भारतीय जीवन में कुछ उलझनपूर्ण परिस्थितियाँ उत्पन्न कर दीं। इसका परिणाम यह हुआ कि आज के लेखक या कवि की रचना-दृष्टि, रचना-प्रक्रिया, चिंतन और अवबोध सब तेज़ी से बदलने लगे। पर समाज की स्थिति कुछ जटिल तथा अंतर्विरोधात्मक हो गई जिसके कारण लेखक या कवि कुछ कर सकने में अपने आपको असमर्थ पाने लगा। इसकी आंतरिक परिणति यह हुई कि घुटन, कुंठा, संत्रास, विडंबना, अंतर्विरोध आदि वर्तमान समाज में व्यवहृत मनोवृत्तियाँ उभर आती रहीं। भारत के तमाम क्षेत्रों में स्वतंत्रता-प्राप्ति के बाद उन्नति तो हुई है, यह तो अस्वीकार नहीं किया जा सकता। फिर भी आज भी हमारे देश में लाखों लोग भूखे, अधनंगे, बेघर दिखाई देते हैं। वस्तुतः हमें स्वतंत्रता मिली है राजनीतिक क्षेत्र में, पर आर्थिक एवं सांस्कृतिक उत्कर्ष की दिशा में हमें अपेक्षित सफलता नहीं मिली है। इस दिशा में मंथर गति को देखकर, नई पीढ़ी उत्कंठित हैं, सब कुछ कम समय में बदलने को आतुर है। मध्यवर्गीय ग्रंथियों के रहते हुए भी हिंदी में कुछ ऐसे उत्कृष्ट साहित्यकार अवश्य हैं जो आज के उलझनपूर्ण वातावरण में मानवता को बचाने तथा युगीन समस्याओं को शब्दबद्ध करने के लिए प्रयत्नशील हैं। आज का युग मात्र मानव का युग है जिसने संसार के तमाम चिंतकों के समक्ष ऐसी अनेक समस्याओं को जन्म दिया है जिनका हल ढूँढ़ना मानव-मंगल के लिए अनिवार्य है।

पिछले लगभग पाँच-छह सौ वर्षों में यूरोप में चल रहे जीवनक्रम संबंधी इतिहास-दृष्टि का जो अहसास हिंदी के साहित्यकार को हुआ है वह उसे वर्तमान जीवन के भीतरी तनावों तथा बाहरी संघर्षों से परिचित कराने में सहायक हो सका है। अतः उसे शक़ है कि क्या मौजूदा जनतांत्रिक व्यवस्था मनुष्य को जीवन की विडंबनाओं,

संघर्षों तथा अंतर्विरोधों से बचा पाएगी ? हिंदी साहित्यकारों की यह नई पीढ़ी वर्तमान जीवन के विघटनकारी तथा विध्वंसकारी तत्त्वों से जूझकर मानव-मूल्यों की ओर सामाजिकता पर आधारित व्यक्ति-स्वातंत्र्य को प्रतिष्ठापित करना चाहती है। वर्तमान अवस्था ऐसी है कि जिसमें इतिहास की तेज़ी से बदलते स्वरूप के अनुसार भीड़भाड़ एवं निर्वैयक्तिकता का प्राधान्य बढ़ता जा रहा है। व्यक्ति का व्यक्ति के रूप में अस्तित्त्व नष्ट होता जा रहा है और वह भीड़ का मात्र अंग बनता जा रहा है। जैसा कि डॉ. लक्ष्मीसागर वार्ष्णेय ने ठीक ही कहा है कि "इसलिए भारत के बुद्धिजीवी वर्ग के सामने आज मूल प्रश्न जीवन के अस्तित्त्व-बोध और उसकी सार्थकता का है, व्यक्ति की सत्ता और गरिमा को फिर से स्थापित करने का है, व्यक्ति की नियति पहचानने का है। ये प्रश्न सभी देशों में हैं।" (पृ. 27—स्वातंत्र्योत्तर हिंदी साहित्य का इतिहास—डॉ. लक्ष्मीसागर वार्ष्णेय)

आज का युग संक्रांतिकाल-सा लगता है क्योंकि सामाजिक जीवन में जो भी कटुता है, अशांति और संघर्ष है, वे एक नए युग की प्रसव-पीड़ा के रूप में हैं। यह समय ऐसा है जिसमें मानव-जीवन के तमाम पहलू बदलते जा रहे हैं जिनके बारे में निश्चित रूप से कहा नहीं जा सकता।

उपरिवत् चर्चित जीवन-परिवेश एवं नूतन परिस्थितियों को दृष्टि में रखते हुए उनके संदर्भ में हिंदी के स्वातंत्र्योत्तर उपन्यासों में निहित भावधाराओं की खोज-परख करके उनकी सृजनात्मक उपलब्धि की वर्तमान दशा एवं भावी दिशा को पहचानने का प्रयास करना होगा। दरअसल उपन्यास आज के संवेदनशील व्यक्ति के लिए आत्माभिव्यक्ति का साधन ही नहीं है, आत्मान्वेषण एवं आत्मोपलब्धि का साधन भी है। हालाँकि स्वातंत्र्योत्तर उपन्यासकार एक तरह के अंतर्विरोध से ग्रस्त रहा है जिसके कारणों पर पीछे विचार हो चुका है। राजनीतिक स्वतंत्रता के कारण आज के लेखक ने अपने व्यक्तित्त्व के किसी-न-किसी स्तर पर मुक्ति को महसूस किया, परिणामतः उसके मानसिक क्षितिज का विस्तार हुआ और जीवन के नए क्षेत्र उसकी अनुभूति की परिधि में खिंच आए। यही कारण है कि अपेक्षाकृत नए सामाजिक एवं भौगोलिक क्षेत्रों से युवा लेखक आगे आए और पहले से बिलकुल अलग एवं अपरिचित बाह्य और भीतरी जीवन को अभिव्यक्त करने में लग गए। साथ ही यह बात भी झुठलाई नहीं जा सकती कि छोटे-मोटे लेखक दिखने लगे जिनके मन में स्वतंत्रता के संबंध में जो परिकल्पना एवं संकल्पना थी, वह पूर्वोक्त परिवेश की मार खाकर धीरे-धीरे उखड़ने लगी। अतः वह वैयक्तिक एवं सामाजिक स्तर पर नैराश्य तथा कुंठा से ग्रस्त हुआ जिसके कारण जीवन को देखने-समझने की उसकी दृष्टि में बदलाव आया।

स्वातंत्र्योत्तर उपन्यासों में वे उपन्यास भी हैं जिनके लेखक स्वतंत्रता-पूर्व काल से ही लिखते आ रहे थे, और वे उपन्यास भी हैं जिनके लेखक स्वातंत्र्योत्तर-काल में ही उभरे। इन दोनों लेखकों के उपन्यासों में स्वातंत्र्योत्तर काल के भारतीय जीवन के

सामाजिक जीवन का संश्लिष्ट चित्रण देखने को मिलता है। चतुरसेन शास्त्री, भगवती प्रसाद वाजपेयी, वृंदावनलाल वर्मा, प्रतापनारायण श्रीवास्तव, जैनेंद्र कुमार, इलाचंद्र जोशी, भगवतीचरण वर्मा, उपेंद्रनाथ अश्क, अज्ञेय, भैरवप्रसाद गुप्त, यशपाल, उदयशंकर भट्ट, हज़ारीप्रसाद द्विवेदी, रांगेय राघव, अमृतलाल नागर, नागार्जुन, विष्णु प्रभाव आदि उपन्यासकार स्वतंत्रता-प्राप्ति के बाद भी लिखते रहे हैं। इन लेखकों की रचनाओं में स्वातंत्र्योत्तर काल में उभरे लेखकों का-सा नयापन नहीं है, फिर भी ये रचनाएँ कम महत्त्व की नहीं हैं। ये रचनाएँ ऐसी हैं जिन्हें न तो स्वतंत्रता परवर्ती उपन्यासों से पृथक भी रखा जा सकता है, न उनकी प्रवृत्ति के साथ एकदम जोड़ा भी जा सकता है। वैशाली की नगरवधू, सोमनाथ, वयं रक्षामः (चतुरसेन शास्त्री), मृगनयनी, लगन, कचनार, उदयकिरण (वृंदावनलाल वर्मा), जहाज़ का पंछी (इलाचंद्र जोशी), भूले-बिसरे चित्र, टेढ़े-मेढ़े रास्ते, रेखा, सामर्थ्य और सीमा (भगवतीचरण वर्मा), बड़ी-बड़ी आँखें, शहर में घूमता आईना (उपेंद्रनाथ अश्क), अपने-अपने अजनबी, नदी के द्वीप (अज्ञेय), गंगा मैया, सती मैया का चोरा (भैरवप्रसाद गुप्त), मनुष्य के रूप, झूठा सच, अमिता, बारह घंटे, मेरी-तेरी उसकी बात (यशपाल), चारुचंद्र लेख, पुनर्नवा (हज़ारीप्रसाद द्विवेदी), मुर्दों का टीला (रांगेय राघव), अमृत और विष, नाच्यौ बहुत गोपाल, शतरंज के मोहरे, मानस का हंस (अमृतलाल नागर), रतिनाथ की चाची, बलचनमा, नई पौध, बाबा बटेसरनाथ, दुःखमोचन, वरुण के बेटे (न.गार्जुन), कोई तो, निशिकांत (विष्णु प्रभाकर) इत्यादि इस श्रेणी की महत्त्वपूर्ण औपन्यासिक उपलब्धियाँ हैं।

स्वातंत्र्योत्तर हिंदी साहित्य की एक नई उपलब्धि के रूप में आंचलिक उपन्यासों को ग्रहण करने में कोई दिक्कत नहीं है। प्रामाणिक अनुभव की अभिव्यक्ति आंचलिक उपन्यासों को दरअसल विशिष्ट बनाती है। इन रचनाओं में अभिव्यक्त विशेष भूभाग जन्य प्रामाणिक अनुभव कथा-विन्यास, चरित्र-रचना, शिल्प-विधान आदि को एक क्रांतिकारी नूतनता प्रदान करता है। इनकी खूबी इस बात में है कि जहाँ ये उपन्यास एक ओर जनतांत्रिक भावना को उकेरते हैं वहाँ दूसरी ओर जीवन के बाह्य यथार्थ से साक्षात्कार को अभिव्यक्त भी करते हैं। उपन्यास का यह रूप ऐसा है जिसमें लेखक के आत्मसाक्षात्कार की प्रक्रिया जुड़ जाती है। इस प्रक्रिया में लेखक ने चारों ओर नई दृष्टि से जीवन को देखने, पहचानने एवं अभिव्यक्त करने की कोशिश की। देहात से आए शिक्षा प्राप्त मध्यवर्गीय तरुण लेखक को शहरीय मध्यवर्गीय कुंठा से भागकर देहाती खुली हवा में साँस लेने का अवसर मिलते ही एक नई प्राण-शक्ति का अनुभव हुआ। चूँकि हिंदी के मध्यवर्गीय लेखक का शहरीय मज़दूर वर्ग से कोई रिश्ता नहीं था, अतः जब कभी इसकी सहानुभूति शोषित-पीड़ित वर्ग की ओर मुड़ती है तो किसान वर्ग की ओर उसकी दृष्टि जाती है क्योंकि किसी-न-किसी रूप में देहात से वह जुड़ता रहा है। पर धीरे-धीरे यह देहाती दृष्टिपात गहरा स्थानीय रंग पकड़ता जाता है। इस प्रकार के उपन्यास में या तो प्रधानता एक व्यक्ति-विशेष की बनी रहती है और आंचलिक

जीवन मात्र पृष्ठभूमि के रूप में आता है या प्रधानता आंचलिक जीवन पर बनी रहती है; गरज कि उपन्यास का नायक ही आंचलिक जीवन है कोई व्यक्ति-विशेष नहीं। इस श्रेणी का उपन्यास व्यक्ति के जीवन एवं कार्यकलाप को नया परिप्रेक्ष्य एवं संतुलन प्रदान करने में प्रयत्नशील है क्योंकि इसके लेखक को जीवन की तह में जाकर पैठने-परखने की दृष्टि मिली है। फणीश्वरनाथ रेणु के 'मैला आँचल' में ही हिंदी में पहली बार किसी अंचल-विशेष के उपेक्षित जीवन की तमाम छवियाँ उकेरी गई हैं। नागार्जुन के सारे उपन्यास आंचलिक के अंतर्गत रखे जा सकते हैं, पर उनमें कहीं वैसा बिखराव नहीं है जैसाकि 'मैला आँचल' आदि में है क्योंकि वे अंचल विशेष के पात्रों और घटनाओं को लेते हैं, लेकिन अंचल को समग्रता में चित्रित करना उनका उद्देश्य नहीं रहा है। रतिनाथ की चाची, बलचनमा, नई पौध, बाबा बटेसरनाथ, दुःखमोचन, वरुण के बेटे उदाहरणस्वरूप हैं। 'आँचलिक' उपन्यासों की परंपरा में कुछ और भी कृतियाँ विशेष महत्त्व की हैं। इनमें फणीश्वरनाथ रेणु कृत 'परती परिकथा', उदयशंकर भट्ट का 'सागर लहरें और मनुष्य', रांगेय राघव कृत 'कब तक पुकारूँ', देवेंद्र सत्यार्थी कृत 'ब्रह्मपुत्र', शैलेश मटियानी कृत 'हवलदार', राजेंद्र अवस्थी कृत 'जंगल फूल', रामदरश मिश्र कृत 'पानी के प्राचीर' चर्चा के केंद्र में हैं।

देश-विभाजन से संबंधित यथार्थ का चित्रण करनेवाले उपन्यास भी इस दौरान प्रकाश में आए जिनमें 'बँटवारे के कारणों और उनसे उत्पन्न भीषण हादसों, टूटते-बनते संबंधों एवं आतंक उत्पन्न करनेवाले भयानक दृश्यों का उद्घाटन हुआ है। यशपाल का 'झूठा सच' और भीष्म साहनी का 'तमस' इस दृष्टि से विचाराधीन हैं।

स्वाधीनता परवर्ती शीर्षक के अंतर्गत उन लघु उपन्यासों को भी लिया जाता है जिनमें मूलतः यौन-संदर्भों का खुला वर्णन है। नगरबोध से प्रभावित इन उपन्यासों के रचनाकार आधुनिकता को सामाजिक संदर्भ में देखने के बजाय व्यक्तिवादी स्तर की अवधारणाओं में देखने की कोशिश में लीन हैं। अतः ये रचनाकार संत्रास, विसंगतिबोध, अजनबीपन, अकेलेपन, टूटन इत्यादि मनोवृत्तियों में आधुनिकता को खोजने लगते हैं और कुछ परिस्थितियों तथा मनःस्थितियों की कल्पना कर तथाकथित सामाजिक सत्य के रूप में पाठक पर लादने की कोशिश भी करते हैं। आधुनिकता-बोध संबंधी अन्वेषण को ये यौन-संबंधों एवं प्रसंगों में ही सीमित कर देते हैं। बृहत्तर सामाजिक समस्याओं से अलग करके व्यक्तिवादी संदर्भों में यौन-समस्याओं को देखने-परखने में ही ये आत्मरत हैं। छोटे आकार के इन उपन्यासों का परिवेश 'सफेद मेमने' जैसे ग्रामीण परिवेश के कुछ उपन्यासों को छोड़कर प्रायः नगरीय हैं। व्यक्ति के जीवन में सेक्स की भूख को बल देकर रचित इन उपन्यासों में राजकमल चौधरी का 'मछली मरी हुई' (1966) विशेष रूप से चर्चित है क्योंकि इसमें समलैंगिक यौनाचारों में लीन नारी पात्रों का खुला वर्णन मिलता है। स्त्री-पुरुष संबंधों के आधार पर लिखे ढेरों उपन्यास हैं जिनमें बलवंत सिंह का 'बासी फूल', महेंद्र भल्ला का 'एक पति के

नोट्स', कृष्णा सोबती का 'मित्रो मरजानी', परदेशी का 'औरत एक : चेहरे हज़ार' आदि व्यक्तिवादी चित्रों को उकेरते हैं।

राजेंद्र यादव कृत 'अनदेखे अनजान पुल' और 'मंत्रविद्ध' व्यक्ति को केंद्र में रखते हैं। वैसे तो नरेश मेहता के 'डूबते मस्तूक', 'दो एकांत', 'प्रथम फाल्गुन' व्यक्ति केंद्रित हैं, फिर भी समाज से एकदम कटे हुए नहीं हैं। इन रचनाओं में मध्यवर्गीय मानसिकता एवं आधुनिक-बोध अंकित हैं। मोहन राकेश कृत 'अँधेरे बंद कमरे', 'न आनेवाला कल' और 'अंतराल' में मनोवैज्ञानिक सूझबूझ से बदलते प्रेम-संबंधों को चित्रित करके इस प्रकार के संबंधों की निरर्थकता को संप्रेषित करने का प्रयास है। निर्मल वर्मा 'वे दिन' में अस्तित्त्ववादी दृष्टि को ग्रहण करते हुए व्यक्ति को केंद्र स्थान पर अवस्थित करने के लिए प्रयत्नशील हैं। यही कारण है कि शून्यता एवं मृत्यु-भय से लिपटे इस उपन्यास के पात्र अजनबीपन, संत्रास, कुंठा इत्यादि से ग्रस्त हैं। व्यक्तिवादी अवधारणा पर केंद्रित उपन्यासों को पेश करने में उषा प्रियंवदा भी शीर्षस्थानीय हैं क्योंकि उनके लिखे 'पचपन खंभे लाल दीवारें' तथा 'रुकोगी नहीं राधिका' इस दृष्टि से विशेष उल्लेखनीय हैं। जानकी वल्लभ शास्त्री का 'एक किरण : सौ झाइयाँ', श्याम व्यास का 'एक प्यासा तालाब' और शशिप्रभा शास्त्री का 'अमलतास' उपन्यासों में नारी की सेक्स की भूख को मुख्य विषय बनाकर स्त्री-पुरुष संबंधों को एक नया आयाम देने की कोशिश है। जहाँ शिवानी के 'कृष्णकली' और 'भैरवी' व्यक्ति केंद्रित उपन्यास हैं, वहाँ उन्हीं के 'चौदह फेरे' और 'अपराधिनी' उपन्यासों में नारी-मुक्ति की आवाज़ बुलंद है। भीष्म साहनी के 'कड़ियाँ' में विघटनशील वैवाहिक जीवन चित्रित है। प्रमोद सिन्हा का 'उसका शहर' सेक्स और विवाह को आधार बनाता है। गिरिराज किशोर का 'यात्राएँ' सद्यः विवाहित पति-पत्नी की मानसिकता को देखने-परखने का प्रयास है। 'बेघर' और 'नरक दर नरक' उपन्यासों में ममता कलिया स्वातंत्र्योत्तर परिवेश में जीने के लिए मज़बूर व्यक्ति की चुनौतियों को अंकित करने में प्रयत्नशील हैं। श्रीकांत वर्मा के 'दूसरी बार' में सेक्स को लेकर आधुनिकता-बोध का उपहासास्पद अंकन मिलता है तो वह एक आरोपित दृष्टिकोण की आत्यंतिक परिणति मात्र है। गिरिधर गोपाल के 'कंदील और कुहासे' का कथ्य सेक्स पर आधारित उपन्यासों से हटकर है किंतु यह भी नगर-बोध से जुड़ा हुआ है। इसमें उस पीढ़ी का ब्यौरा मिलता है जो आज़ादी के पिछले बाईस सालों में कुंठित एवं दिशाहीन हो चुकी है। गोविंद मिश्र के 'अपना चेहरा' में आधुनिकता-बोध के अनुकूलन में ही आदमी को खास महत्त्व नहीं दिया गया है, केवल स्थितियाँ महत्त्वपूर्ण हैं। बदी उज्जमाँ के 'एक चूहे की मौत' में उपन्यास का सर्वथा एक नया आयाम प्रत्यक्षीकृत होता है जिसके द्वारा आज के जटिल वास्तव को पकड़ने की कोशिश है। इसमें लेखक का ध्यान मात्र सरकारी व्यवस्था पर चोट करने पर नहीं जाता, अपितु पूरे तंत्र पर चोट करने पर जाता है। यह उपन्यास आज के इंसान को उस अवस्थिति का बयान है जिसमें वह अपनी अस्मिता को खो रहा

है। कृष्णा सोबती का 'सूरजमुखी अँधेरे के' ऐसा उपन्यास है जिसमें सेक्स का अतिरेक तो मिलता है तो भी वह पुरानी शिल्प-रचना के तोड़-मरोड़ तथा उसके स्थान पर शिल्प-विधान के नए प्रयोग के कारण पाठकों का ध्यान आकृष्ट करता है।

छठे दशक के अंत में लिखे कृष्णबलदेव वैद का 'उसका बचपन' आधुनिकतावादी तो है ही, किंतु जहाँ उपरिवत् चर्चित उपन्यासों में चर्चित मुद्दों का आधार अर्थ तो नहीं रहा है, वहाँ इसमें घुटन, अकेलेपन इत्यादि के मूल में अर्थाभाव ही कार्यरत है।

इनके समानांतर ऐसे जनवादी उपन्यास भी लिखते आ रहे हैं जिनमें संघर्षों से जूझते आम आदमी की समस्याओं का मार्मिक अंकन मिलता है। श्रीलाल शुक्ल का 'राग दरबारी', जगदीशचंद्र का 'धन धरती न अपना', काशीनाथ सिंह का 'अपना मोर्चा', गिरिराज किशोर का 'जुगलबंदी', भीष्म साहनी का 'तमस', जगदम्बाप्रसाद दीक्षित का 'मुरदाघर', मन्नू भंडारी का 'महाभोज', राही मासूम रज़ा का 'आधा गाँव', मार्कण्डेय का 'अग्निबीज', अब्दुल बिस्मिल्लाह का 'झीनी-झीनी बीनी चदरिया' आदि उपन्यास इस श्रेणी में आते हैं। 'राग दरबारी' में गाँव की कहानी के ज़रिए स्वातंत्र्योत्तर भारत के बुजुर्आ जनतंत्र को उजागर किया गया है। 'धन धरती न अपना' में जाट और चमारों के बीच का श्रेणी-संघर्ष है। 'तमस' में विभाजन के परिणामस्वरूप छिड़े सांप्रदायिक दंगों की हृदय-विदारक अमानवीय वृत्तियों का बयान मिलता है। 'मुरदाघर' में गरीबी, शोषण, गंदगी में पले समाज के प्रत्यक्षीकरण द्वारा वर्ग-दुश्मन को पहचानने एवं पर्दाफाश करने का प्रयास है। 'आधा गाँव' मुसलमानों की अंदरूनी ज़िंदगी की परतें उघाड़कर रख देता है। बनारस के मुसलमान बुनकर समाज पर आधारित 'झीनी-झीनी बीनी चदरिया' में साधारण बुनकर और उनके मालिक के बीच के संघर्ष का मार्मिक अंकन मिलता है।

उपर्युक्त उपन्यासों के अतिरिक्त ऐसे उपन्यास भी प्रकाश में आए हैं जिन्हें किसी श्रेणी में रखा नहीं जा सकता। सूर्यबाला, मृणाल पांडे, राजी सेठ जैसी महिला लेखिकाओं को इस संदर्भ में देखना-परखना समीचीन होगा। राजेंद्र यादव, शानी और कमलेश्वर उपन्यासकार की हैसियत से विख्यात होते हुए भी किसी श्रेणी की परिधि में आबद्ध नहीं हैं। शिवप्रसाद सिंह के 'नीला चाँद', 'कुहरे में युद्ध', 'दिल्ली दूर है' ऐसे उपन्यास हैं जो नवीन ऐतिहासिक माँग की परिणति हैं।

मनोहर श्याम जोशी के 'कुरु-कुरु स्वाहा' और 'कसप' ऐसे उपन्यास हैं जो परंपरा का अतिक्रमण करते हैं। यह सही है कि जोशीजी ने इनकी रचना-प्रक्रिया में प्रेरणा तो जादुई यथार्थवाद से ग्रहण की है, पर उसे अपने देश की परंपरा में देखने-परखने का प्रयास किया है। अंतरात्मा के संकट और उसकी अस्वीकृति से जुड़ा 'कुरु-कुरु स्वाहा' पूर्णतः मिथक पर अवलंबित है। 'कसप' प्रेम का 'स्यादवादी' उपन्यास है जिसमें लगता है, प्रेम को एक भूल-गलती के रूप में प्रस्तुत हो। विनोद कुमार का 'नौकर की कमीज़' और मृणाल पांडे का 'पटरंग पुराण' इसी परंपरा को आगे बढ़ाते हैं। सुरेंद्र

वर्मा का 'मुझे चाँद चाहिए' ऐसा उपन्यास है जिसमें उत्तर-आधुनिकवाद के अनुरूप बिलकुल नवीन तकनीकों एवं कथ्य का प्रयोग मिलता है।

उपरिवत् चर्चित लेखकों और उनकी रचनाओं के अतिरिक्त अन्य अनेक तरुण लेखक भी हिंदी के औपन्यासिक जगत् में अपने-अपने स्थान नियत करने की होड़ में लगे हैं। मिसाल के तौर पर प्रकाश मनु का पहला उपन्यास 'यह जो दिल्ली है' सन् 1993 में प्रकाशित हुआ जो हिंदी पत्रकारिता की अंदरूनी दुनिया पर आधारित है। उनका दूसरा उपन्यास 'कथा-सर्कस' सन् 1995 में प्रकाशित हुआ जिसमें लेखक को अपेक्षित सफलता मिली है, ऐसा नहीं कहा जा सकता। 'पापा जाने के बाद' लेखक का तीसरा प्रयास है जिसमें एक कलाकार के जीवन की विडंबनापूर्ण स्थितियों का चित्रण मिलता है। इस क्रम में देवेंद्र कुमार पाठक के 'विधर्मी' और 'अदना-सा आदमी' उपन्यासों का उल्लेख भी आवश्यक है जिसमें 'अदना-सा आदमी' दलित वर्ग की पीड़ा और संघर्ष का चित्रण करता है। इस अवधि की युवा उपन्यास लेखिकाओं में एकमात्र नाम आशा प्रभात का है जिसका सन् 1993 में प्रकाशित उपन्यास 'धुँध में उगा पेड़' को अनदेखा करना उचित नहीं होगा। प्रेम को केंद्रीय विषय बनाकर तरुण लेखक शिवदूपाल का 'छिनते पल छिन' भी इस अवधि का उल्लेखनीय उपन्यास है। इस क्रम में वीरेंद्र जैन के 'पंचनामा', 'डूब' और 'पार' भी खास चर्चित रचनाएँ हैं। असगर वजाहत का 'सात आसमान', अब्दुल बिस्मिल्लाह का 'मुखड़ा क्या देखें', विनोद कुमार शुक्ल का 'खिलेगा तो देखेंगे' और मनोहर श्याम जोशी का 'हमजाद' इत्यादि उपन्यास सुधी पाठकों का ध्यान आकृष्ट करते रहे हैं। नए उपन्यासों की इस परंपरा में सन् 1998 में प्रकाशित अलका सरावगी का 'कलिकथा वाया बाइपास', कामतानाथ का 'काल कथा', रवींद्र वर्मा का 'निन्यानवे', सुरेंद्र वर्मा का 'दो मुर्दों के लिए गुलदस्ता', अभिमन्यु अनत का 'चलती रहो अनुपमा' आदि महत्त्वपूर्ण हैं।

यों देखा जाए तो हिंदी में ढेरों उपन्यास प्रकाशित होते जा रहे हैं। इस आलेख की परिधि में उन सबकी चर्चा करना दुरभिसाध्य है। आज़ाद भारत के समकालीन परिवेश के संदर्भ में उभरे नई पीढ़ी के लेखक अभावों, संघातों, संघर्षों एवं गहराते जीवन-मूल्यों के विघटन के गुज़रते हुए जीवन की तह में जाकर उसके मर्म को छूने के लिए प्रयत्नशील हैं। इन लेखकों का ध्यान महानगरों, गाँवों एव मध्यवर्गीय जीवन की ओर जाता है जिसके अनुरूप शिल्प, संवेदनशीलता एवं युग-बोध तो बदलते जा रहे हैं। इस बदलते माहौल में ये लेखक जीवन को बाहर और भीतर से देखने-परखने के निरंतर प्रयास में हैं। इस तरह समकालीन उपन्यास संदर्भों का न होकर संबंधों और स्थितियों को ग्रहण करता जा रहा है। जीवन के भिन्न-भिन्न स्तरों को, भिन्न-भिन्न आयामों को, भिन्न-भिन्न परतों को उघाड़ने की दिशा में हिंदी उपन्यास अग्रसर है जिससे भविष्य में बहुत आशा है।

भारतीय संकट की त्रासदपूर्ण स्थिति : दलित चेतना के आयाम

डॉ. शांति नायर

समकालीन उपन्यास आज नए-नए अनुभवों और क्षितिजों को अभिव्यक्ति देने के प्रयास में अग्रसर दीख पड़ता है। परंतु इस सत्य को भी नज़रंदाज़ नहीं करते बनता है कि विषयगत नवीनता की उपलब्धि सीमित मात्रा में ही दृष्टिगोचर होती है। इस संदर्भ में कुछ इने-गिने रचनाकार ही ऐसे दीख पड़ते हैं जिनकी रचनाओं में नई विषय-वस्तु मात्र नवीनता को उद्भासित करनेवाली न होकर समकालीन जीवन की अहम स्थितियों से संबद्ध होकर विषयमत नवीनता के साथ-साथ गहनता को भी सूचित करने में समर्थ है। इन्हीं रचनाकारों में एक सशक्त हस्ताक्षर के रूप में गिरिराज किशोर का नाम आता है; और 'परिशिष्ट' गिरिराज किशोर की एक ऐसी रचना है जिसमें दलित वर्ग की अवसाद-स्थिति के इतिहास की चेतना का स्वर मुखरित होता दीख पड़ता है।

गत लगभग तीन दशकों से दलित साहित्य के नाम पर प्रकाशित रचनाओं की संख्या तो बहुत अधिक है। दलित-कथा, दलित-कविता, दलित-रंगमंच जैसी विविध साहित्यिक प्रवृत्तियाँ इसके दौरान समुचित रूपाकार भी प्राप्त करती रही हैं। चर्चाओं, परिसंवादों से लेकर बड़े-बड़े वार्षिक सम्मेलनों का आयोजन तक किया जाता रहा है। इस तमाम उपक्रम के बावजूद भी यह बात एक प्रश्न-चिह्न के रूप में हमेशा बनी रही कि तथाकथित दलित कहलानेवाले लोगों का जीवन-परिवेश और उनकी समस्याएँ इन उपक्रमों के दौरान समग्र रूप से उभर पाईं या नहीं। दलित-साहित्य के नारे तो खूब उठे किंतु लंबी परंपरा के होने का दावा करनेवाले मराठी साहित्य तक में यह वर्ग एक प्रकार से अस्पृश्य ही प्रतीत होता है। क्योंकि दया तो पर्याप्त मात्रा में उमड़ती दीख पड़ती है किंतु इस वर्ग की व्यथाओं व आशाओं एवं आकांक्षाओं का यथार्थ चित्रण संभवतः नहीं हो पाया है। इसी संदर्भ में गिरिराज किशोर के लेखन की प्रासंगिकता दीख पड़ती है। हरिजन समाज के जीवन-परिवेश और तमाम आरक्षणों के बावजूद

उनकी जीने की समस्याओं को गिरिराज किशोर ने 'परिशिस्ट' में उभारा है।

गिंरिराज किशोर मानते हैं कि दलित वर्ग की समस्याओं को लेकर जो परिवर्तन आया है उसके साथ अभी लेखक पूरी तरह जुड़ नहीं पाया है। भारतीय समाज में ये परिवर्तन बहुत ही महत्त्वपूर्ण हैं क्योंकि वह वर्ग जो अभी तक अपनी पहचान उपेक्षित वर्ग के रूप में रखता था उसे गरिमा मिली है और उसने साहित्य में भी अपनी पहचान बनाई है। परंतु यह अनुभव मुख्य-धारा का अंग नहीं बना है। यह बहुत बड़ी चुनौती है। लेखक नज़रंदाज़ करके बहुत बड़े सत्य की उपेक्षा करेगा। रचनाशीलता की मुख्य-धारा का रूझान वैसे भी इतनी जल्दी तय नहीं होता। उसमें समय लगता है क्योंकि जब तक समकालीन लेखन के बारे में सब कसौटियाँ इतनी संवेदनशील नहीं हो जाती कि रडार की तरह आनेवाले परिवर्तनों को परिलक्षित कर सकें तब तक रूझान के बारे में स्पष्ट तस्वीर नहीं बनती। (निमित्त, अंक दो, दिसंबर, 1995) दलित वर्ग और हरिजनों के जीवन तथा परिवेश एवं उनकी जीवन-स्थितियाँ काफी हद तक मुख्य-धारा का अंग बनकर परिशिष्ट में चित्रित हुई हैं।

शैल्पिक दृष्टि से देखा जाए तो उपन्यास बारह अध्यायों में विभक्त है और अंत में एक परिशिष्ट जुड़ा है जिसमें एक जाँच रिपोर्ट का खुलासा है और उसके बाद सुबरन चौधरी का अपराजेय विवशता से पूर्ण पत्र है जो कि कथा को मानवीय संकट का रूप देता है। परिशिष्ट की दोनों पीढ़ियाँ और सारे पात्र चाहे वह बावन राम हो या सुबरन चौधरी, अनुकूल हो अथवा राम उजागर, खन्ना और उसके दोस्त या नीलाम्मा सभी अपनी तमाम स्थितियों एवं परिवेश के साथ उभरते दीख पड़ते हैं। उपन्यास की घटनाएँ भी एक-दूसरे से जुड़ी हुई हैं और पूर्वापर प्रास को जीवंत करती हैं।

अनुसूचित कहलानेवाली जाति के लोगों के साथ जो तमाम स्थितियाँ आज के माहौल में जुड़ी हुई हैं उन पर विचार करते हुए उन्हें केवल आज की स्थिति के रूप में विश्लेषित करने पर वह अपूर्ण ही होगा। क्योंकि तथाकथित वर्ग के साथ जुड़े हुए ऐतिहासिक पक्ष को नज़रंदाज़ कर पाना न तो संभव होता है न उचित। परिशिष्ट में भी इस ऐतिहासिक पक्ष का पूरा चित्रण तो नहीं परंतु दो पीढ़ियों के माध्यम से, इन पीढ़ियों के अंतराल के माध्यम से, पीढ़ी-दर-पीढ़ी कहीं रूढ़ परंपरा की तहों से स्थानांतरित होती मानसिकता के उद्घाटन के माध्यम से मानवीय संत्रास के एक ऐतिहासिक सत्य का ही उद्घाटन होता है।

परिशिष्ट के केंद्र पात्र हैं अनुकूल और राम उजागर। अनुकूल बावन राम सुपरवाइज़र का पुत्र है। संभवतः अपने इलाके में अपनी बिरादरी में सबसे अधिक शिक्षित है। कोटे के अंतर्गत आई.आई.टी. में अनुकूल प्रवेश पाता है। पिता के द्वारा सारी तैयारियाँ कर दी जाती हैं। आई.आई.टी. में प्रवेश की प्रक्रिया के दौरान ही वह उन दुष्चक्रों को पहचानने लगता है जिससे संवेदनशील मनुष्य का दम घुटता है। प्रवेश

के बाद भी अनुकूल सोचता है कि आत्मसम्मान की भावना का होना बहुत आवश्यक है और वक्त को देखकर चलाना चाहिए, दूसरों की भावनाओं को चोट पहुँचाने से संघर्ष बढ़ सकता है।

राम उजागर आई.आई.टी. में चतुर्थ वर्ष का छात्र है जिसका दाखिला कोटे के बिना ही हुआ है। अनुसूचित जाति के छात्र राम उजागर को आदर की दृष्टि से देखते हैं। उसे अपना सहारा ही मानते हैं। राम उजागर सभी का ख़्याल रखता है और कहता भी है कि बदतमीज़ी मत करो और आत्मसम्मान के मामले में झुको भी नहीं।(पृ. 97) राम उजागर मानता है कि गांधी जी ने ऊँची जाति को नीची जाति के आक्रोश से बचाने के लिए ही वास्तव में हरिजनोद्धार की योजना आरंभ की। ऊँची जाति के छात्र संस्थान में आकर दादागिरी करते हैं। दबंग स्वभाववाला राम उजागर इन छात्रों के मार्ग में अड़चन है।

उपन्यास को मोड़ देनेवाली घटना है मोहन की आत्महत्या। वस्तुतः अनुसूचित जाति के ही छात्र मोहन की आत्महत्या, आत्महत्या कम और एक सामाजिक हत्या अधिक प्रतीत होती है। यह घटना राम उजागर को भी विक्षिप्त कर देती है। राम उजागर जानता है कि मोहन मरा नहीं है वरन् उसे ऊँची जाति के छात्रों ने मरने पर मज़बूर किया है। इसी घटना के साथ राम उजागर को प्रतीत होता है कि सारा संस्थान एक कुत्तेमार दस्ता है। अंततः एक विक्षिप्तता की अवस्था में संस्थान से अवकाश लेता है। नीलम्मा, जो एक दक्षिण भारतीय छात्रा है, राम उजागर को अपराजेय मानती है। उसके एवं अनुकूल एवं प्रोफेसर मिलकानी जैसे लोगों के द्वारा राम उजागर के पुनः प्रवेश हेतु संघर्ष अवश्य किया जाता है परंतु अंततः राम उजागर भी आत्महत्या कर लेता है। अपनी आत्महत्या को बयान वह स्वयं इस प्रकार देता है—मेरा जाना स्वेच्छा से है। गवेषणात्मक है। हालाँकि उसका प्रतिफल दूसरों में बाँट पाना संभव नहीं होगा।[1] वास्तव में उसकी आत्महत्या यहाँ एक अनुष्ठान ही प्रतीत होती है।

मोहन की आत्महत्या अनुकूल को भी कम प्रभावित नहीं करती। ऊँची जाति के छात्र फाँसी पर व्यंग्य करते हैं, जिसे सुनकर अनुकूल का हृदय भी अरुचि से भर उठता है। किंतु वह अपना विवेक खोने से स्वयं को बनाए रखता है। वह बाबू राम वाल्मीकि से कहता है—अगर यहाँ नहीं रह पाएँगे तो कहीं भी रहना असंभव होगा। हमें आगे आनेवाले चैलेंज के योग्य बनना है और बरदाश्त करना भी सीखना है। (पृ. 64) ऊँची जाति के लोगों के द्वारा शारीरिक पीड़ा का भी वह भागी होता है ,यहाँ तक कि उसके पैर की हड्डी तक टूटती है किंतु अनुकूल पलायन नहीं करता है। अनुकूल संभवतः स्थितियों को बेहतर रूप से समझता है या समझने की कोशिश करता है। राम उजागर की संवेदनशीलता को वह नज़रंदाज़ नहीं करता है किंतु राम उजागर की मृत्यु को लेकर आई जाने रिपोर्ट को वह बिलकुल महत्त्व नहीं देता। क्योंकि संघर्ष की अर्थहीनता से भी वह परिचित होता है।

मानवीय घटनाओं एवं विडंबनाओं के इस चक्र से मोहन, राम उजागर और अनुकूल के माता-पिताओं की पीढ़ी भी अछूती नहीं रही बल्कि कहीं अधिक गहराई में चोट खाती है। एक ओर अनुकूल के पिता बावन राम है जो आठवीं तक की शिक्षा प्राप्त करने के कारण कुछ हद तक तर्कशील होने की क्षमता रखते है। हरिजन नेता के पास उसकी पहुँच का कारण भी सोलहों आने यही है कि फैक्ट्री के कर्मचारियों के बीच वे हल्के-फुल्के नेता की हैसियत तो रखते ही हैं और चाहें तो कर्मचारियों के वोट नेताजी को मिल सकते हैं। वे अनुकूल को ऊँची शिक्षा दिलाकर हरिजनों को इस दयनीय स्थिति से ऊपर उठाने के सपने लगातार देखते हैं। बावन राम को अनुकूल के दाखिले के सिलसिले में यहाँ तक कि नेता जी की पत्नी के द्वारा भी अपमानित होना पड़ता है, किंतु अपमानित होते जाने पर भी वे हार मानकर पीछे नहीं हटते है। अनुकूल का दाखिला लेकर ही जाते हैं। अनुकूल के पत्रों द्वारा उन्हें संस्थान की संघर्षपूर्ण और अपमानजनक स्थितियों का बोध होता है तो वे पुनः अपमानित होते हैं। गांधी और अंबेडकर में श्रद्धा रखनेवाले बावन राम जाति के भेद को नहीं मानते हैं किंतु स्थितियों का बोध होने से वे खन्ना को पहचान मात्र लेने पर ही दरवाज़ा बंद कर लेते हैं। यहाँ उनके भीतर के विद्रोह को भी हम फटते हुए देखते हैं। स्पष्ट है कि बावन राम की सहनशीलता के पीछे उनकी राजनीतिक एवं आर्थिक समझ ही नहीं है वरन् उनकी आस्था और भविष्य के सपने भी हैं।

दूसरी ओर सुबरन चौधरी उसी पीढ़ी के हैं जिस पीढ़ी के बावनराम हैं किंतु वे अपनी जातीय सहनशीलता की हद तक पहुँचते दिखाई देते हैं। अपने बेटे राम उजागर से उन्हें काफी उम्मीदें हैं। वे उसी के आधार पर समानतावाले भविष्य के सपने देखते हैं किंतु स्थितियों की परिणति उनमें नीच और अभागा होने की कुंठा को और अधिक बढ़ा देती है। उन्हें लगने लगता है कि 'मेरे बेटे को ऊँची जात के लड़कों और मास्टरों ने मरने को मज़बूर कर दिया।' (पृ. 91) गांधीजी का हरिजन-जागरण उद्धारक कम और त्रासद अधिक प्रतीत होता है। जाँच अधिकारी को लिखे गए पत्र में वे यही कहते हैं–"अगर मैं और मेरी औरत श्रवण के अंधे माँ-बाप हुए होते तो आप लोगों को यह शाप दिए बिना न मानते कि आप भी हमारी योनि में आकर एक बार हमारी तरह ज़िंदगी ज़रूर भोंगे।" (पृ. 119)

खन्ना जैसे छात्र, ऊँची जात की निम्न जाति के लोगों को दबाकर अपने काबू में रखने की चिर इच्छा के प्रतीक हैं। ऊँची जात का होने के साथ-साथ धन और ताकत का रुतबा ऐसा है कि संस्थान में डीन से लेकर डायरेक्टर तक उसके काबू में दिखते हैं। उनकी दृष्टि में खन्ना एस.सी. छात्रों की यूनियन को समाप्त करेगा। अनुकूल के साथ वह एवं उसके साथी भद्दा एवं हिंसापूर्ण व्यवहार इस कारण करते हैं क्योंकि उसमें उन्हें अनुसूचित जाति के एक नेता का भविष्य दीख पड़ता है। अनुकूल को बिना आहत किए मृत्यु के घाट लगा देने तक की हैसियत खन्ना रखता है। घटनाओं

की सच्चाई को झूठ में बदलकर अफवाह की तरह फैलाता है। वह स्वयं हमला करके अनुकूल के पैर तोड़ता है लेकिन अफवाह इस प्रकार फैलाता कि अनुकूल ने उसकी हत्या करनी चाही थी। प्रशासन भी अनुसूचित जाति के ख़िलाफ़ ही जाता दीख पड़ता है और खन्ना जैसे छात्रों का रवैया उनके पैत्रिक मनोभावों एवं ज़मींदाराना बर्ताव का स्मरण तो अवश्य दिलाता है।

इन अनुसूचित जाति के छात्रों की आत्महत्याएँ अनुष्ठानों की शृंखला के रूप में प्रकट होती है। वास्तव में ये आत्महत्याएँ न होकर, 'मेंटल टॉर्चर' का इस्तेमाल करके की गई हत्याएँ हैं। मोहन की आत्महत्या राम उजागर को मारने का हथियार बनती है। स्थितियाँ ऐसी हैं कि संवेदनशील व्यक्ति के लिए अंततः पलायन का ही मार्ग शेष रह जाता है, चाहे वह आत्महत्या के रूप में ही क्यों न हो।

संघर्ष अवश्य होता है किंतु परिणति अवांछित स्थितियों को निरंतर जन्म देती जाती है। राम उजागर की मृत्यु संघर्ष का अतिवादी रूप है। अनुकूल समगति से संघर्ष की ओर जाता दीख पड़ता है। वह आगे भी संघर्ष करने की इच्छा रखता है। वस्तुतः शोषण समाज की प्रवृत्ति बन गया है और इसी प्रवृत्ति के दौरान उपन्यास में उभरती घटनाएँ वास्तव में मानवीय संकट के खौफ़ को ही प्रकट करती हैं। शोषण की समाप्ति के लिए विस्फोटक प्रवृत्ति की अपेक्षा विचारपूर्ण एवं प्रभावी संघर्ष की आवश्यकता है। इसी दीर्घायामी संघर्ष से समानतापूर्ण भविष्य की संभावनाएँ अनुकूल के माध्यम से उभारने की कोशिश की गई है।

प्रसाद-परंपरा और स्वातंत्र्योत्तर हिंदी उपन्यास

डॉ. वी.जी. गोपालकृष्णन्

हिंदी कथा-साहित्य में प्रेमचंद और उनकी परंपरा या विरासत पर निरंतर बहस होती रहती है। प्रेमचंद-साहित्य के सामाजिक पक्ष पर बल देकर ही यह बहस जारी है। प्रेमचंद ने अपनी रचनाओं में अपने सामाजिक लक्ष्यों के अनुरूप ही पात्रों व घटनाओं का चयन किया है। सामाजिक यथार्थ की अभिव्यक्ति के लिए प्रयत्नशील प्रेमचंद ने इन पात्रों के व्यक्तित्त्व को खोज निकालने का जो प्रयास किया है वह सचमुच सराहनीय है। प्रेमचंद ने प्रायः ऐसे पात्रों को प्रस्तुत किया है जो यथार्थ और आदर्श से समन्वित ज़मीन पर खड़े होकर समाज के उत्कर्ष के लिए कार्यरत हैं। सामाजिक समस्याओं की अभिव्यक्ति एवं स्वस्थ व शोषणमुक्त समाज की परिकल्पना में प्रेमचंद के लिए व्यक्ति प्रायः गौण हो जाता है। डॉ. रामदरश मिश्र का यह कथन इसका समर्थन कर रहा है–"हिंदी में प्रेमचंद और उनकी परंपरा में आनेवाले उपन्यासकारों ने अविस्मरणीय, वर्गीय पात्र दिए हैं जो सामाजिक गुणों और दोषों से पूर्ण हैं जो चेतन से संचालित हैं, जो इच्छा-शक्तिवाले हैं, निश्चय-वृत्तिवाले हैं, जो सामाजिक सद् और असद् से निर्मित हैं, और जो इनसे लड़ते हैं।" प्रेमचंद के अनुसार समाज के उत्कर्ष में ही व्यक्ति का उत्कर्ष संभव है। अतः सामाजिक यथार्थ की अभिव्यक्ति में ही प्रेमचंद ने अधिक ध्यान दिया।

जबकि प्रेमचंद के समकालीन रचनाकार जयशंकर प्रसाद के लिए व्यक्ति और समाज–दोनों का द्वैत रहता था। प्रसाद अपने पात्रों के व्यक्तित्त्व पर बल देते थे। साथ ही वे सामाजिक उत्थान भी चाहते थे। किंतु वे व्यक्ति व मनुष्य के व्यक्तित्त्व की उपेक्षा करके समाज की प्रतिष्ठा करने के पक्षधर नहीं थे। प्रसाद अपने साहित्य में अभिव्यक्त इतिहास, संस्कृति, राष्ट्रीयता आदि के हर मोड़ पर पात्रों के व्यक्तित्त्व को बरकरार करते हुए ही समाज व देश का उत्कर्ष चाहते थे। 'पुरस्कार' की मधूलिका, 'चंद्रगुप्त' के सिंहरण व मालविका, 'स्कंदगुप्त' के स्कंदगुप्त, देवसेना, बंधु वर्मा आदि पात्र इसकी मिसाल हैं। इस तरह यथार्थ को नए ढंग से देखने और अभिव्यक्त करने

की जो परंपरा प्रसाद से शुरू की गई थी, उसकी ओर समीक्षकों का ध्यान गया ही नहीं है। प्रसाद ने मानवीय संबंधों को एक दूसरे ढंग से खोजने का प्रयास किया है। प्रसाद के लिए सामाजिक विषमता का कारण केवल आर्थिक वैषम्य ही नहीं, बल्कि सांस्कृतिक एवं धार्मिक स्थितियों पर आधारित मनोवृत्तियाँ भी हैं। प्रसाद सांस्कृतिक आलोक में मानव प्रवृत्तियों को परखते थे और मानव के द्वंद्व को अभिव्यक्त करते थे। वे तटस्थ एवं संयमित दृष्टि से व्यक्ति और समाज की समस्याओं को अंकित करते थे। वहाँ आदर्शारोहण की कोई चाह प्रायः दिखाई नहीं देती। व्यक्ति के अंतर्द्वंद्व को रूपायित करने का जो कार्य प्रसाद ने अपनी रचनाओं में प्रारंभ किया था, आधुनिक काल के साहित्य में उसका विकसित रूप वर्तमान है।

प्रसादोत्तरकालीन रचनाकारों ने प्रसाद का अंधाधुंध अनुकरण नहीं किया था। उनमें प्रसाद की रचना-दृष्टि का परिष्कृत या परिमार्जित रूप ही विद्यमान है। जैनेंद्र इस परंपरा के ऐसे रचनाकार हैं जिन्होंने मनोवैज्ञानिक विश्लेषण के आधार पर पात्रों के चरित्र को रूपायित किया। जैनेंद्रकुमार के पात्र व्यक्तिगत स्तर पर आत्मपीड़न और आत्मरति को भोगनेवाले हैं। इस तरह के व्यक्ति-पात्रों के मानसिक संघर्ष को अत्यंत सूक्ष्मता के साथ जैनेंद्र ने चित्रित किया है। आत्म-पीड़ा को भोगनेवाले जैनेंद्र के पात्र खुद टूटते रहते हैं। फिर भी वे समाज को तोड़कर अपनी इस टूटन से मुक्त होना नहीं चाहते। वैयक्तिक स्वत्व को बनाए रखने की इच्छा होते हुए भी सामाजिक ढाँचे को स्वीकार करने की मानसिकता भी उनमें दिखाई देती है। जैनेंद्र के 'त्यागपत्र' की मृणाल का कहना है कि "मैं समाज को तोड़ना-फोड़ना नहीं चाहती हूँ। समाज टूटा कि फिर हम किसके भीतर बनेंगे ? इसलिए मैं इतना ही कर सकती हूँ कि समाज से अलग होकर उसकी मंगलाकांक्षा में खुद टूटती रहूँ।" इस श्रेणी की रचनाओं की विशिष्टता यह रही है कि इनके पात्र प्रायः सामाजिक व्यवस्था के दबाव में पिसते हुए भी, इसका प्रतिरोध नहीं करते। वे एक संभ्रांत तटस्थता और निष्क्रियता के साथ इस दबाव को झेलते रहते हैं। अतः पीड़ा और वेदना की स्वीकृति इस कोटि के पात्रों में दिखाई देती है। उनका प्रेम पीड़ा से घनीभूत है। अज्ञेय के 'नदी के द्वीप' के भवन, रेखा, गौरा तथा 'शेखर : एक जीवनी' की शशि इस श्रेणी के पात्र हैं। अज्ञेय का मानना है कि व्यक्तित्त्व की परिपूर्णता के लिए प्रेम और पीड़ा से उत्पन्न सृजनात्मक ऊर्जा की ज़रूरत है।

अज्ञेय के उपन्यासों के संदर्भ में डॉ. रामस्वरूप चतुर्वेदी का कथन है कि 'पुरुष और नारी के बीच गहरी मानवीय संवेदना और उसकी अनेक अर्थ-छायाओं को समाज केवल एक बिल्ला देना चाहता है, दांपत्य का। स्पष्ट ही समाज की निगाह में बिल्ला मुख्य है, मानवीय परिस्थितियाँ गौण हैं। अज्ञेय ने इस अतिचार का विरोध किया।' अज्ञेय ने रूढ़ परंपराओं का उल्लंघन किया था। उन्होंने सामाजिक परिवेश में व्यक्ति की मनःस्थितियों, अनुभूतियों और द्वंद्वों को सूक्ष्मता के साथ अभिव्यक्त किया। 'नदी

के द्वीप' के पात्र यह अनुभव करते हैं कि वे अपने को अभिव्यक्त नहीं पाते। उन्हें यह भी स्पष्ट नहीं कि वे अपने-आप में क्या हैं। इसी कारण से वे दूसरों को समझने में भी असमर्थ हो जाते हैं। आमने-सामने बैठते हुए भी वे बीच में बहुत फासले का अनुभव करते हैं। अतः भीड़ में भी अकेला होने का विचार उन्हें त्रस्त करने लगा। अकेलेपन की भावना के साथ अजनबीपन का बोध भी उन्हें आतंकित करने लगा। आधुनिक मध्यवर्गीय परिवार के पात्र इस अजनबीपन और अकेलेपन को ढोते हुए दिखाई देते हैं।

प्रसाद के बाद के रचनाकारों ने व्यक्ति के स्वत्व एवं स्वतंत्रता पर बल दिया है। वे व्यक्ति की स्वतंत्रता के बिना समाज के अस्तित्त्व को भी नहीं स्वीकारते। अज्ञेय का विचार है कि 'समता उसी समाज में होती है जो स्वतंत्र हो, और समाज वही स्वतंत्र होता है, जिसका अंग—व्यक्ति स्वतंत्र हो और अपने स्वातंत्र्य के उपयोग के लिए ही सामाजिकता का वरण करता हो।' यानी व्यक्ति सामाजिक बंधन नहीं चाहता। वह अपना निजीपन एवं आंतरिक स्वातंत्र्य चाहता है। साथ ही वह समाज का अंग भी बना रहना चाहता है। नदी में रहकर भी वह द्वीप बनने का प्रयास करता है। एक साथ रहकर भी अकेलेपन को भोगता है। यही व्यक्ति-जीवन की विडंबना है। इसी विडंबना के फलस्वरूप मानव-संबंधों में द्वंद्व उत्पन्न हो जाता है। आधुनिक काल के उपन्यासों में यह तथ्य उद्घाटित है कि यह द्वंद्व व्यक्ति-मन की चहारदीवारी की उपज नहीं, बल्कि अपने जीवन के समाजार्थिक परिवेश की है।

व्यक्ति-केंद्रित रचनाकारों में अपने समाज, समय, वर्तमान और भविष्य-संबंधी अपना दृष्टिकोण है। वे यह नहीं मानते कि सामाजिक परिवर्तन के नाते जो भी कदम उठाता है, वह सब प्रगतिशील है। व्यक्ति की दृष्टि से यह उसके स्वातंत्र्य को खतरे में डालता है। निर्मल वर्मा के शब्दों में, "किंतु हर क्रांति उसे मुक्त करने के बजाय अपने लौह-पाश में और भी अधिक जकड़ लेती है, जिस भविष्य-निर्माण के लिए वह क्रांति करता है, वह उसके वर्तमान को और भी अधिक कुत्सित और दयनीय बनाकर छोड़ देती है।" इन स्थितियों का गहरा प्रभाव व्यक्ति के मन पर पड़ जाता है। सामाजिक परिवेश के दबाव को ग्रहण करते हुए भी उसका अंतर्मन उसी अनुपात में बदलता नहीं। इस प्रकार अंतर्विरोधी प्रवृत्तियों, जटिल संवेदनाओं एवं विषम मनःस्थितियों से जूझते व्यक्ति के व्यक्तित्त्व को स्वातंत्र्योत्तर हिंदी उपन्यासों में उभारा गया है। केवल व्यक्ति के भीतर ही संघर्ष और तनाव नहीं रहता, बल्कि व्यक्ति-व्यक्ति के संबंधों में भी जटिलता आ गई है। आधुनिक उपन्यासकार मनुष्य को उसकी सारी जटिलताओं के साथ अभिव्यक्त करना चाहता है। अतः स्वातंत्र्योत्तर हिंदी उपन्यास आधुनिक मानव की टूटन, यौन-कुंठा, संत्रास, घुटन, विसंगति-बोध, अकेलापन, अजनबीपन, प्रेम, पीड़ा, दुःख आदि आधुनिक जीवन के विभिन्न पक्षों से गुज़रते हुए अग्रसर हुआ है। इस कोटि के उपन्यासों के रचनाकारों में प्रमुख हैं—कृष्ण बलदेव वैद, मोहन राकेश, निर्मल

वर्मा, गोविंद मिश्र, उषा प्रियंवदा, नरेश मेहता आदि।

व्यक्ति मन के संघर्षों के विभिन्न धरातलों को आधुनिक उपन्यासकारों ने सूक्ष्मता के साथ चित्रित किया है। उपन्यासों के पात्र प्रायः सामाजिक परिवेश से जन्म लेते हैं। फिर भी ये पात्र सामाजिक स्थितियों से कटकर या तो अवगत होकर, यातनाओं का वरण कर वैयक्तिक विसंगतियों में जीते दिखाई देते हैं। कृष्ण बलदेव वैद के 'उसके बचपन' का बच्चा बीरू, मोहन राकेश के 'अँधेरे बंद कमरे' के हरबंस और पत्नी, निर्मल वर्मा के 'वे दिन' की रायना, उषा प्रियंवदा के 'रुकोगी नहीं राधिका' की राधिका, 'पचपन खंभे लाल दीवारें' की सुषमा, गोविंद मिश्र के 'तुम्हारी रोशनी में' की सुवर्णा, 'हुजूर दरबार' के हरीश आदि सभी-के-सभी पात्र ऐसी ज़िंदगी बिताते हैं या बिताने को मज़बूर होते हैं।

मोहन राकेश के 'अँधेरे बंद कमरे' में पति-पत्नी के संबंधों के बीच का अनमनापन, ऊब, ईर्ष्या, खीज आदि हैं, तो निर्मल वर्मा के 'वे दिन' में युद्ध और मृत्यु से जीवन में पैदा होनेवाले अकेलेपन, निरर्थकता और निस्संगता की पहचान है। परिवेश और वातावरण जो भी हो, मनुष्य पर उसका प्रभाव एक जैसा ही होता है। 'वे दिन' इसी तथ्य को उद्घाटित करता है। रमेश कुंतल मेघ का यह कहना इसका समर्थन करता है—"आस्ट्रियन युवती रायना और भारतीय युवक इंदी। दो सांस्कृतिक पैटर्नों के मध्य के हृदय की धड़कन और आधुनिकता के अजनबीपन का संसार।" रायना कुंठित मानसिकता से ग्रस्त होते हुए भी एक क्षण के लिए आत्ममुक्त हो जाती है। क्योंकि 'प्रेम केवल क्षणिक संवेदना होकर भी कितना गहरा और कितना अज्ञात है ! इस प्रेम और सेक्स में संस्कृति नहीं है, नैतिकता नहीं है, केवल अनुभूति की तृप्ति है।' 'वे दिन' के पात्र केवल समाज से ही नहीं, संस्कृति एवं मानवीय संबंधों से भी अजनबी हो गए हैं। व्यक्ति के स्वत्व एवं क्षण की महत्ता को यहाँ उभारा गया है।

आधुनिक नागरिक जीवन की विडंबनाओं से उत्पन्न यातनाओं के घेरे में जीने का संकल्प एक ओर अपने व्यक्ति-स्वत्व को बनाए रखने की चेष्टा का सूचक है, तो दूसरी ओर सामाजिक यथार्थ की स्वीकृति का संकेत भी है। उषा प्रियंवदा के 'पचपन खंभे लाल दीवारें' में यही मानसिकता रूपायित है। स्वतंत्र निर्णय लेने की शक्ति रखने के बावजूद सुषमा सामाजिक एवं पारिवारिक घिराव में अपने को बंद पाती है। विशेष परिस्थितियों में पड़ जाने से सुषमा का व्यक्तित्त्व एक विलक्षण स्वरूप धारण कर लेता है। इसी कारण से वह नील को चाहने पर भी, उससे आलिंगनबद्ध होने की इच्छा रखते हुए भी शादी के मामले से मुक्त रह जाती है। अपने स्वतंत्र अस्तित्त्व को बनाए रखने के लिए सुषमा प्रयत्नशील है। समाज से समझौता या संघर्ष करने के लिए वह तैयार नहीं होती। वह स्वयं टूटती-बिखरती रहती है।

मानवीय संबंधों के द्वंद्व को परंपरा से जोड़ने की दृष्टि गोविंद मिश्र के उपन्यासों

में विद्यमान है। विभिन्न प्रकार की यंत्रणाओं से जूझते पात्रों को उपन्यासकार प्रत्यक्ष या अप्रत्यक्ष रूप से संस्कृति के शाश्वत स्रोतों की तरफ ले जाता है। 'वह/अपना चेहरा', 'लाल पीली ज़मीन', 'धीर समीरे' आदि उपन्यासों में व्यक्ति के अंतर्द्वंद्व के साथ सांस्कृतिक विरासत एवं सामाजिक स्थितियों का चित्रण किया गया है। व्यवस्था और व्यक्ति के संघर्ष से खंडित, लाचार, हीन ग्रंथियों के शिकार बने हरीश का चरित्र 'हुजूर दरबार' में है। मिश्र के 'तुम्हारी रोशनी में' की सुवर्णा खंडित व्यक्ति के गहरे में छिपी अखंडता को बनाए रखने की कोशिश करती रहती है। स्त्री-पुरुष संबंधों की विसंगतियों को परखने का प्रयास इस उपन्यास में किया गया है। स्वातंत्र्योत्तर काल में ऐसी मनोवृत्तियों को उजागर करनेवाले ढेर सारे उपन्यासों की रचना की गई है।

आधुनिक जीवन के अंतर्विरोधों के लिए जो सामाजिक विसंगतियाँ कारण हैं, उपन्यासकार उन्हें अनदेखा नहीं छोड़ सकते। समाज में स्थापित पूँजीवादी जीवन-मूल्यों पर प्रहार करते हुए व्यक्ति की आशा-आकांक्षाओं को भी आधुनिक उपन्यासकारों ने रेखांकित किया है। ऐसे उपन्यासों में व्यक्ति और समाज के बीच समन्वय स्थापित करने का प्रयास भी किया गया है। मन्नू भंडारी का 'महाभोज', शांति जोशी का 'मछली और मरा जल', सुरेश सिन्हा का 'सुबह अँधेरे पथ पर', गंगाप्रसाद विमल का 'मरीचिका', नरेश मेहता का 'यह पथ बंधु था' आदि उपन्यासों में सामाजिक विसंगतियों का चित्रण कर उनके सामने कभी सिर न झुकाकर संघर्ष करनेवाले व्यक्तियों के व्यक्तित्त्व को उभारा गया है। नगरीय-महानगरीय परिवेश में जितनी विद्रूपताएँ एवं विसंगतियाँ होती हैं, उन्हें भी संपूर्ण विकरालता के साथ उपन्यासकारों ने चित्रित किया है। भ्रष्ट राजनीति, सामाजिक अव्यवस्था, आर्थिक असुरक्षा, नगर जीवन की एकरसता, पारिवारिक जीवन का खोखलापन आदि सामाजिक एवं वैयक्तिक समस्याओं से जूझनेवाले उपन्यास हैं— भीष्म साहनी का 'कड़ियाँ', सुरेश सिन्हा का 'पत्थरों का शहर', मन्नू भंडारी का 'आपका बंटी', राजकमल चौधरी का 'शहर था, शहर नहीं था', रामकुमार भ्रमर का 'कच्ची पक्की दीवारें' आदि।

संक्षेप में, आधुनिक हिंदी उपन्यासों में व्यक्ति और समाज का द्वैत वर्तमान है। व्यक्तित्त्व और सामाजिकता के बीच का यह द्वैत प्रसाद की रचनाओं में भी विद्यमान है। प्रसाद के पात्र अपने व्यक्तित्त्व की बलि दिए बिना ही अपने सुख-दुखों को कुर्बान करने को तैयार होते हैं, अपने से बढ़कर किसी भी समाज या उद्देश्य के लिए। ऐसी कुर्बानी के ज़रिए अपनत्व की सुरक्षा के लिए वे हमेशा सतर्क दिखाई देते हैं। जैनेंद्र में आकर प्रेम, वेदना, संयम—सब कुछ और अधिक अंतर्मुखी हो जाते हैं। वे आत्म-पीड़न पर ही मुख्यतः ज़ोर देते हैं। अपने प्रारंभिक दौर में, कुछ राजनैतिक कहानियों को छोड़कर, अज्ञेय में भी यही प्रवृत्ति कुछ हद तक है। वास्तव में अज्ञेय की साहित्य-दृष्टि में व्यक्तित्त्व एवं स्वातंत्र्य की खोज है। उसमें भी सामाजिक भूमिका से अधिक व्यक्ति का प्रेम, वेदना, पीड़ा आदि हैं। निर्मल वर्मा, मोहन राकेश, उषा

प्रियंवदा, कृष्ण बलदेव वैद आदि में आत्म-निर्वासन एवं स्वत्वान्वेषण की प्रमुखता है। जबकि गोविंद मिश्र जैसे रचनाकारों में व्यक्तित्त्व को सुरक्षित रखने के प्रयास के साथ सामाजिक एवं सांस्कृतिक विरासत की खोज भी है।

जयशंकर प्रसाद की रचनाओं का कथ्य अभिजात समाज का है। अतः उनके पात्र भी अभिजात मानसिकता से युक्त हैं। ऐतिहासिक एवं सांस्कृतिक परिवेश से जुड़े पात्रों के व्यक्तित्त्व एवं मनोवृत्तियों में उनकी विशिष्टता दिखाई देती है। आधुनिक उपन्यासों का कथ्य भी एक विशिष्ट वर्ग–मध्य वर्ग पर आधारित है, जो नगर एवं महानगरों की विशेष परिस्थितियों में जी रहा है। इस वर्ग से आनेवाले पात्रों की मानसिकता महानगरीय परिस्थितियों के अनुरूप विकसित है। समाज के बीच रहकर भी अपने अभिजात विचारों से, अपने व्यक्तित्त्व एवं स्वातंत्र्य को बनाए रखने के लिए ये पात्र प्रयत्नशील हैं। प्रसाद की रचनाओं में प्रेम, पीड़ा, दर्द आदि की जो अभिव्यक्ति है, वह आधुनिक काल के उपन्यासों में और अधिक प्रखर हो गई है। दोनों प्रेम और पीड़ा को आत्मसात करते दिखाई देते हैं। अतः यह बात स्पष्ट है कि प्रसाद की साहित्यिक-दृष्टि का विकसित रूप आधुनिक हिंदी उपन्यास में उपलब्ध है और उसकी एक अटूट परंपरा भी प्राप्त है।

अज्ञेय की रेखा : पुनर्मूल्यांकन की संभावनाएँ

डॉ. के.पी. प्रमीला

1951 में प्रकाशित उपन्यास 'नदी के द्वीप' में ही हिंदी साहित्य में स्त्री-पात्र गठन की आधुनिकता नई दृष्टि और दिशा लेकर प्रस्तुत हो गई थी। इसके प्रकाशन के बाद इतने वर्ष बीत जाने तथा इतनी नई प्रवृत्तियाँ साहित्य और समाज में आने के बावजूद भी इसकी प्रासंगिकता बराबर है। इस उपन्यास की आधुनिकता ही इसे जीवंत बनाती है। स्वयं अज्ञेयजी ने इसके भविष्य की संभावनाओं की सूचना भूमिका में दी थी।

इस आलेख में आज के युगानुरूप जीवंतता के आधार पर नायिका रेखा तथा उपन्यासकार की दृष्टि परखने का प्रयास है। इसमें शंका नहीं कि इस उपन्यास की उल्लेखनीय विशेषताओं में रेखा की पात्र-सृष्टि समकालीन निरपेक्ष चर्चा के योग्य है। आधुनिकता में नारी और उसके बाह्य जीवन पर इतनी चर्चा और विकास-गति हमें मिलती है कि इतने वर्ष बीत जाने पर भी इस उपन्यास में नायिका की भूमिका के अध्ययन-विश्लेषण की संभावनाएँ समाप्त नहीं होतीं। साथ ही उसके अनेक ऐसे पहलू अभी भी उभरते आते हैं, जो उसकी आंतरिकता में ही सही, पुरोगामी आधुनिकता की झलक छोड़ते हैं।[1] अर्थात् रेखा के पात्र-गठन पर हुई चर्चा के आगे अभी भी उसका विश्लेषण नए सिरे से संभव है—यही इस उपन्यास का सबसे व्यावहारिक एवं साहित्यिक यथार्थ है।

नारी के जीवन को लेकर अज्ञेय की धारणाएँ इस पात्र-सृष्टि में व्यंजित हैं। स्पष्ट है कि उनकी नारी पात्र-संकल्पना में काफ़ी विशेषताएँ निहित हैं पर यह भी व्यक्त होता है कि वे भी पुरुष-नियंत्रित विचारधारा से मंडित हैं।[2]

व्यक्ति के अकेले हो जाने के जीवन सत्य के साथ प्यार की खोज और वैयक्तिक लाचारी, उसमें पूर्णता का मोह जगाती है। आधुनिकता के नए अंदाज़ों से भरी पूर्व-पश्चिम धारणाओं के मिश्रण ने इस उपन्यस के पात्र-गठन में भी तकनीक के रूप में काम किया है। तभी तो कई विद्वानों ने इसको 'सबल स्वतंत्र अस्तित्त्ववादी नारी का चित्रण' कहकर सराहना भी की है।[3] इसको व्यक्त करनेवाले अनेक तत्त्व भी इस

उपन्यास में शामिल हैं—"कर्म को जज करना मैंने छोड़ दिया है, क्योंकि जब जज करने बैठती हूँ तो मानना पड़ता है कि न्याय करनेवाला विधाता ही ग़लतियाँ करता है। अब इतना ही मानती हूँ कि भीतर से जो प्रेरणा है—अगर उसके साथ ही पाप का, अपराध का बोध नहीं जुड़ा हुआ है तो—वही ठीक है, वही नैतिक है।"[4]

व्यक्ति की मानसिकता में जख्म हमेशा होता है जो उसकी सामाजिकता के फले-फूले संबंधों के परे भी है और इससे भिन्न भी। यदि व्यक्ति स्वतंत्र है, व्यक्त है तो उसमें अपने ज़ख्म भरने का श्रम होता है या होना चाहिए। तभी वह मनुष्य होता है, व्यक्ति होता है। अकेले चलने तथा अभिव्यक्ति देने की नारी की कोशिश जो रेखा में है वह आज़ादी का एक आधुनिक पक्ष उजागर करता है, यह उसकी व्यावहारिक क्षमता भी है। इस काबिलियत से उसे कालातीतता का प्रकाश मिलता है। इस सजग नित्यता को यदि हम किसी भी तरह के सदाचार के कोड़े में बाँध लेने की कोशिश करें, तो भी व्यक्ति तथा उसकी प्राथमिकताएँ उसे थोपी हुई व बनावटी ही लगेंगी। व्यक्ति का आत्मतोष सभी तथाकथित सामाजिक-सांस्कृतिक विचारों को पार कर अनुभूति-अनुभव पक्ष रूपी निजता पर या तो निर्भर होता है, नहीं तो उसकी सच्चाइयों से अभिभूत रहता है। (इसके अपवार हो सकते है, पर विरले ही) अतः आधुनिकता की देन भी यह रही कि आत्मतोष से लालायित मनुष्य के आगे कोई भी विचार, कोई भी राजनीति या कोई भी सामाजिक सत्य सिर्फ संभावना है। इस दृष्टि से, रेखा की पात्र-सृष्टि में खूबियाँ हैं। इस पात्र-सृजन में आधुनिक विचार, स्वतंत्र चिंतन या अस्तित्त्व को लेकर ही नहीं अपितु प्यार की अवश्यंभावी तथा परस्पर विश्वास और आदर से ओतप्रोत संबल के रूप में भी लिया गया है। यहाँ नारी की सृजनात्मकता, पूर्ववर्ती औपन्यासिक धारणाओं से भिन्न है। साथ ही यह सामाजिक व्यवस्था के आगे नारी की क्रियात्मक अभिव्यक्ति है। भुवन प्रश्न करता है—"तुम पहले जीती हो और फिर लिखती हो कि पहले लिखती हो फिर जीती हो ?" तो रेखा का उत्तर है—"यही भेद नहीं पहचान पा रही हूँ। यही मेरा सौभाग्य है।"[5]

आगे इसमें यह मुद्दा भी उठाया गया कि व्यवस्था के नियमों में नारी के व्यक्तित्त्व का हस्तक्षेप विकासमान हो सकता है। इसमें महत्त्वाकांक्षा का कोई दावा किए बिना भी वह वर्तमान में शामिल हो जाती है—"मैंने भविष्य मानना ही छोड़ दिया है। भविष्य हुई नहीं, एक निरंतर विकासमान वर्तमान ही सबकुछ है।"[6]

इस प्रकार बुद्धि के साथ भावुकता का समन्वय उसके व्यक्तित्त्व की संभावनाएँ खोल देता है तथा स्वत्व की तड़प को वांछित अभिव्यक्ति का रूप देता है। बंधनों को तोड़कर, आत्मसंतुष्टि के लिए आत्माभिव्यक्ति का द्वार खोलने की वृत्ति समकालीनता से जोड़ने योग्य तत्त्व है। संबंधों की मजबूरी नारी की नियति रही। इसमें वह कभी निरपेक्ष नहीं बन पाती थी। समझौते की बात भी नहीं उठती थी। स्त्री की वैचारिकता तथा संवेदनात्मकता यहाँ इस उपन्यास में सृजनात्मक बन आती हैं। पर दूसरे प्रसंगों

में इस पर अंकुश लग जाता है, जिसकी सूचना स्वयं अज्ञेय ने उपन्यास में ही यों दी है—"वह बुद्धिमति होती तो भुवन के साथ रहती, उसे न छोड़ती"—निश्चय ही इसमें पात्र के भविष्य की सूचना है, चाहे वह पात्र भविष्य में विश्वास करता नहीं।

इस प्रकार आजन्मे शिशु के माध्यम से भी दो बातें मुख्यतः उल्लेखनीय बन जाती हैं। पहला स्त्री शरीर का दुःख और उसमें सामाजिकता के हस्तक्षेप की आशंका, और दूसरा वैयक्तिक स्वरूप का आदर्शवादी निषेध। यहाँ रेखा में 'टेक्नो फेमिनिस्ट' के होने का दावा किया जा सकता है। पर संकल्पपूर्वक पूर्वग्रह के रूप में उसकी आस्था उसे विचलित करती है और आजन्मे शिशु के लिए जो कारण वह व्यक्त करती है, वह कहीं स्वत्वदृष्टि से दूर है। रेखा की धीरता उसके अपने संकल्पों की बुनियाद में नहीं रह पाती। आरंभिक पारस्परिकता परवर्ती गति में, ऐकांतिक सिद्ध होती है—यह पात्र सृष्टि के रूप में 'प्यार की पूर्णता' के आयामों को प्रदान करने के बावजूद आदर्शवादी बनाया है, पात्र की मूल वासनाओं पर 'रिज़र्व' लगाया है।[7] परवर्ती बातचीतों में रेखा का भावावेश आश्वस्त पात्र के रूप में चित्रित है जो तथाकथित 'भारतीयता' के लिए सांत्वना देती है—"जो भी करो, मेरा प्यार और आशीर्वाद तुम्हारे साथ है, मेरा विश्वास तुममें अडिग है।"[8]—इस प्रकार मज़बूत, पात्र, अंत में आकर कमज़ोर बन जाता है।

जीवन के अनुशासित होने या आत्मदर्शन के गठिन हो जाने का मतलब, उसके वैयक्तिक स्वत्व के निराकरण में नहीं होना चाहिए। जीवन का संकट भी, इस दृष्टि में स्वीकार्य होना चाहिए था। इस दृष्टि में निषेध नहीं, संकटों के वरण की स्वतंत्रता है। यह वैचारिक दृष्टि से नारी की स्वत्वाकांक्षा और स्थापना का महत्त्वपूर्ण पहलू है। साथ ही यह आत्मस्वीकृति का सशक्त शस्त्र भी है।

उपन्यास के आरंभ में रेखा में विवाह से ऊब है तो अंत में आकर रेखा का पुनः विवाह समझौता नहीं, यांत्रिक सांत्वना का मोह सिद्ध होता है, जो व्यक्ति के त्यागमय सत्य के रूप में चित्रित किया गया है। इस प्रकार 'प्यार' को बनाए रखने के लिए वह स्वत्व की सच्चाइयों से भागती है पर यहाँ मुक्त प्यार की परिकल्पना भी प्यार के ही बंधन में डूब जाती है।

बुद्धिमयी स्त्री के प्रति विचारवान मनुष्य का आकर्षण इसमें है मगर वह अन्योन्याश्रित रूप में महत्त्वपूर्ण है। व्यावहारिक रूप में इसकी परिणति तभी संभव होती है जब वे सामाजिक विधि-विधानों को दूर या अस्वीकार करके, जीवन को भँवर नहीं, प्रवाह बनाता है। इसमें सब पात्र सांत्वना के आकांक्षी हैं। त्याग तथा देन से ओतप्रोत हैं। स्वयं रेखा का कथन—"आलोचना रचनाशक्ति की मृत्यु का दूसरा नाम है"[9]—इसमें कारणों को बताता भी है। यही भावना उपन्यास के खलनायकों की संभावनाएँ बन जाती हैं। अर्थात् जिस मानसिक पूर्णता तथा वैयक्तिक खुलेपन की बात उपन्यास को बनाती है, वही वैचारिक स्तर पर इसमें खंडित हो जाती है।

इस उपन्यस के सबसे आकर्षक एवं मन को छूनेवाले पक्ष, मनोवैज्ञानिक ढंग से सजे हुए संवाद है। स्मृति के रूप में हो या पत्र के रूप में, उसका स्पर्श पाठक पर ज़रूर हो जाता है। यही एक कारण है जो इसके वैचारिक द्वंद्व के ऊपर, आधुनिकता के अंश के रूप में इसे प्रतिष्ठित करता है।

रेखा की स्वयं संपन्नता में व्यक्तित्त्व का मतलब ज़रूर उठता है, पर आधुनिक दृष्टि से छूट जानेवाले संबंधों से नहीं, न बनाए जानेवाले संबंधों पर इस उपन्यास की संभावनाएँ खोजनी चाहिए। नितांतता का महामोह आधुनिक व्यक्ति को निगलता है। कल की प्रेरणा उसके आगे नहीं है। दुःख और अवरूद्धता से वह निष्प्रभ रहती है। यदि यह उसका संकल्प है तो अवसरानुकूल परंपरा के विश्वासों के सवाल इस उपन्यास को सीमित बनाने के लिए उपयुक्त नहीं होते।[10] "भुवन तुम क्या समझते हो कि मेरे लिए मानवी प्यार की आखिरी अभिव्यक्ति तुम थे, थे नहीं, हो रहोगे—और इसलिए मैं मर गई और अब नहीं जिऊँगी।"[11] जैसे कथन में अंतरंग सच्चाई होने पर भी आत्मनिराकण है। इसके पीछे भारतीय नारी व्यक्तित्त्व के इतिहास की वही शृंखलाबद्ध कड़ी है जिसने उसे बरसों से किसी अभिजातीय खेमे में प्रतिष्ठित रखने को मजबूर किया था। आधुनिकता ने यह व्यक्त किया है कि ऐसी मेधावी लाचारी से आज की नारी मुक्त है या मुक्त होना चाहती है।

इस प्रकार रेखा की पात्र-सृष्टि का पहला अंश पाश्चात्य स्त्रीवादी चेतना का परिचय देता है तो परवर्ती अंश परंपरा में ही डूब जाता है। यह तो सही है कि उसमें जो वैचारिक पक्ष है, वह कभी-कभी नारी अस्तित्त्व की भावना जगाने योग्य है पर उसकी संवेदनामय अंतिम परिणति रागात्मक कहानी के अंत का ही अहसास छोड़ती है। यह स्त्रीवादी दृष्टि में सहलानेवाला नहीं है। साथ ही पाश्चात्य काव्य-संकल्पों पर टिकी हुई काफ़ी कुछ पंक्तियाँ, जो पात्रों द्वारा यत्र-तत्र कही या लिखी जाती हैं, इन शंकाओं का सच्चा प्रमाण बन जाती हैं। सारी मनोवैज्ञानिक गहराई तथा नए स्वतंत्र चिंतन के विभिन्न आयामों के बावजूद यह उपन्यासकार की अभिजात दृष्टि ही इसमें परिलक्षित होती है। आत्मचेतस् से वंचित दायित्वबोध से अभिभूत जीवन ही इसमें पात्र का संकट बन जाता है। यही रेखा नामक पात्र की संगति को आधुनिक खुले जीवन से दूर ले जानेवाला तत्त्व है। यहाँ असाधारण घोषित किए जाने पर भी रेखा की सीमाएँ उसमें सतही भावुकतापूर्ण नारी की पुरानी झलक छोड़ती हैं।

संदर्भ

1. राजेंद्र यादव—उपन्यास स्वरूप और संवेदना, पृ. 94
2. डॉ. नवल किशोर—'अज्ञेय'—सं. विश्वनाथ प्रसाद तिवारी, पृ. 93
3. वही, पृ. 94

4. नदी के द्वीप, पृ. 238
5. वही, पृ. 155
6. वही, पृ. 50
7. डॉ. प्रेमसिंह–अज्ञेय चिंतन और साहित्य, पृ. 133
8. नदी के द्वीप, पृ. 331
9. वही, पृ. 20
10. डॉ. नवल किशोर–'अज्ञेय'–सं. विश्वनाथ प्रसाद तिवारी, पृ. 96
11. नदी के द्वीप, पृ. 328
12. अज्ञेय आलवाल, पृ. 95

हिंदी कहानी और मूल्य परिवर्तन

डॉ. एम. षण्मुखन

यह सर्वविदित बात है कि मूल्यों का सरोकार मानव के सामाजिक जीवन से है। जो तथ्य सामाजिक ज़िंदगी को स्वस्थ, संयमित, संतुलित एवं मर्यादित बनाते हैं उन्हें मूल्य अभिहित किया गया है। इस संदर्भ में यह गौर करने की बात है कि समाज ही मूल्यों की स्थापना करता है जो प्रत्येक व्यक्ति के लिए मान्य होता है, यानी हर व्यक्ति को उनका पालन करना पड़ता है ताकि सामाजिक जीवन स्वस्थ रहे। इस मुकाम पर यह सवाल उठाना भी वाज़िब है कि क्या ये मूल्य इंसानों की दुनिया में भी सीमित रहते हैं ? क्या जानवरों के संसार में मूल्य जैसी कोई अवधारणा नहीं है ? हमें पता है कि जानवर झुंड-के-झुंड रहते हैं; चींटियाँ और मधुमक्खियों की एक प्रकार की सामाजिक ज़िंदगी है, लेकिन मानव की सामाजिक ज़िंदगी उससे कहीं बेहतर एवं उदात्त है। यह भी हक़ीक़त है कि जानवरों में भी एक प्रकार का जैविक मूल्य ज़रूर बरकरार है। मसलन जानवरों में 'मैटिग सीज़न' (Mating season) होता है, पहले बच्चे को खाते हुए बिल्ली भी एक प्रकार से परिवार नियोजन का पालन करता है; लेकिन रागात्मक संबंधों के क्षेत्र में मानव ज़बर्दस्ती से जो मर्यादा बरतने की कोशिश करता है, उसका जानवरों में नितांत अभाव है। यही दरअसल मानव को मानवीयता की हैसियत प्रदान करता है।

मानव का सामाजिक जीवन तथाकथित शाश्वत मूल्य, आर्थिक मूल्य एवं नैतिक मूल्यों पर अधिष्ठित है। शाश्वत मूल्यों के संदर्भ में एकाएक यह संदेह हो जाना स्वाभाविक है कि आज शाश्वत मूल्य कहने योग्य तथ्य क्या रह गया है ? उदाहरण के लिए सत्य की बात लें तो समझ में आ जाएगा कि ऐसा कोई सत्य नहीं है जिसे सार्वकालिक और सार्वभौमिक कहा जा सकता है। यानी सत्य की अवधारणा काल सापेक्ष और स्थान सापेक्ष बदलती रहती है। जहाँ कुरान ग्रंथ को अतिरिक्त मान्यता दी जाती है, वहाँ उसमें निर्धारित सत्य ही सत्य माना जाता है। कुरान के मुताबिक बिल्ली पवित्र जीव है और कुत्ता जघन्य जंतु। इसलिए मुसलमानों के लिए बिल्ली पवित्र है, उसे

पाला-पोसा जा सकता है, लेकिन कुत्ते को नहीं। वैसे सूअर भी उनके लिए हेय है, 'सूअर का बच्चा' एकदम भद्दी गाली है। हिंदुओं के लिए तो गाय ही पवित्र पशु है, गाय का पिछला हिस्सा शुभ शकुन माना जाता है, उसकी हत्या तो घृणित एवं जघन्य पाप समझा जाता है। पर मुसलमानों और ईसाइयों के लिए गाय पौष्टिक भोजन का मूर्त रूप है।

हमारे समाज में मान्यता प्राप्त आर्थिक मूल्यों के बारीक विश्लेषण से पता चलेगा कि सामाजिक वैषम्य का नींवाधार कारण यही आर्थिक मूल्य है। हमारी सामाजिक व्यवस्था पूँजीवादी है, इसलिए निजी संपत्ति को अतिरिक्त महत्त्व दिया जाता है, उसे पवित्र समझा जाता है और सुरक्षा सरकार का फ़र्ज़ माना जाता है। भूख से बेहाल हो जाए, तब भी दूसरों की संपत्ति या माल पर हाथ लगाना जुर्म माना जाता है, उससे कड़ी सज़ा भुगतनी पड़ती है। वर्तमान भौगोलीकरण के ज़माने में सरकार निजीकरण पर ही बल दे रही है। 'उदारीकरण' शब्द का परंपरागत अर्थ बदल गया है। विदेशी पूँजी निवेश के माध्यम से शोषण के नए तरीक़ों का ईजाद करना है। वर्तमान उदारीकरण आर्थिक नीति का अधिष्ठान है। जब बोसनिया, सोमालिया जैसे शब्दों में बच्चे दूध की फिराक में दम तोड़ देते हैं, लाखों लोग भूख और पौष्टिक भोजन के अभाव में मर जाते हैं तब मार्किट-भाव को बनाए रखने के लिए गेहूँ भरी बोरियों को समुद्र में डुबोने और खाद्यान्नों को जलाने की अमेरिकी मानसिकता को अपनाना ही आज महत्त्वपूर्ण समझा जाता है। जिसके पास सत्ता है यानी जिसके हाथों में अधिकार है, आर्थिक मूल्य उसी के पक्ष में अनंतकाल से बोलते आ रहे हैं। जिसके पास लाठी है, वही भैंस का हक़दार भी रहा है।

नैतिक मूल्यों का आधार स्त्री-पुरुष के बीच का रागात्मक एवं यौन-संबंध है। हमारा समाज किसी भी पुरुष का किसी भी स्त्री के साथ यौन संबंध रखने की इजाज़त नहीं देता है। इसलिए हमारे बीच पति-पत्नी, भाई-बहिन, सास-ससुर आदि संबंध बरकरार हैं, नहीं तो जानवरनुमा यानी स्त्री-पुरुष संबंध ही होता। यद्यपि सेक्स के मामले में एकनिष्ठता कायम रखने की रीति को उदात्त नैतिक मूल्य माना जाता है, फिर भी उसे उल्लंघित करने की कोशिश भी बराबर जारी है। यह एकनिष्ठता ज़्यादा दिन नहीं चलेगी, इसके आसार ही नज़र आ रहे हैं। भौगोलीकरण के वर्तमान युग में सेक्स ने एक उद्योग की हैसियत हासिल की है। नारी को सेक्स का माल समझने की नृशंसता बढ़ती जा रही है। सेक्स को एक रोज़गार के रूप में मान्यता देने एवं इस काम में जुड़ी स्त्रियों को संगठित करने का प्रयत्न भी जारी है। 'टूरिज़्म' के बहाने 'सेक्स टूरिज़्म' को बढ़ावा देने का घृणित काम सरकार की तरफ़ से ही हो रहा है। थाईलैंड में सरकार की राजस्व आय का बढ़िया हिस्सा इस धंधे से ही मिल रहा है। नाबालिग बच्चे भी इस काम में मशगूल हैं। ग्राहकों की कामातुर दृष्टि इन्हीं मासूम बच्चों पर गड़ी हुई है। इस हविश के पीछे यह अंधविश्वास भी कार्यरत है कि अक्षत योनि से संबंध

रखने से रतिजन्य बीमारियों से बचाव संभव है। आज तो 'एड्स' के डर ने इस नृशंसता को और बढ़ावा दिया है। इस संदर्भ में यह बात गौर करने की है कि नैतिक मूल्यों के विघटन में आर्थिक मूल्यों का किस हद तक हाथ-बँटाव है।

आगे इस भूमिका के आधार पर प्रेमचंद से लेकर समकालीन कहानीकारों तक चुनिंदा कथाकारों की प्रतिनिधि कहानियों का विश्लेषण करके यह ज़ाहिर करने की कोशिश करेंगे कि इन परिवर्तित या विघटित मूल्यों के प्रति अपनी कहानियों के माध्यम से इन्होंने कैसा रवैया अपनाया है और कैसी अभिव्यक्ति दी है।

प्रेमचंद की 'कफन'

प्रेमचंद ने तत्कालीन समाज में मान्यता प्राप्त आर्थिक मूल्यों पर अपनी सृजना के द्वारा गहरी चोट पहुँचाने का कारगर प्रयास किया है। यद्यपि अपनी प्रारंभिक कहानियों जैसे 'मंत्र', 'बड़े घर की बेटी', 'नमक का दरोगा' आदि में समाज में प्रचलित आदर्श को उभारने का सांप्रदायिक रुख अपनाया गया है लेकिन अंतिम दौर की कहानियों जैसे 'कफन' और 'पूस की रात' में उन मान्यताओं की खिल्ली उड़ाई गई है। कफन में प्रेमचंद ने इस बात पर इतना बल दिया है कि दुनिया में ज़िंदा आदमी की सबसे बड़ी समस्या भूख है। भूख के संदर्भ में पति-पत्नी के पुनीत रिश्ते तक किस अमानवीय धरातल पर पहुँच जाते है, इसकी बेबाक अभिव्यक्ति कफन में हुई है। बुधिया प्रसव-पीड़ा से कराह रही है, पर घीसू और माधव उबले आलू खाने में मशगूल रहते हैं। पति-ससुर— दोनों के मन में उसके प्रति रहम है। लेकिन उसके कराह को इसलिए अनसुना करते हैं कि उनके मन में यह डर हावी है कि एक के उठ जाने से दूसरा पूरा आलू निगल जाएगा। घीसू और माधव के चरित्र पर यह इल्जाम लगाया गया है कि वे कामचोर, आलसी एवं घटिया क़िस्म के शख़्स हैं। दरअसल उनके चरित्र में अंतर्निहित अमानवीयता तत्कालीन समाज की ही उपज है। तेलुगू भाषा में कफन पर बनी फिल्म 'ओका ऊरी कथा' (एक इलाके की कहानी) में घीसू और माधव का दार्शनिकनुमा चरित्र है। वे सामाजिक वैषम्य पर सवाल उठाते हैं कि समाज के संभ्रांत वर्ग, जमींदार, सेठ, साहूकार आदि कोई काम नहीं करते हैं, लेकिन आराम-परस्त ज़िंदगी जी रहे हैं। लेकिन दूसरी ओर मज़दूर हैं जो हड्डी-पसली एक करके मेहनत करते हैं, फिर भी भूखों मरने के लिए बेबस हैं। वे सिर्फ मज़दूरों के मेहनत करने की सामाजिक नैतिकता की ओर उँगली उठाते हैं। जो मेहनत करने के बावजूद भूखे रहने के लिए मजबूर हैं तो मेहनत करने की क्या ज़रूरत है ? इसलिए वे चोरी करना बेहतर समझते है। कहानी में सुप्त पड़े, चरित्र के इस आयाम को भी निर्देशक ने उभारकर अंकित किया है। कहानी के घीसू और माधव समाज की इस खोखली नैतिकता की अपने आचरण द्वारा खिल्ली उड़ाते हैं कि जिसे जीते वक्त चिथड़े तक मयस्सर नहीं है उसे मरने के बाद कफन चाहिए। इसलिए वे अंतिम संस्कार के लिए इकट्ठे किए पैसे से भर-पेट खाते

हैं और शराब पीकर उधम मचाते है। घीसू और माधव की प्रत्येक हरकत में तत्कालीन समाज में मान्यता प्राप्त धार्मिक एवं आर्थिक मूल्यों की धज्जियाँ उड़ाने की ज़बर्दस्त कोशिश अपने आप शरीक है। प्रेमचंद और कहानी का यही करिश्मा है कि ऐसा नहीं लगता कि ये बातें कहानी में ठूँस दी गई हैं। प्रेमचंद ने इसकी ओर भी तर्जनी उठाई है कि हमारे पुरुष केंद्रित समाज में स्त्री निरंतर दोहरे शोषण की शिकार रही है। बुधिया दमतोड़ प्रयत्न करती थी, खाने के लिए कुछ-न-कुछ तो जुटाती थी, अपने पति-ससुर की सेवा भी करती थी, लेकिन ज़रूरत के वक्त पर ये लोग मजबूरन ही सही कितनी निर्ममता से पेश आते हैं, यह सब स्त्री का मौजूदा समाज में पुरुष कैसे शोषण करते हैं इसके ही सबूत हैं। उसके मरने के बाद भी ये मर्द उसे छोड़ते नहीं। उसकी लाश के नाम चंदा इकट्ठा करते हैं और भर-पेट खाकर मौज उठाते हैं। लेकिन ये अवश्य यह प्रमाण-पत्र देते हैं कि बुधिया सचमुच पुण्यात्मा रही होगी; उसे ज़रूर स्वर्ग हासिल होगा। जो भी हो, आखिरकार घीसू और माधव की अमानवीयता की पृष्ठभूमि सचमुच असंगतियों से भरपूर तत्कालीन सामाजिक और मूल्य व्यवस्था ही है।

यशपाल की 'पराया सुख'

हमारा वर्गों में बँटा समाज है जिसमें उच्च वर्ग की ठोस हैसियत होती है। निम्न वर्ग के अभावों से सभी वाकिफ हैं, उन्हें छिपाने की कोशिश अभावग्रस्तों की तरफ़ से होती भी नहीं है, लेकिन मध्य वर्ग की यह संत्रस्त स्थिति है कि वे अपनी कमियों और खामियों को दुनिया की नज़रों से दूर रखना चाहते हैं। इनकी दृष्टि हमेशा ऊपर की ओर रहती है और वे उच्च वर्ग में शामिल होने के सपने बुनते रहते हैं। इस आर्थिक ललक में उनका अस्तित्त्व तक खतरे में पड़ जाता है। उनके रागात्मक संबंधों में, विशेषकर पति-पत्नी रिश्तों में दरार ही नहीं पड़ती बल्कि उनका नामो-निशान तक मिट जाता है। यों आर्थिक असंगतियों की वजह होते नैतिक मूल्यों का विघटन ही 'पराया सुख' की अंतर्वस्तु है।

उर्मिला स्कूल टीचर है। बेहद खूबसूरत भी। उसके लिबास से आभास होता है कि उच्च वर्ग की कोई भद्र महिला हो। उसका एक सुंदर सलोना बच्चा भी है जिसकी वजह से उसकी सुंदरता ओर निखर आती है। इस आकर्षक व्यक्तित्त्व से लैस होने के कारण ही युवा, सुंदर एवं धनिक सेठ पहली मुलाकात में ही उससे आकर्षित होता है और वह उसे अपने कब्जे में रखना चाहता है। वह लड़की पटाने की कला में माहिर है। इसलिए उर्मिला से इतने सलीकेदार ढंग से पेश आता है कि वह यह सोचने के लिए मजबूर हो जाती है कि मैंने पति तो पाया, लेकिन ऐसे उदार और संस्कृत व्यक्ति से मिली नहीं। सेठ उर्मिला के पति को अपनी कंपनी में उच्च अधिकारी बनाता है। उर्मिला अपनी नौकरी छोड़ देती है। फिर उर्मिला का यही नियत काम हो जाता

है कि सज-धजकर अपनी कोठी में सेठ का इंतजार करना, मनोयोग से उसकी सेवा करना, वह जो नया कपड़ा लाता है, पहनकर उसके सामने खड़ा हो जाना यानी एक रखैल की भूमिका भरपूर निभाना। सेठ उर्मिला के बच्चे को अपना वारिस बनाना चाहता है बशर्ते कि उसका और कोई हक़दार न रहे। यानी सेठ उर्मिला की कोख पर भी ताले लगा देता है। आख़िर उर्मिला खुद इस सत्य से अवगत होती है कि उसकी हालत वेश्या से भी बदतर है। वह अपनी आज़ादी खो चुकी है। पहले ग़रीबी में यद्यपि थोड़ी मुश्किलें झेलनी पड़ती थीं, लेकिन वह ज़िंदगी अपनी मर्जी के मुताबिक जी सकती थी, निर्णय लेने की क्षमता उसमें थी, लेकिन अब वह अपनी अस्मिता पूर्णतः खो चुकी है।

जैसे पहले सूचित किया गया, नैतिक मूल्यों के विघटन में अर्थ की भागीदारी किस हद तक गहरी है, इस सत्य को बुलंद करनेवाली उज्ज्वल रचना है 'पराया सुख'।

राजेंद्र यादव की 'जहाँ लक्ष्मी कैद है'

पूँजीवादी व्यवस्था में सबसे बड़ा मूल्य पैसे का होता है। पैसे के बल पर किसी को खरीदा जा सकता है। किसी को नीचे गिराया जा सकता है यानी अपमानित किया जा सकता है। कहावत है, 'बाप-बड़ा न भैया, सबसे बड़ा रुपैया।' आर्थिक मूल्य शेष सारे मूल्यों को किनारा करके अग्रसर हो गए हैं। मियाँ-बीवी के बीच बिज़नेस, भाई-बहिन में बिज़नेस। यदि बहन की वक़्त पर शादी न हुई और माता-पिता न रहे तो उसे भाई के घर में नौकरानी बनकर रहना पड़ता है, बूढ़े माँ-बाप बेटों के घर तभी रह सकते हैं जब वे बाल-बच्चों को बहलाने-फुसलाने की ज़िम्मेदारी निभाएँ।

'नई कहानी' के प्रवर्तक राजेंद्र यादव की कहानी 'जहाँ लक्ष्मी कैद है', अर्थ की हविश की शिकार बनती एक नादान लड़की की दर्दनाक कहानी है। इसमें खुद पिता अपनी बेटी की बदहालत का कारण बनता है। लाला रूपाराम शहर का मशहूर रईस है। करोड़ों का आसामी है, पर इतना कंजूस है कि एक पैसे का भी फ़ायदा देखेगा तो दस मील धूप में हाँफता हुआ पैदल जाएगा। सुबह से शाम तक पैसे के पीछे भागता रहता है, पैसे कमाने की तिकड़मों में लगा रहता है। समाज में चाहे छुट्टी, हड़ताल, दंगा कुछ भी हो, रूपाराम अपनी ही धुन में मस्त रहता है। पैसा जमा करना ही उसके जीवन का लक्ष्य है, लेकिन उसकी हालत धन के ऊपर बैठे साँप की तरह है जो खुद खा नहीं सकता है और दूसरों को खाने भी नहीं देता है। उसके तीनों बेटों की शादी हो गई हैं, लेकिन एकमात्र बेटी लक्ष्मी की शादी नहीं कराई गई। लक्ष्मी इतनी खूबसूरत है कि वह जिधर निकल जाती है, उधर बिजली कौध जाती है। लाला का विचार है कि लक्ष्मी सचमुच देवी है, उसकी पैदाइश से कारोबार का विकास होने लगा था, उसकी हाज़िरी से उसकी प्रगति निरंतर होती रही है। भाई रोचूराम ने जब बेटी की शादी कराई थी, तब सत्यानाश भी हो गया था। अपने भाई के अनुभव से

लाला रूपाराम ने बहुत कुछ सीखा है। इसलिए उसने अपनी बेटी को घर पर ही बिठा दिया है। घर के भीतर न किसी को आने देता है, न जाने देता है। लाला को इस बात का भरोसा हो गया है कि यह लड़की सचमुच लक्ष्मी यानी धन की देवी है, यदि वह दूसरी की हो जाएगी तो एकदम रूपाराम का सत्यानाश हो जाएगा। इसलिए वह उसकी शादी नहीं कराता। वह बुरी तरह बेटी की इज़्ज़त करता है, उसकी हर बात मानता है, हर ज़िद पूरा करता है लेकिन उस पर पुलिस की तरह निगरानी रखता है और बाहर निकलने भी नहीं देता है।

इस यंत्रणा से लक्ष्मी पहले तो सबसे लड़ती थी, चिड़चिड़ी और ज़िद्दी हो गई थी। फिर वह रात भी रोती रहती और उसकी वजह से उसे दौरे पड़ने लगते। वह सचमुच पागल-सी हो गई थी, वह उछलती-कूदती, चीज़ें उठाकर फेंक देती और जो सामने आता, तोड़-फोड़कर देती। कभी वह अपने कपड़े उतारकर फेंक देती, बिलकुल नंगी हो जाती और जाँघें व छाती पीट-पीटकर बूढ़े बाप से कहती—"ले, तूने मुझे अपने लिए रखा है न, मुझे खा, मुझे चबा, मुझे भोग।"

पैसे जमाने की ललक और उससे उद्भूत अंधविश्वास से किस तरह एक मासूम लड़की की ज़िंदगी बरबाद हो जाती है, उसका बेबाक चित्रण ही इस कहानी में नहीं हुआ है, बल्कि अर्थ को ज़्यादातर महत्त्व देने से किस प्रकार इंसान हैवान में तब्दील हो जाता है, इसका भी प्रवीण ढंग से अंकन हुआ है। नारी हमेशा पुरुष की स्वार्थता की शिकार रही है चाहे वह पत्नी, माँ या बेटी हो। रूपाराम अपनी बेटी की जैविक ज़रूरतों को भी अपनी स्वार्थता के लिए ज़बर्दस्ती से रोक देता है। स्त्री के प्रति पुरुष हमेशा एक हद तक क्रूर एवं निर्मम रहा है। इस निर्ममता की भी सहज अभिव्यक्ति कहानी में हुई है।

उषा प्रियंवदा की 'वापसी'

इसमें गजाधर बाबू रेलवे से अवकाश प्राप्त होने के बाद अपने घर वापस आता है, यह सोचकर कि बकाया ज़िंदगी बीवी-बच्चों के साथ आराम से गुज़ारेंगे। लेकिन वापसी के बाद चंद दिनों के अंदर ही उसे इस बात का गहराई से अहसास होता है कि उसकी वापसी घरवालों को रास नहीं आई है। इस कहानी को जैसे बहुतों ने सूचित किया है, अवकाशप्राप्त व्यक्ति की पीड़ा की अभिव्यक्ति कहना जायज नहीं होगा। यह वाकई सतही दृष्टि होगी। कहानी सचमुच इस हकीकत को बुलंद करती है कि पारिवारिक ही नहीं रागात्मक रिश्तों की भी धुरी अर्थ है। रिटायर होने के बाद गजाधर बाबू आर्थिक दृष्टि से फालतू है, फिर भी वह पहले की तरह परिवार में अपना अधिकार जमाना चाहता है। हर छोटे-मोटे काम में वह दखल देता है। पर पत्नी, बेटे, बेटी, बहू कोई भी यह पसंद नहीं करता। बहुत समय तक दूर रहने से एक प्रकार की संवादहीनता गजाधर बाबू और परिवारवालों के बीच बरकरार है। पहले वह कभी-कभार मेहमान

के समान आता था और चला जाता था। यानी गजाधर बाबू की अपने परिवार में मेहमान की हैसियत ही रही है, इस दायरे के उल्लंघन की कोशिश गजाधर बाबू की तरफ़ से होती है, लेकिन दूसरों को यह बात हज़म नहीं होती। इसलिए सभी गजाधर बाबू के न चाहने पर भी एक प्रकार की दूरी निभाते हैं। पुत्री को डाँटने पर वह सामने तक नहीं आती। उससे जहाँ तक हो सके बचकर चलती है। कितनी विडंबना की बात है कि अपने ही परिवार में गजाधर बाबू की अहमियत उस अस्थाई चँटाई के समान हो जाती है, जिसे किसी मेहमान के आने पर अस्थाई तौर पर बैठक में एडजस्ट करके रखा जाता है और उसके चले जाने पर निकाल दिया जाता है। घर के मामलों में दखलंदाज़ी का आखिर यही परिणाम होता है कि वह घर में अपने आपको 'मिसफिट' होने का अनुभव करता है। जिस परिवार में रिटायर होकर आने की ललक में वह उनींदा रहता था, उसी में वह अपने आपको पराया महसूसता है और विवश होकर उसे फिर एक बार नौकरी के लिए घर से वापस चले जाना पड़ता है। दरअसल गजाधर बाबू की वापसी रिटायर होकर घर की ओर नहीं है बल्कि घर से चीनी कंपनी की ओर है।

गजाधर बाबू की हाज़िरी में दूसरे किस तरह की दमघुटी ज़िंदगी जी रहे थे और उसके चले जाने पर कैसी राहत महसूस करते हैं, इसका पता बेटी शीला के कथन से ज़ाहिर होता है। पिताजी के घर से निकलते ही वह भैया से सिनेमा चलने का अनुरोध करती है। गजाधर बाबू की पत्नी भी अपने कमरे से बाबूजी की चटाई निकालकर और कहीं रखने की बात करती है। इससे यह बात बेहद वाकिफ हो जाती है कि गजाधर बाबू के परिवारवालों के दिलो-दिमाग़ में उसके प्रति कैसी भावना रही है। अर्थ के संदर्भ में इंसानी रिश्ते कितने हल्के हो जाते हैं और मतलबपरस्ती के औजार बनते हैं, इनकी भी स्पष्ट अभिव्यक्ति कहानी में हुई है।

आशीष सिन्हा की 'अनुराग'

समांतर कहानी आंदोलन के प्रवर्तक आशीष सिन्हा की कहानी 'अनुराग' में परिवारवालों की स्वार्थता की वजह किस प्रकार जवान लड़की 'पालतू जानवर' की बदतर हालत में पहुँच जाती है और शादी जैसे सहज एवं ज़रूरी जैविक रिश्ते से वंचित रह जाती है, इनके खुले चित्रण के साथ यह दिखाने की कोशिश भी की गई है कि आर्थिक मजबूरी कैसे परिवार में दरारें डालती है और उसकी वजह से पुनीत रिश्ते तक कैसे खोखले नज़र आते हैं। जैसे पहले ही सूचित किया गया है, मध्यवर्ग ही पूँजीवादी व्यवस्था की म्रियमाणता और अभावग्रस्त ज़िंदगी की दिक्कतों का गहराई से महसूस करता है। कभी-कभी उन्हें दो जून रोटी के लिए ऐसी अनैतिक ज़िंदगी भुगतनी पड़ती है कि नैतिकता संबंधी जो धारणाएँ हमारे समाज में प्रचलित हैं उनका खोखलापन एकदम बेनकाब हो जाता है।

रिंकी के पिता की अवकाश प्राप्ति के बाद, परिवार में समस्याएँ और गहराने लगती हैं। उसका भाई अन्नू यद्यपि पढ़ा-लिखा है, लेकिन आवारा क़िस्म का है। किसी के अधीन नौकरी को वह गुलामी मानता है। रिंकी बचपन में बहुत शोख और चंचल थी। भाई-बहिन के बीच गहरी दोस्ती थी। लेकिन बाद में पारिवारिक माहौल ने उसे सोख दिया। जब पिता सर्विस में था रिंकी के लिए एक रिश्ता आया था, पर पिता उनकी माँगों को पूरा नहीं कर सका, इसलिए रिश्ता टूट गया। पिता के रिटायर होने के बाद भाई-बहिनों के साथ पिता की भी देखभाल का भार रिंकी पर आ गया। वह नौकरी की तलाश में भटकने लगी और आखिर कामयाब भी हुई। फिर अनेक बार उसके लिए रिश्ते आए, महीने भर योजनाएँ चलती रहीं, फिर न जाने क्यों एकाएक बंद भी हो गईं।

धीरे-धीरे रिंकी के चरित्र में भी बदलाव नज़र आने लगा। वह अपने कार्यालय के किसी शादी-शुदा व्यक्ति से अनैतिक संबंध रखने लगी। दोनों का पीछा करते हुए भाई अन्नू इसका चश्मदीद गवाह भी निकला। उसके मन में उस आदमी पर झपड़ पड़ने और उसकी बोटी-बोटी नोचने की इच्छा हुई। लेकिन वह नाकाबिल था। वह घर आकर शोर मचाता है कि रिंकी अब तक क्यों लौटी नहीं ? पिता के लिए उसका चिल्लाना कुत्ते की तरह भौंकना है। इसलिए वह उसे खाना परोसने का आदेश देता है। अन्नू थाली ज़मीन पर पटक देता है। पिता ग़ुस्से से चिल्लाता है—"हरामज़ादे, कितना कमाकर लाते हो कि थाली ज़मीन पर पटक रहा है।" वह परेशानी से बुदबुदाता भी है कि दफ़्तर में छँटाई हो रही है, लिस्ट में रिंकी का भी नाम है। रिंकी की नौकरी न रहे तो...। सुनकर अन्नू बाप को मारने के लिए दौड़ पड़ता है कि रिंकी आ टपकती है और बहिनों की शिकायत पर भाई को थप्पड़ देती है।

दरअसल परिवार की धुरी अर्थ है। अर्थाभाव पारिवारिक संबंधों को विघटित कर देता है। पिता-बेटी, भाई-बहिन आदि संबंध खोखले बनते हैं। पिता भी जीने के वास्ते अपनी बेटी की अनैतिक ज़िंदगी के जानकार होते हुए भी चुप्पी साधने के लिए मजबूर हो जाता है। नैतिक विघटन की इस त्रासद एवं दर्दनाक दिशा की ओर ही कहानी संकेत करती है।

विभिन्न काल एव परिवेश के दौरान लिखी गई इन कहानियों के विश्लेषण से यही पता चलता है कि कहानीकारों ने तत्कालीन समाज में प्रचलित आर्थिक एवं नैतिक मूल्यों का सिर्फ हूबहू चित्रण ही नहीं किया है बल्कि आर्थिक मूल्यों की विडंबनाओं के ख़िलाफ़ अपनी आवाज़ बुलंद भी की है। उनके ज़बर्दस्ती से थोपने की कोशिश सत्ता की तरफ़ से होती है तो आम आदमी की ज़िंदगी कितनी दूभर हो जाती है; यानी समाज में मान्यता प्राप्त आर्थिक मूल्यों के निपटाने से कैसी दुविधाएँ और परेशानियाँ मामूली आदमी को झेलनी पड़ती हैं, इन सबका चित्रण इन कहानियों में हुआ है। इतनी ही नहीं, इन आर्थिक मूल्यों का कैसा बुरा प्रभाव नैतिक मूल्यों पर

पड़ता है, यानी अर्थाभाव किस हद तक समाज में प्रचलित नैतिक मूल्यों को विघटित कर देता है, इनकी ओर भी ये कहानियाँ तर्जनी उठाती हैं। सचमुच इन कहानियों की अंतर्वस्तु में अंतर्निहित या विन्यासित मूल अवधारणा मेरी समझ में यही है–स्वस्थ एवं नैतिक मानवीय ज़िंदगी के लिए अर्थ के मज़बूत अधिष्ठान की सख्त ज़रूरत है। तथाकथित शाश्वत मूल्यों की ओर इन कहानीकारों की दृष्टि पहुँची नहीं है; शायद दूरदर्शिता का अभाव हो सकता है; या समझदारी की उदात्तता भी। अस्तु!

स्वातंत्र्योत्तर कहानी और मूल्य-संघर्ष की दिशा

डॉ. सुधा बी.

स्वातंत्र्योत्तर कहानी एक परिवर्तित भावलोक की कहानी है जिसका मुख्य स्वर अतीत से मुक्त होकर वर्तमान में जीने के आग्रह का है। इस युग के युवा लेखक किसी परंपरागत नैतिकता या सामाजिक प्रतिबद्धता के कायल नहीं हैं—वे जीवन के कडुवे सत्यों को अपनी आँखों के सामने देखकर उसे महसूस करने में विश्वास करते हैं। इन लेखकों के अनुभूत सत्य यह प्रमाणित करते हैं कि आज की कहानी का यथार्थ प्रेमचंदजी की कहानी का यथार्थ नहीं है बल्कि उससे अलग एक भाव-भूमि पर स्थित है जिसमें भाव-बुद्धि का अभेदत्व है जिसमें मुख्य संघर्ष, मूल्य-ह्रास के स्वर सुनाई पड़ते हैं, आज प्रत्येक क्षेत्र में मूल्यवरण की स्वतंत्रता पर बल दिया जा रहा है। वस्तुतः ज्यों-ज्यों मानव की चिंतन-शक्ति विकसित होती जाती है वह परंपरा को नकारने लगता है और उसके स्थान पर नए मूल्यों का निर्माण करता है। आज के वैज्ञानिक युग में मनुष्य की तार्किक बुद्धि परंपरागत जीवन-मूल्यों का अंधानुकरण किए बगैर उसे तर्क की कसौटी पर कसना बेहतर समझती है। इस तार्किक दृष्टिकोण ने अनेक परंपरागत मूल्यों के सम्मुख एक प्रश्न चिह्न लगा दिया है।

मूल्य-संघर्ष या मूल्य-विघटन के ये स्वर स्वातंत्र्योत्तर साहित्य में विशेष रूप से मुखरित होते हैं। कथा-साहित्य संप्रेषण का सशक्त माध्यम होने के कारण युग-चेतना की व्यापक अभिव्यक्ति इसमें होती है।

परंपरागत जीवन-मूल्यों पर प्रश्न चिह्न लगानेवाली प्रवृत्ति आज से कुछ वर्ष पूर्व के मनोवैज्ञानिक कथाधारा से आरंभ हो चुकी थी। इस युग के लेखकों ने स्त्री-पुरुष संबंधों को नए रूप में चित्रित कर नैतिकता की जड़ें हिला दीं। दूसरी ओर मार्क्सवाद से प्रभावित लेखकों ने परंपरागत जीवन-मूल्यों का प्रसार किया। किंतु प्रगतिशील कहानीकारों का अपना एक विशिष्ट जीवन-दर्शन है जिसे स्थापित करने के लिए इन लोगों ने प्राचीन मान्यताओं का खंडन किया। लेकिन नए कहानीकार किसी विशिष्ट विचारधारा के समर्थन के लिए परंपरागत मूल्यों के प्रति आक्रोश व्यक्त नहीं करते

अपितु अपने अनुभूत सत्यों को सार्थक ढंग से अभिव्यक्त करने का प्रयास करते हैं। वस्तुतः मूल्य-परिवर्तन एक ऐतिहासिक प्रक्रिया है और एक सार्वभौम सत्य भी। युगीन परिस्थितियों के अनुरूप सामाजिक संदर्भ तथा संबंध भी परिवर्तित होते रहते हैं। परंपरागत मूल्यों के क्षीण होने के कारण संबंधों का ठंडापन हर कहीं दृष्टव्य है। "जीवन व्यवस्था में पिता और पुत्र, पति और पत्नी, संबंधी और नातेदार अब पुरानी मान्यताओं के सहारे नहीं चल पा रहे हैं। पुत्र अब परलोक के लिए नहीं इस लोक के लिए ज़रूरी हो गया है क्योंकि वृद्धावस्था की कोई सुरक्षा आज के वृद्ध के पास नहीं है।" (नई कहानी की भूमिका—कमलेश्वर) बेटे-बेटियों के होते हुए भी ये वृद्ध वृद्धाश्रमों में भटकने के लिए मजबूर होते हैं। आखिर क्यों इनकी वृद्धावस्था की सुरक्षा नहीं हो पा रही? बेटे-बेटियों के होते हुए भी क्यों ये वृद्ध सदनों में भटकने के लिए विवश होते हैं? इसका कारण नई पीढ़ी का स्वार्थ और अहंकार है। बेटियों की शादी होती है उनको दामाद लेकर चले जाते हैं और बेटों की शादी होती है तो उन्हें बहुएँ ले जाती हैं। माँ-बाप इनको जाते देखकर मौन साधते रहते हैं और अपने अकेलेपन के जीवन ढोने के लिए तैयार रहते हैं।

स्वातंत्र्योत्तर हिंदी कहानी इन्हीं परिवर्तित मूल्यों से उत्पन्न संघर्ष की कहानी है। इसलिए आज की कहानी को एक साथ ही 'मूल्य भंग और मूल्य निर्माण' की कहानी कहा गया है।

मूल्य-परिवर्तन के प्रसंग में राजनीतिक परिवर्तन का विशेष महत्त्व है। स्वतंत्रता हमारे देश की एक महत्त्वपूर्ण घटना है। सामाजिक एवं वैयक्तिक नैतिकता को भ्रष्ट करने में राजनेताओं का बड़ा हाथ रहा है। राजनीति के प्रदूषण से सामाजिक नैतिकता मटमैली होती जा रही है। झूठे वादों के आधार पर चुनाव लड़ना, मंत्री बनकर धन लूटना यही राजनेताओं की परंपरा रही है। ये दंड भोग नहीं बनते, कानून उनको फँसा भी नहीं सकता। इनके सामने हर अपराध वैद्य है और हर पाप नैतिक है। राजनीति की इस विकृत व्यवस्था को नए कहानीकारों ने बड़ी बारीकी से व्यक्त किया है। इसलिए आज की कहानी में शाश्वत मूल्यों की जगह मानवीय मूल्यों की चर्चा ही अधिक मिलती है। नई कहानी की यही सार्थकता है कि वह अपने समय के बाह्य तथा आंतरिक सामाजिक तथा मानसिक संघर्ष की अभिव्यक्ति है। आज के प्रत्येक व्यक्ति के भीतर पुरातन और नूतन के मध्य जो संघर्ष चल रहा है उसे इन कहानीकारों ने भिन्न-भिन्न रूपों में देखा है।

मूल्य-संघर्ष की आहट स्वातंत्र्योत्तर भारत के सामाजिक क्षेत्रों में सबसे अधिक मुखरित होती है। स्वातंत्र्योत्तर भारत का समाज एक नए परिवर्तित रूप में हमारे सामने आता है जहाँ एक ओर संयुक्त परिवारों का बिखराव है तो दूसरी ओर सामाजिक पारिवारिक संबंधों के परंपरागत रूप धूमिल हो रहे हैं। आज का व्यक्ति परंपरा की मान्यताओं से कटकर अधिकाधिक आत्मकेंद्रित होता जा रहा है। उसके चिंतन में,

दृष्टिकोण में व्यापक परिवर्तन दृष्टिगत होता है। आज हर इंसान अर्थ पर ज़्यादा बल दे रहा है। अर्थ ही इंसान की रीढ़ की हड्डी हो गया है। धन कमाने के तरीक़े आज इतने भयानक बन गए हैं कि उनमें नैतिकता का नामोनिशान तक नहीं है। अर्थ के पीछे मनुष्य की यह अनियंत्रित आसक्ति ही उसे तबाही की ओर ले जा रही है।

संबंधों के बिखराव, पारिवारिक विघटन आदि के मूल में अर्थ का ज़बर्दस्त हाथ है। पति-पत्नी, भाई-बहन, पिता-पुत्र आदि के संबंधों में एक प्रकार का अजनबीपन समाता जा रहा है। कहीं भी कोई आत्मीयता या अपनापन की भावना नहीं है। सब एक प्रकार की होड़ में लगे हुए हैं। देश की चारों दिशाओं में भ्रष्टाचार, स्वार्थपरता, जातिवाद का नारा बुलंद हो रहा है। राष्ट्र का समस्त परिवेश एक तरह के 'कैंसर वार्ड' में बदल गया है। इन सब व्युत्साओं से सबसे अधिक प्रभावित हुए हैं मध्य वर्ग और निम्न वर्ग के लोग जो अपनी समस्त मान्यताओं के साथ टूटता-बिखरता और उजड़ता हुए जीवन को वहन करने, उसकी समस्त क्रूरता को सहन करने और जीने पर विवश था। (सुशीला मित्तल—आधुनिक हिंदी कहानी में नारी की भूमिका)

सामाजिक और पारिवारिक संबंधों में आनेवाले इन परिवर्तनों को लेकर जो कहानियाँ लिखी गईं, उनमें एक ओर पुरानी पीढ़ी का प्रतिनिधित्व करनेवाले वे पात्र हैं जो अभी तक परंपरागत जीवन-मूल्यों से चिपटे हुए हैं। जैसे 'बिरादरी बाहर' के बाप, 'वापसी' के गजाधर बाबू, 'चीफ की दावत' की माँ आदि। दूसरी ओर वे पात्र हैं जिन्होंने न केवल परंपरागत जीवन-मूल्यों के मोह को हृदय से निकाल फेंका, अपितु साहसपूर्वक उसका विरोध भी किया। 'ऊँचाई' की शिवानी, 'यही सच है' की दीपा, 'प्रतिध्वनियों' की वसु, 'मोहबंध' की नीलू आदि जीवन के प्रति एक नए दृष्टिकोण को लेकर आती हैं।

राजेंद्र यादव की कहानी 'बिरादरी बाहर' एक ऐसे परिवार की कहानी है जहाँ पिता परंपरागत जीवन-मूल्यों के प्रति आसक्ति दिखलाता है जिस कारण वह स्वयं परिवार से कटा हुआ महसूस करता है।

उषा प्रियंवदा की 'वापसी' कहानी में भी संयुक्त परिवार के विघटन की गूँज है। 38 वर्ष एकांकी जीवन-यापन करने के पश्चात् गजाधर बाबू अवकाश प्राप्त कर अपने भरे-पूरे परिवार में लौट आते हैं, जहाँ उनके अकेलेपन का अहसास और भी गहरा हो उठता है। यहाँ गजाधर बाबू का यह अकेलापन केवल उनका अपना अकेलापन नहीं है अपितु उस सारे वर्ग का अकेलापन है जो अपने पुराने संस्कारों के कारण बदले हुए समय के साथ चलने में असमर्थ होता है। ऐसे लोग अपने ही परिवार में स्वयं को 'मिसफिट' महसूस करते हैं।

मृदुला गर्ग की कहानी 'लौटना और लौटना' के पिता विदेश में काम करनेवाले बेटे के सामने बिलकुल पराया बन जाता है। पिता के आग्रह करने पर बेटा बढ़िया घर बनवाता है और विदेश जाते समय उसे किराए पर दे देता है। पिता बेचारा बेटे

की नीयत को देखता ही रह जाता है।

दीप्ति खंडेलवाल की कहानी 'आधुनिक' का सुधीर विदेश से शिक्षा ग्रहण कर एक मेम पत्नी के साथ भारत लौटता है। सुधीर का पिता उसके स्वागत के लिए एयरपोर्ट जाता है। पिता को एयरपोर्ट पर देखकर सुधीर झुँझला उठता है। अपनी मेम पत्नी के समक्ष बूढ़े पिता को पिता कहने में वह सकुचाता है। मेम पत्नी के पूछने पर वह कहता है 'जेस्ट एन ओल्ड सर्वेंट ऑफ अवसर हाउस होजड' बेटे के मुँह से यह वाक्य सुनकर पिता की आँखें भर जाती हैं।

स्त्री-पुरुषों के जीवन में घटनेवाली मूल्यों की टकराहट को भी नए कहानीकारों ने रेखांकित किया है। मन्नू भंडारी, दीप्ति खंडेलवाल, राजेंद्र यादव, निर्मल वर्मा, मोहन राकेश, उषा प्रियंवदा आदि अनेक कहानीकारों ने इसका जीवंत चित्रण अपनी कहानियों में किया है।

स्त्री-पुरुषों के संबंधों में जो मूल्य-संघर्ष का चित्रण हुआ है उसे हम दो रूपों में देख सकते हैं—वैवाहिक संबंध के संदर्भ में और प्रेम-संबंध के संदर्भ में।

आज के आधुनिक युग में पति-पत्नी के संबंधों में व्यापक परिवर्तन दृष्टिगत होता है। आधुनिक समाज में विवाह-संबंधी परंपरागत मान्यताएँ अब क्षीण हो गई हैं। जिसके कारण दायित्व और समर्पण की भावना पति-पत्नी में चिरकाल तक वर्तमान नहीं रहती। कभी-कभी वैवाहिक जीवन में बहुत जल्द ही ऊब और एकरूपता की भावना जन्म लेने लगती है। परिणामस्वरूप पति-पत्नी और स्त्री-पुरुष से संबंध जोड़ने को मजबूर हो जाते हैं। आज के आधुनिक युग में ऐसे अवैध संबंध सब-स्वीकार्य हैं क्यों इसे लोग आधुनिकता के अंतर्गत मानते हैं? आज की इस खोखली आधुनिकता के कारण ही जीवन की सारी मान्यताएँ आधारहीन हो रही हैं। आज की आधुनिक नारी पति को देवता मानकर, उसके अन्यायों को मौन रूप में सहकर उसकी चरणों की धूली से अपनी माँग सजानेवाली नहीं है अपितु वह पति को अपना दोस्त और हमसफ़र मानती है। नारी का यह बदला हुआ दृष्टिकोण उसकी आर्थिक स्वतंत्रता का परिणाम है। आत्मनिर्भर होने के कारण उसे अपने स्वतंत्र व्यक्तित्त्व पर पुरुषों के समक्ष पंगु बनाना नहीं चाहती। नारी का यह स्वतंत्र व्यक्तित्त्व ही पति-पत्नी के बीच संघर्ष का कारण बनता है। आज का पुरुष चाहे वह कितना ही आधुनिक क्यों न हो, परंतु पत्नी के रूप में उसकी नारी-कल्पना किसी-न-किसी अंश में उस परंपरागत मूल्य से अवश्य जुड़ी हुई है।

वैवाहिक जीवन-मूल्यों के नष्ट होने का दूसरा प्रमुख कारण अर्थ है। अर्थ कभी-कभी पति-पत्नी के संबंधों के बीच दरारें डालता है तो कभी पत्नी की संवेदनाओं को रौंदकर उसकी मजबूरी का फ़ायदा उठाता है। अर्थ के प्रति अत्यधिक मोह और आकर्षण के कारण कुछ पुरुष अपनी पत्नी के अस्तित्त्व को विस्मृत कर उसे अपनी तरक्की का साधन बनाता है।

वैवाहिक जीवन में घटित होनेवाले मूल्य-शोषण का चित्र मन्नू भंडारी, उषा प्रियंवदा, मोहन राकेश आदि नए कहानीकारों की कहानियों में देखा जा सकता है। उषा प्रियंवदा की कहानी 'जाले' की नायिका कौमुदी स्वतंत्र चेता आत्मनिर्भर नारी है। उसके अनेक पुरुष मित्र हैं जिनसे उसका अच्छा संबंध है। लेकिन उनकी पत्नियों की संकुचित जीवन-परिधि, उनकी असमय वृद्धावस्था और जिद्दी बच्चों को देखकर वह मन-ही-मन सिहर उठती है। अपने पति की देखभाल कि कमीज़ में बटन है कि नहीं, कि खाना समय से बन गया है, कि कमरे साफ-सुथरे हैं इन सबसे अपना ठहरावदार यौवन, छोटा-सा घर और अपनी स्वतंत्रता ही कौमुदी को अत्यधिक प्यारी है। दीप्ति खंडेलवाल की कहानी 'वह तीसरा' में तीसरा कोई और नहीं बल्कि रंजीता और संदीप के बीच की अहं भावना है, जो दोनों के बीच दूरियाँ उत्पन्न करती है। ऐसे ही अहंग्रस्त पति-पत्नी हैं 'संधि पत्र' के सोमा और रोहित। ऐसी ही दूसरी कहानियाँ हैं मन्नू भंडारी की 'बंद दराज के साथ', उषा प्रियंवदा की 'स्वीकृति और ट्रीप', मोहन राकेश की 'पलाश' आदि।

वैवाहिक संबंधों की भाँति प्रेम-संबंधों में भी मूल्य परिवर्तन दृष्टिगत होता है। आधुनिक प्रेम के संदर्भ में एक बारगी सारे परंपरागत नैतिक मूल्य रूढ़ हो गए हैं। प्रेम की पुरानी परिभाषा जड़ हो गई है। आज प्रेम शब्द एक निरर्थक भाव को व्यक्त करता है। मशीनी युग-बोध से उत्पन्न हुई जड़ता एवं निरर्थकता के क्षयकारी प्रभाव ने प्रेम-संबंध पर ज़बर्दस्त प्रहार किया है। श्रीकांत वर्मा के शब्दों में कहा जा सकता है कि प्रेम अब भी एक जीवित शब्द है। उसे सुनते ही हमारी धड़कन में एक और धड़कन भर जाती है। अंतर केवल इतना है कि अब वह भावुकता से भरा हुआ एक पीला, बीमार और एकांगी शब्द नहीं रहा बल्कि वह एक भयानक मगर मनुष्य के सबसे क़ीमती अनुभव के रूप में स्पष्ट होता जा रहा है। (श्रीकांत वर्मा, नई कहानी दशा दिशा संभावना)

प्रेम अब एक नितांत व्यक्तिगत अनुभव है जिसे परंपरागत सामाजिक नैतिक मूल्यों के संदर्भ में देखना आवश्यक नहीं रह गया है।

प्रेम के इस बदले हुए स्वरूप को लेकर स्वातंत्र्योत्तर लेखकों ने अनेक कहानियों की रचना की है जिनमें संवेदनाओं से रिक्त प्रेमी-प्रेमिकाओं के संबंध उभरकर आने लगते हैं। कहीं-कहीं ये संबंध शारीरिक आकर्षण के बाहरी पक्ष तक ही आकर रुक जाते हैं। परिवेशजन्य स्थितियों के कारण संबंधों को मन की चहारदीवारी के बाहर खड़ा करने के लिए मजबूर नायक-नायिकाएँ भी कहीं-कहीं दिखाई पड़ते हैं। आज के मूल्य-बोध ने मानव की इस नैसर्गिक संवदेना को कितना मटमैला बना दिया है। इसका सशक्त चित्रण कई कहानियों में उपलब्ध होता है।

मन्नू भंडारी की कहानी 'आते-जाते यायावर' में एक बेवफ़ा प्रेमी की दगाबाज़ी की कथा है। कहानी का नायक नरेन एक 'फ्लर्ट' क़िस्म का व्यक्ति है। नरेन अपने

आकर्षक व्यवहार से लड़कियों के जीवन से खिलवाड़ करता है। हमारे समाज में नरेन जैसे अनेक युवक हैं जो अपने कृत्रिम दुलार और छद्म प्रेम के जाल में निस्सहाय लड़कियों को फँसाते हैं और उन्हें बाज़ार की वस्तु बना देते हैं।

प्रेम के नए और परिवर्तित स्वरूप को मन्नू भंडारी की कहानी 'यही सच है' में देखा जा सकता है। मन्नू भंडारी की यह कहानी प्रेम-कहानियों में बहुचर्चित है। कहानी एक प्रेमिका और दो प्रेमियों के बीच उलझी हुई है। नायिका दीपा के दो प्रणय बिंदु हैं संजय और निशीथ। दीपा कभी संजय के प्रेम को सच्चा प्रेम मानती है तो कभी निशीथ के प्रेम को। इस कहानी में लेखिका ने प्रेम के त्रिकोण को नए ढंग से प्रस्तुत किया है। प्रेम के बारे में आधुनिक प्रबुद्ध नारी के मन में जो कशमकश है उसका विवरणात्मक चित्रण इस कहानी में दृष्टिगत होता है। इस कहानी के संबंध में लेखिका के विचार इस प्रकार हैं–"एक लड़की का दो युवकों से समान रूप से लगाव, यह स्थिति प्रचलित परंपरा से थोड़ी हटकर है और शायद इसी वजह से यह कहानी एक 'बोल्ड अटेम्ट' के रूप में बहुचर्चित हुई थी।"

आधुनिक प्रेम की बेबसी, थकान, होमसिकनेस, आत्मरति और निष्क्रियता की भावनाओं को मोहन राकेश, अमरकांत, निर्मल वर्मा, कमलेश्वर आदि की कहानियों में देखा जा सकता है।

धर्म और नैतिकता का भी आज के युग में कोई महत्त्व नहीं रह गया हैं। विज्ञान के उदय से सबसे बड़ा परिवर्तन यही हुआ कि ईश्वर की सत्ता पर से मनुष्य का विश्वास उठ गया जो कभी उसके जीवन का केंद्र था। ईश्वरीय सत्ता का महत्त्व कम होते ही सभी धार्मिक मूल्य एक-एक करके टूटने लगे।

सामाजिक धार्मिक मूल्यों के साथ-साथ नैतिक मूल्यों में भी अंतर आया है। आज नैतिकता का रूढ़ अर्थ समाप्त हो चुका है। प्रारंभिक काल में नैतिकता का संबंध धर्म एवं आध्यात्मिकता से जुड़ा हुआ था। परंतु आज धर्म स्वयं परिवर्तित होकर नया रूप धारण करने लगा तो नैतिकता भी शनैः शनैः विशृंखलित होने लगी और नैतिकता के नए-नए आयाम विकसित होने लगे। 'वर्तमान समय में नैतिक मूल्यों की समस्या और भी विकट इसलिए हो गई है कि प्राचीन शास्त्रीय, धार्मिक अथवा ईश्वर-संभूत धार्मिकता इस युग में क्रमशः क्षीण होती जा रही है। आज नैतिकता का आधार मानव संभूत जाति में खोजा जा रहा है। जो दायित्व अब तक ईश्वर या धर्म पर था वह अब मानव ने स्वयं ओढ़ दिया है। (अज्ञेय–आत्मनेपद)

आधुनिक भारतीय परिस्थितियों में नैतिकता सामाजिक परिवेश से जुड़कर जीवन के नए मूल्यों की खोज कर रही है। ये मूल्य नैतिकता को भी परिवर्तनोन्मुख करने की शक्ति रखनेवाले हैं। इस तरह मूल्य और नैतिकता के संदर्भ एक-दायरे को प्रभावित करते हुए और एक-दूसरे से प्रभावित होते हुए भी नई मान्यताओं की खोज में निकल पड़े हैं। अतः नैतिकता आज बदलते हुए सामाजिक प्रसंगों की भूमिका में ही तय

की जा सकती है।

हमारे समाज ने स्त्री एवं पुरुष को विभिन्न नैतिक मान्यताओं से आबद्ध किया है लेकिन स्वतंत्रता-प्राप्ति के पश्चात् नारी ने जो अधिकार प्राप्त किया है उससे नैतिक जागरण का नया स्वर मुखरित होने लगा। नैतिक मामलों में भी जितनी स्वाधीनताएँ हमें प्राप्त हैं उतनी ही स्वाधीनता नारियों को भी मिलनी चाहिए। अर्थात् पहले वे नैतिक गुलामी में नरों की समानता करना चाहती थी, आज वे नैतिक स्वतंत्रता में उनकी बराबरी करना चाह रही हैं। (रामधारी सिंह—धर्म नैतिकता और विचार)

स्वातंत्र्योत्तर समाज में नैतिक मूल्यों के ह्रास से कई समस्याएँ देखी जाती हैं। विवाहेतर संबंध इसका सबसे ज्वलंत उदाहरण है। आधुनिक विख्यात लेखिका कमलादास ने अपने लेख में जीवन के निजी अनुभवों के अनुसार यह सिद्ध किया है कि हमारे समाज में 96% पुरुष और 73% महिलाएँ विवाहेतर संबंध रखते हैं। ये संबंध पति-पत्नी संबंधों की अस्तित्त्वहीनता एवं खोखलेपन को दर्शाते हैं। स्वातंत्र्योत्तर लेखकों ने आधुनिक परिवेश से उत्पन्न स्त्री-पुरुष की ऐसी विशेष मानसिकता को उनकी नैतिक विमुखता को भली-भाँति अंकित किया है।

उषा प्रियंवदा की कहानी 'कितना बड़ा झूठ' की किरण पति से ऊबकर विवाहेतर संबंध रखती है। किंतु उसे विवाहेतर संबंध से भी निराशा ही हाथ लगती है। 'प्रतिध्वनियों' की वसु भी पति के अलावा अनेक पुरुषों से दोस्ती रखती है। 'ट्रिप' कहानी की सोनी पति की हाजिरी में उसके इच्छानुसार किसी दूसरे व्यक्ति से संबंध रखती है। सोनी का पति एक प्रोफेसर है जो पत्नी के अवैध संबंधों के बारे में जानता है। वह पत्नी से दो प्रमुख बातें करता है "एक तो वह अपने अफेयर चुपचाप कन्कम्ट करेगी। दूसरे इस आयु से वह नए बच्चे की जिम्मेदारी नहीं लेंगे।" विष्णु प्रभाकर की 'ठेका' में भी परंपरागत नैतिक मूल्यों के संदर्भ में संघर्ष का चित्रण मिलता है। लेखक ने इस कहानी में यह स्पष्ट किया है कि आज के इस अर्थ आधारित समाज में पत्नी-प्रेम भी चल सकता है और अभिसार भी। और वह भी स्वयं पति की इच्छा से। आर्थिक संकट से ग्रस्त आज का पुरुष स्वयं यह चाहता है कि उसकी पत्नी का बड़े-बड़े लोगों से परिचय हो जिससे वह अपनी तरक्की कर सके। लेकिन जिस दिन उसकी पत्नी उससे पूछे बिना उसके अफेयर से मिलने जाती है। उस दिन उसका दबा हुआ पुरुषत्व हुँकार कर उठता है और तब नैतिकता के वे सभी मूल्य सामने आ जाते हैं जिनकी ओर उसने पहले कभी ध्यान नहीं दिया था। किंतु दूसरे ही क्षण उसकी पत्नी उसे ठेके की स्वीकृति ला देती है और तब उसका सारा क्रोध बह जाता है और वह आनंद से झूमने लगता है। प्रसन्नता से झूम उठना इस बात का द्योतक है कि आज के जीवन में परंपरागत नैतिक मूल्य कितने खोखले और बेईमान हो चुके हैं।

स्वातंत्र्योत्तर युग में इस प्रकार मूल्यों के विघटन को लेकर कई कहानियाँ लिखी गई हैं लेकिन नवीन मूल्यों की सृजना का संकेत बहुत कम कहानियों में ही मिलता

है। प्राचीन मूल्यों से स्वयं को हम निर्ममतापूर्वक काट नहीं लेते अपितु उन्हीं को संशोधित या परिवर्तित कर नवीन रूप देने का प्रयास करते हैं। सामाजिक प्राणी होने के नाते व्यक्ति का समाज के प्रति कुछ दायित्व हो जाता है और सामाजिक व्यवस्था बनाए रखने के लिए कुछ नियमों का पालन करना अनिवार्य हो जाता है किंतु इन सामाजिक मूल्यों में समय के साथ संशोधन या परिवर्तन नहीं होता तो धीरे-धीरे ये रूढ़ भी होते जाते हैं। इसका तात्पर्य यह नहीं है कि नए मूल्यों की स्थापना के लिए परंपरागत समूचे विधि-निषेधों का उल्लंघन कर परंपरागत जीवन-दृष्टि को समाप्त करें। स्वातंत्र्योत्तर कहानीकारों ने यद्यपि नवीन मूल्यों की स्थापना का, प्रगतिवादी कथाकारों की भाँति कोई स्पष्ट प्रयास नहीं किया है किंतु उनकी रचनाओं में इसके संकेत अवश्य निहित हैं।

स्वातंत्र्योत्तर हिंदी कहानियों में नारी के बदलते स्वरूप

डॉ. पी. श्रीलता

मानव के व्यक्तित्त्व का विकास एक ओर परिवार पर निर्भर रहता है तो दूसरी ओर सामाजिक-आर्थिक संरचना पर। परिवार समाज की मूल इकाई है। परिवार के बनाव में नर-नारी के व्यक्तित्त्व की अहम भूमिका है। परिवार की परिकल्पना के पीछे नारी का महत्त्वपूर्ण योगदान है। व्यक्ति और समाज परस्पर पूरक हैं। जिस तरह मनुष्य की कल्पना समाज के बिना और समाज की कल्पना मनुष्य के बिना नहीं की जा सकती, कला का संबंध पहले व्यक्ति से और बाद में समाज से जुड़ता है।

उन्नीसवीं शताब्दी से पहले समाज में नारी सेक्स, प्रेम और विवाह या उपभोग्य वस्तु समझी जाती थी। इसलिए साहित्य में शृंगार रस की प्रधानता रही थी। स्वतंत्रता पूर्व की हिंदी कहानी में नारी के जो स्वरूप मिलते हैं वे पारिवारिक दायरे तक सीमित थे। इसका चित्रण प्रेमचंदपूर्व युग की कहानियों में कथात्मकता, कुतूहलता, घटनात्मकता आदि के रूप में उपलब्ध है। शिवप्रसाद सिंह 'सिप्र' की 'एक टोकरी भी मिट्टी' बंग महिला की 'दुलाईवाला' आदि कहानियाँ इसकी मिसाल है।

प्रेमचंद-युग में नारी आदर्श, मूल्य, मर्यादा, त्याग, क्षमा, बलिदान, श्रद्धा, सहानुभूति आदि गुणों की प्रतिमूर्ति के रूप में चित्रित थी। इन कहानियों में सामाजिक यथार्थ का चित्रण किसी आदर्श के धरातल पर अधिक किया गया था। कहानीकार समाज के प्रति सजग रहे थे। प्रेमचंद, प्रसाद, यशपाल आदि की कहानियों में नारी-जीवन के विविध स्वरूप खुलकर सामने आए। प्रेमचंद की 'मर्यादा की वेदी', 'आभूषण', 'शंखनाद', 'दो सखियाँ', 'कफन' आदि; प्रसाद की 'पुरस्कार', 'आकाशद्वीप', 'आँधी'; आदि, यशपाल की 'शोभा का साहस', 'हलाल का टुकड़ा', 'गंडेरी' आदि कहानियों में नारी के विविध स्वरूप उकेरे गए हैं।

प्रेमचंदोत्तर युग में कहानीकारों ने नारी को सामाजिक धरातल से अलग कर मनोविश्लेषणात्मक धरातल पर प्रतिष्ठित करने की कोशिश की है। प्रेमचंदोत्तर हिंदी कहानीकारों में जैनेंद्र, अज्ञेय और जोशी का महत्त्वपूर्ण स्थान है। प्रेमचंद, प्रसाद और

यशपाल ने नारी को सामाजिक आधार प्रदान कर गरिमा दी तो जैनेंद्र, अज्ञेय और जोशी ने नारी को वैयक्तिक आधार प्रदान कर स्वतंत्र बना दिया। जैनेंद्र की 'ग्रामफोन का रिकार्ड', 'मास्टरजी', 'पत्नी' आदि; अज्ञेय की 'रोज़', 'पगोडा वृक्ष' आदि; जोशी की 'क्रय-विक्रय', 'चौथे विवाह की पत्नी' आदि कहानियों में नारी के विविध स्वरूप दर्शनीय हैं।

स्वतंत्रता-प्राप्ति के पश्चात् नारी को सामाजिक और संवैधानिक दृष्टि से पुरुष के समान अधिकार प्राप्त हुए।

स्वातंत्र्योत्तर हिंदी कहानी में परिवार एवं परिवारेतर संबंधों की दृष्टि से नारी के स्वरूप

पुरुष केंद्रित समाज में भारतीय पारिवारिक माहौल में भी लड़के-लड़कियों के बीच एक प्रकार का भेद-भाव बरकरार रहा है। पुरुष-सदस्यों के लिए परिवार की सारी सुख-सुविधाएँ जुटाने का काम कन्याओं पर छोड़ा जाता है। इसके ख़िलाफ़ आवाज़ बुलंद करने की कोशिश स्वातंत्र्योत्तर हिंदी कहानियों में दिखाई देती है। कमलेश्वर की 'तलाश', मोहन राकेश की 'वासना की छाया में', मन्नू भंडारी का 'क्षय', निरुपमा सेवती की 'ठहरी हुई खरोंच' आदि इसकी मिसाल हैं। जहाँ नारी स्वच्छंद रूप से प्रेम-संबंध नहीं रख पाई है वहाँ वह कुंठा, द्वंद्व, तनाव, भटकाव एवं शोषण की शिकार बनी हुई है। मोहन राकेश की 'सीमाएँ', कमलेश्वर की 'मेरी प्रेमिका', मन्नू भंडारी की 'घुटन', भीष्म साहनी की 'रास्ता', महीप सिंह का 'ब्लॉटिंग पेपर' आदि कहानियाँ इस कोटि में आती हैं। कहीं-कहीं इन कहानियों में वह यौन-संबंधों के प्रति स्वच्छंदता बरतती दिखाई पड़ती है। निर्मल वर्मा की 'अमालिया', श्रीकांत वर्मा का 'खेल का मैदान', 'लड़की' आदि रचनाएँ इसके उत्तमोदाहरण हैं। विवाह-पूर्व प्रेम-संबंधों के निमित्त त्याग एवं बलिदान देनेवाली नारियों की दास्तानें कई कहानियों में पेश की गई हैं। कृष्णा सोबती की 'बादलों के घेरे', शैलेश मटियानी की 'शीशे के पार उगी हरियाली' आदि कहानियाँ इसके नमूने हैं। कहीं वह प्रेम-संबंधों में अतीत और वर्तमान के द्वंद्व के बीच झूलती हुई दिखाई देती है। निर्मल वर्मा के 'परिंदे', मन्नू भंडारी का 'यही सच है', 'एक बार और', उषा प्रियंवदा की 'मछलियाँ' आदि इस कोटि की उल्लेखनीय रचनाएँ हैं। कहीं-कहीं उसने अपने पारिवारिक संबंधों एवं प्रेम-संबंधों के बीच अपनी अस्मिता की तलाश की है। महीप सिंह की 'कील', निर्मल वर्मा की 'लवर्स', सोमा वीरा की 'दो आँखोंवाले चेहरे', सिम्मी हर्षिता की 'उसका मन' आदि कहानियाँ इसके उदाहरण हैं। नारी के विवाह-पूर्व के विभिन्न रूपों, आयामों एवं संदर्भों से यह ज़ाहिर होता है कि भारतीय नारी अभी भी पारिवारिक रूढ़ियों, मान्यताओं, परंपराओं एवं उसके प्रेम-संबंधों के मध्य आनेवाली नकारात्मक बातों से मुक्त नहीं हो पाई है। कहानीकारों ने उसे स्वतंत्र इकाई के रूप में, बिना

किसी आदर्श का आधार लिए, चित्रित किया है।

स्वातंत्र्योत्तर हिंदी कहानी में नारी के पत्नी-रूप में परंपरागत एवं नवीन, दोनों आयाम सम्मिलित हैं। परिवार, नारी के लिए आज भी केंद्र बिंदु है। अतः वह पुरुष के प्रति या तो निष्ठामयी रहती है; (कमलेश्वर की 'राजा-निरबंसिया', मन्नू भंडारी की 'नशा', धर्मवीर भारती की 'गुलकी बन्नो', भीष्म साहनी की 'दोपहर का भोजन' आदि) या पति की क्रूरता एवं यातना को सहन करते हुए कभी मानसिक आक्रोश और मानसिक विद्रोह व्यक्त करती है। कमलेश्वर की 'एक अश्लील कहानी', ज्ञानरंजन की 'दांपत्य', मंजुल भगत की 'नागयज्ञ' आदि कहानियाँ इसके उदाहरण हैं। स्वतंत्रता-प्राप्ति के पश्चात् नारी के पत्नी-रूप की सबसे बड़ी उपलब्धि है—त्रिकोणात्मक संबंध से उत्पन्न द्वंद्व एवं तनाव या निर्द्वंद्व भाव की मनःस्थितियाँ। इसमें एक ओर पत्नी और प्रेमिका की भूमिका में द्वंद्व एवं तनाव है; (राजेंद्र यादव की 'एक कमज़ोर लड़की की कहानी, 'छोटे-छोटे ताजमहल', कमलेश्वर की 'जो लिखा नहीं जाता', रवींद्र कालिया की 'नौ साल छोटी पत्नी' आदि) दूसरी ओर पत्नी और प्रेमिका की भूमिका में निर्द्वंद्व भाव की स्थिति है। निर्मल वर्मा की 'अँधेरे में' और 'पिता और प्रेमी', मन्नू भंडारी की 'ऊँचाई' और 'तीसरा आदमी', महीप सिंह की 'काला बाप गोरा बाप', निरुपम सेवती की 'संक्रमण' आदि कहानियाँ उदाहरण हैं। इसके अतिरिक्त नारी ने विवाहोपरांत प्रेम-संबंधों में पति या प्रेमी में से एक का परित्याग भी किया है। महीप सिंह की 'सीधी रेखाओं का वृत्त', मृदुला गर्ग की 'अवकाश' आदि कहानियाँ इसके उदाहरण हैं। जब उसने अपने पति को किसी दूसरी स्त्री के साथ संबंध रखते हुए देखा है, तब वह ईर्ष्यालु भी हो उठी है। उसका आक्रोश कहीं नैतिक सीमाओं का भी अतिक्रमण कर गया है। इसका उदाहरण हैं, राजेंद्र यादव की 'पुरने नाले पर नया फ्लैट', दूधनाथ सिंह की 'रीछ', काशीनाथ सिंह की 'कस्बा' आदि। दूसरी ओर वह पति की शंकाओं और संदेहों का भी शिकार हुई है। रवींद्र कालिया की 'डरी हुई औरत', कृष्ण बलदेव वैद की 'अवसर' आदि उदाहरण हैं। कहीं-कहीं नारी का स्वच्छंद, स्पर्धामय एवं भोगवादी रूप मिलता है। मोहन राकेश की 'सेफ्टी पिन', निर्मल वर्मा की 'डेढ़ इंच ऊपर', दूधनाथ सिंह की 'रक्तपात' आदि में नारी के ऐसे रूप मिलते हैं। मोहन राकेश की 'एक और ज़िंदगी', कमलेश्वर की 'देवा की माँ' आदि में वह तलाकशुदा पत्नी के रूप में सामने आई है। प्रेमिका से पत्नी-रूप में परिणत होकर भी वह सामने आई है। राजेंद्र यादव की 'टूटना', ज्ञानरंजन की 'हास्यरस' ममता कालिया की 'दो ज़रूरी चेहरे' आदि उदाहरण हैं।

स्वतंत्रता-प्राप्ति के पश्चात् नारी माँ-रूप में अधिकांशतः परंपरगत रीति से चित्रित की गई है। मन्नू भंडारी की 'संख्या के पार', उषा प्रियंवदा की 'पैरम्तुलेटर' आदि कहानियों में नारी का वात्सल्य-रूप नए संदर्भों में उभरा है। कहीं-कहीं उसे बेटे-बेटियों-बहुओं के सामने विवश और उपेक्षित भी होना पड़ा है। मन्नू भंडारी की

'मजबूरी', रवींद्र कालिया की 'त्रास' आदि रचनाएँ उत्तम निदान हैं। कहीं-कहीं यौन संबंधों के प्रति स्वच्छंद होने के कारण बच्चों के प्रति ममत्व-भाव कम हो गया है। निर्मल वर्मा की 'अँधेरे में', कमलेश्वर की 'तलाश' जैसी कहानियों में उसका ऐसा रूप मिलता है।

बहन के रूप में भी नारी का चित्रण हुआ है। मोहन राकेश की 'रोज़गार', शैलेश मटियानी की 'काला कौआ' आदि कहानियाँ इस ढंग की हैं। कहीं-कहीं उसे भाई-बहन के संबंधों में अजीब मनःस्थिति का शिकार होना पड़ा है। राजेंद्र यादव की 'खुले पंख', 'टूटे डैने' आदि कहानियाँ दृष्टांत हैं। कई कहानियों में नारी के विधवा-रूप का चित्रण भी हुआ है। उनमें नारियों को सामाजिक रूढ़ियों एवं अंधविश्वासों का सामना नहीं करना पड़ा है। कमलेश्वर की 'तलाश', गिरिराज किशोर की 'रिश्ता', मंजुल भगत की 'रसप्रिया', 'विधवा का श्रृंगार' आदि कहानियों में ऐसी नारियों का चित्रण है जो पति की स्मृतियों में अपना जीवन बिताती हैं। मन्नू भंडारी की 'रानी माँ का चबूतरा', शैलेश मटियानी की 'कपिला' आदि में नारी का दबंग रूप चित्रित हुआ है।

कहानीकारों ने वेश्याओं के जीवन की विसंगतियों एवं विकृतियों को ही अधिक उभारा है। कमलेश्वर की 'माँस की दरिया', मोहन राकेश की 'रोज़गार', मन्नू भंडारी की 'तीन निगाहों की एक तस्वीर', भीष्म साहनी की 'अभी तो मैं—जवान हूँ' आदि ऐसी कहानियाँ हैं।

इन कहानियों का अध्ययन करने पर पता चलता है कि नारी सभी रूपों में भारतीय परंपरा से बहुत दूर नहीं हुई है। नारी के स्वरूप में जो परिवर्तित मनःस्थिति परिलक्षित हुई है, वह सामाजिक परिवर्तनों के कारण हुई है।

स्वातंत्र्योत्तर हिंदी कहानियों में नारी के कुछ अन्य रूप भी मिलते हैं। आर्थिक स्वावलंबन के परिणामस्वरूप नारी की सामाजिक स्थिति में परिवर्तन हुआ है। मोहन राकेश की 'सुहागिनें', मन्नू भंडारी की 'कमरे, कमरा और कमरे' आदि रचनाओं का प्रतिपाद्य यही है। आर्थिक दृष्टि से पराधीन नारी का शोषित रूप भी सामने आया है। राजेंद्र यादव की 'जहाँ लक्ष्मी कैद है', भीष्म साहनी की 'तस्वीर' आदि दृष्टांत है। अतः यह कहा जा सकता है कि आर्थिक दृष्टि से नारी के रूपों का नया आयाम उभरा है जो स्वतंत्रता-प्राप्ति के पश्चात् की सामाजिक स्थितियों की मुख्य देन है।

स्वातंत्र्योत्तर हिंदी कहानी में नारी के स्वरूप का जो तीसरा आयाम वैचारिक स्तर पर उभर आया है वह शक्ति और सत्यान्वेषी का है। उषा प्रियंवदा की 'मोहबंध', मंजुल भगत की 'खोज', अचला शर्मा की 'मुझे खेलने दो' आदि इस कोटि की कहानियाँ हैं।

कहानीकारों ने उच्च, मध्य एवं निम्न वर्गीय नारी की मानसिकता तथा उसके संस्कारों को कथ्य रूप में प्रश्रय दिया है। भीष्म साहनी की 'पिकनिक', 'राधा-अनुराधा', गिरिराज किशोर की 'गाउन' आदि कहानियाँ नारी के ऐसे रूप को अंकित करती हैं।

सामाजिक परिस्थितियों के अनुरूप ही मनुष्य का व्यक्तित्त्व रूपायित होता है। कभी इसमें आर्थिक कारण रहे हैं, कभी सामाजिक, कभी वैयक्तिक और कभी पुरुष की परंपरा—भोगवादी दृष्टि। मोहन राकेश की 'उर्मिल जीवन', महीप सिंह की 'मैडम', शिवप्रसाद सिंह की 'नन्हा' आदि कहानियों में इसकी अभिव्यक्ति हुई है।

जीवन और साहित्य के बीच की दूरी स्वतंत्रता-प्राप्ति के पश्चात् खत्म हो गई है। अब साहित्यकार जीवन से सीधे साक्षात्कार करके यथावत् रूप में अभिव्यक्ति दे देता है। आधुनिक नारी अपना जीवन यथार्थ के धरातल पर जीना पसंद करती है, सौंदर्य के मायाजाल में नहीं। भारत की सामाजिक व्यवस्था में आए परिवर्तन ने नारी के व्यक्तित्त्व को अवश्य बदल दिया है, किंतु पारिवारिक दृष्टि से आज भी नारी परिवार का केंद्र बिंदु है।

मुक्तिबोध की साहित्यिक मान्यताएँ

डॉ. के.के. वेलायुधन

मानव अंतःकरण में आलोचन-धर्म मूलभूत हैं। किंतु कवि के आलोचक का बाना ओढ़ने पर सवाल उठता है। क्योंकि कवि-धर्म और आलोचन-धर्म अलग-अलग खेमे के समझ बैठे हैं। लेकिन आधुनिक कविता में अनावृत वास्तविकताओं की सही पहचान और परख शास्त्रीय आलोचना सिद्धांतों के तहत करना उनके प्रति घोर अन्याय है जो अपने को नए भावबोध के समझते हैं। इस संदर्भ में इन नए कवियों द्वारा उद्‌भावित आलोचनात्मक अवधारणाएँ महत्त्वपूर्ण बनती हैं।

नई कविता, जो व्यक्ति-मन की विलक्षणताओं की अभिव्यक्ति के रूप में प्रकट हुई, इसके मूल्यांकन में नई मान्यताओं की आवश्यकता को उस समय आलोचकों तथा कवियों ने महसूस किया था। क्योंकि यह उनके पूर्व की कविताओं से बिलकुल अलग पहचान की थी। ऐसी विडंबनात्मक स्थिति में मुक्तिबोध ने रचना-प्रक्रिया जैसे गंभीर एवं उलझन भरे विषय पर लिखकर नई कविता के विवेचन-विश्लेषण का मार्ग प्रशस्त किया।

वास्तव में हिंदी कविता के इतिहास में 'तार सप्तक' के प्रकाशन से एक नया दौर शुरू होता है। संपादक अज्ञेय ने और संकलित कवियों ने जीवन और साहित्य जैसे मुख्य विषय पर अपना दृष्टिकोण स्पष्ट करते हुए वक्तव्य दिए और अपने सहकारी प्रयास की सफलता में गर्व का अनुभव किया। 'तार सप्तक' के कवियों में सबसे अधिक प्रशंसित एवं प्रताड़ित कवि मुक्तिबोध रहे हैं। कथ्य की विविधता तथा अभिव्यक्ति-प्रणाली की भिन्नता के कारण आलोचकों ने उन्हें 'दुरूह', 'अस्पष्ट' एवं 'न समझ में आनेवाला कवि' घोषित किया। श्रीकांत वर्मा का आरोप है कि 'मुक्तिबोध ने काव्य के संगीत के मूल्यों का संहार किया, भाषा का संहार किया, तथा शब्दों को अर्थहीन और अर्थ को शब्दहीन बना दिया।'[1] रामविलास शर्मा ने उन्हें व्यक्तिवादी क्षणों के कवि ठहराया है।[2] कुँवर नारायण के अनुसार "मुक्तिबोध का कथ्य या संदेश जितना स्पष्ट और सीधा है उनकी कविताओं की बनावट उतनी ही जटिल और उलझी हुई है; वे सहज

बोधगम्य नहीं है।"[3] इस पृष्ठभूमि में मुक्तिबोध की आलोचना संबंधी अवधारणाओं की अहमियत बढ़ जाती है। अपने ऊपर आरोपित आपत्तियों का खंडन करने तथा अपनी कविताओं के आस्वादन में पाठकों को सही दिशा-निर्देश देने में ये साहित्यिक मान्यताएँ अवश्य अहम भूमिका निभाएँगी।

मुक्तिबोध विचारवान कवि एवं प्रौढ़ चिंतक भी हैं। जीवन और जगत् तथा साहित्य-संबंधी उनकी मान्यताएँ समाज सापेक्ष्य हैं। मुक्तिबोध की राय में कविता एक सांस्कृतिक प्रक्रिया है जिसमें मानवीयता को रेखांकित करना कवि-कर्म है। अपने समय और समाज की अनावृत वास्तविकताओं का अंकन करने में, द्वंद्वात्मक चिंतन-पद्धति के मूल में विकसित मुक्तिबोध की नई उद्भावनाएँ अवश्य मापदंड के रूप में काम आएँगी। उनकी साहित्यिक मान्यताएँ, 'एक साहित्यिक की डायरी', 'नई कविता का आत्म-संघर्ष तथा अन्य निबंध', 'नए साहित्य का सौंदर्य शास्त्र' और 'कामायनी : एक पुनर्विचार' में बिखरी पड़ी हैं। आगे इनमें से प्रमुख सिद्धांतों पर विचार किया जाएगा।

रचना-प्रक्रिया

कवि-कर्म एक जटिल एवं संश्लिष्ट प्रक्रिया है जिसका उद्घाटन मुक्तिबोध के पहले किसी ने नहीं किया है। वे ही अकेले कवि हैं जिन्होंने रचना-प्रक्रिया के दौरान होनेवाले कवि-मन की अवस्था-विशेषों का विवेचन किया है और तद्वारा नई कविता की आलोचना की नींव डाली। 'एक साहित्यिक की डायरी' में संकलित लेख 'तीसरा क्षण' रचना-प्रक्रिया का भावात्मक किंतु इस्पाती दस्तावेज़ है।

कवि-स्वभाव, कवि-दृष्टि और विषय-वस्तु के अनुसार रचना-प्रक्रिया भिन्न-भिन्न बनती है और परिवर्तित भी होती है। भावना, कल्पना, विवेक और संवेदनात्मक उद्देश्य—रचना-प्रक्रिया से जुड़े हुए इन मूल तत्त्वों को सभी काव्यशास्त्री स्वीकार करते हैं किंतु इनको ठीक तरह से परिभाषित करने में सफल नहीं हुए हैं। मात्र इन मूल तत्त्वों के निर्वाह से रचना-प्रक्रिया का ढाँचा निर्मित नहीं होता। इसके लिए रचनाकार को उत्कट जीवनानुभव का होना अनिवार्य है, जो मुक्तिबोध की राय में आभ्यंतरीकरण की प्रक्रिया से रचनाकार के व्यक्तित्त्व का अंश बन जाता है—"बाह्य से प्राप्त ज्ञान और भाव लेखक के अंतर्व्यक्तित्त्व में ऐसे घुल-मिल जाते हैं कि वे उसके निजी हो जाते है।"[4]

मुक्तिबोध के अनुसार रचना एक खोज और ग्रहण का परिणाम है। प्रभाव-संगठन संवेदनशील प्राणी होने के नाते रचनाकार हमेशा करता रहता है। समाज, संस्कृति और परंपरा प्रभाव ग्रहण में उसको सहारा देती हैं। आपसी आदान-प्रदान के द्वारा सामाजिक विकास एवं अपने व्यक्तित्त्व के रूपायन में समाज की साझेदारी वह महसूस करता है। सुप्रसिद्ध मार्क्सवादी आलोचक क्रिस्टोफ़र कॉडवैल साहित्य को मूलतः एक सामाजिक वस्तु मानते हुए लिखते हैं कि "आर्थिक संपन्नता ही सामाजिक और सांस्कृतिक विकास

का कारण है और यही अंततः कला, साहित्य को भी प्रभावित करती है। यही कारण है कि सामाजिक विकास की गति, साहित्यिक विकास की गति के लगभग समानांतर होती है तथा कविता व्यक्ति के आंतरिक गुणों, उसकी सामाजिक तथा सांस्कृतिक विषमताओं को व्यक्त करती है।"[5] साहित्य एवं कलाएँ वास्तव में वैयक्तिक प्रयास की परिणति हैं। किंतु इसका आधार भावात्मक होता है। और इसका संबंध आदिम प्रवृत्तियों से है जिसे हमने सामाजिक संपर्क से हासिल किया है। यह आत्मिक चेतस अंतरंग पक्ष में काम करती है। इसलिए मुक्तिबोध ने कहा—"काव्य-रचना केवल व्यक्तिगत मनोवैज्ञानिक प्रक्रिया नहीं, वह एक सांस्कृतिक प्रक्रिया है। फिर भी वह आत्मिक प्रयास है, उसमें जो सांस्कृतिक मूल्य परिलक्षित होते हैं, वे व्यक्ति की अपनी देन नहीं, समाज की या वर्ग की देन हैं।"[6] अतः रचना में स्वाभाविक रूप से प्रगतिशील जीवन-मूल्य प्रकट होते हैं।

कला के तीन क्षण

रचना-प्रक्रिया का व्यक्तिगत मनोवैज्ञानिक प्रयास के रूप में सामाजिक-सांस्कृतिक मूल्यों के तहत मुक्तिबोध ने विस्तार से विवेचन किया है। उन्होंने रचना-प्रक्रिया के विकासमान क्षणों के तीन सोपान माने हैं। 'एक साहित्यिक की डायरी' में संकलित लेख 'तीसरा क्षण' में वे लिखते हैं—"कला का पहला क्षण है जीवन का उत्कट तीव्र अनुभव क्षण। दूसरा क्षण है उस अनुभव का अपने कसकते-दुखते हुए मूलों से पृथक हो जाना और एक फैंटेसी का रूप धारण कर लेना, मानो वह फैंटेसी अपनी आँखों के सामने खड़ी हो। तीसरा और अंतिम क्षण है उस फैंटेसी के शब्दबद्ध होने की प्रक्रिया का आरंभ और उस प्रक्रिया की परिपूर्णावस्था तक की गतिमानता। शब्दबद्ध होने की प्रक्रिया के भीतर जो प्रवाह बहता रहता है वह समस्त व्यक्तित्त्व और जीवन का प्रवाह होता है। प्रवाह में एक फैंटेसी अनवरत रूप से विकसित परिवर्तित हुई आगे बढ़ती जाती है। इस प्रकार वह फैंटेसी अपने मूल रूप को बहुत कुछ त्यागती हुई नवीन रूप धारण करती है। जिस फैंटेसी को शब्दबद्ध करने का प्रयास किया जा रहा है वह फैंटेसी अपने मूल रूप से इतनी अधिक दूर चली जाती है कि यह कहना कठिन है कि फैंटेसी का यह नया रूप अपने मूल रूप की प्रतिकृति है। फैंटेसी को शब्दबद्ध करने की प्रक्रिया के दौरान जो-जो सृजन होता है—जिसके कारण कृति क्रमशः विकसित होती जाती है—वही कला का तीसरा और अंतिम क्षण है।"[7]

रचना-प्रक्रिया एक मानसिक व्यापार है। इसमें व्यक्ति को प्रेरित और प्रोत्साहित करने में, उसके जीवन और जगत् से प्राप्त अनुभव का अनुपम स्थान है। उसके बगैर आवेग और आगे की गति संभव नहीं होती। मानसिक प्रक्रिया को आत्माभिव्यक्ति की ओर ले जाने का, पहला ज़बर्दस्त धक्का देने का काम प्रथम क्षण ही करता है। यह अनुभव अन्य मनस्तत्त्वों से जुड़कर स्वयं प्रक्षेपित कर अंतर्लीन हो जाता है। कोई

विशिष्ट या गहरा अनुभव कलाकार का आंतरिक बनने, उसके व्यक्तित्त्व का अंग बनने की प्रक्रिया में अपने मूल रूप को खो देता है। यह इसलिए होता है कि अंतस्थ अन्यान्य अनुभवों के बीच उसकी जाँच-परख, उसकी काट-छाँट, उसका संशोधन-संपादन होता है। इसके दौरान एक नाजुक क्षण में, जिसका अंदाज़ा नहीं होता, अनुभव संवेदना में बदलता है। और यह संवेदना अभिव्यक्ति पाने के लिए छटपटाती है और कलाकार को मजबूर भी करती है। यहाँ से दूसरे क्षण का आंरभ होता है। यहाँ पर संवेदनात्मक ज्ञान और ज्ञानात्मक संवेदन के रूप में मूल भावना संपादित होती है।

मुक्तिबोध निर्वैयक्तिकता या तटस्थता की स्थिति को ही कला का दूसरा क्षण मानते हैं। उनका स्पष्टीकरण है कि "जो फैंटेसी अनुभव की व्यक्तिगत पीड़ा से पृथक् होकर अर्थात् उनसे तटस्थ होकर अनुभव के भीतर की ही संवेदनाओं द्वारा उत्सर्जित और प्रक्षेपित होगी, वह एक अर्थ में वैयक्तिक होते हुए भी दूसरे अर्थ में नितांत निर्वेयक्तिक होगी।"[8] अर्थात् उस फैंटेसी में एक संवेदनात्मक उद्देश्य की उपस्थिति हो जाएगी जो अपने अनुरूप फैंटेसी को रूप-रंग दिलवाएगी।

किंतु यह न समझे कि वह फैंटेसी यथार्थ में भोगे हुए वास्तविक अनुभव की प्रतिकृति है। क्योंकि फैंटेसी अनुभव-प्रसूत होती है। उसकी प्रतिकृति नहीं। फैंटेसी में संवेदनात्मक ज्ञान और ज्ञानात्मक संवदेन समाए रहते हैं कि लेखक उन्हें अभिव्यक्त करने को तत्पर हो जाता है। मुक्तिबोध का यह कथन इसका गवाह है—"कला के दूसरे क्षण में उपस्थित फैंटेसी की इकाई में संवेदनात्मक ज्ञान और ज्ञानात्मक संवेदन इस प्रकार समाए रहते हैं कि लेखक उन्हें शब्दबद्ध करने के लिए तत्पर हो उठते हैं।"[9]

कला का तीसरा और अंतिम क्षण मुक्तिबोध के अनुसार रचना-प्रक्रिया में अत्यंत महत्त्वपूर्ण स्थान रखता है। यहाँ पर एक तनावपूर्ण स्थिति पैदा होती है। ज्योंहि लेखक फैंटेसी को शब्दबद्ध करने लगता है, उसका रंग घुलने लगता है। वह प्रवाहित होने लगती है। अनवरत रूप से विकसित परिवर्तित होने लगती है। यही नहीं शब्दबद्ध करने की प्रक्रिया के बीच फैंटेसी में ऐसे अनेक तत्त्व शामिल हो जाते हैं जो उसे निरंतर संशोधित परिशोधित करते हैं। पहले ही कहा गया कि फैंटेसी में एक संवेदनात्मक उद्देश्य निहित रहता है, जिसे विद्वान् रचना के मूल तत्त्वों में स्थान देते हैं। फैंटेसी के भीतर की दिंशा और परिणति इस मर्म तत्त्व पर आधारित है। इस मर्म के उद्घाटन के वक़्त अनेक चित्र, स्वर और भाव रचनाकार के सामने तैर आते हैं। इनमें से संवेदनात्मक उद्देश्य के निर्वाह के अनुकूल भाव-संपादन तथा सार्थक-संप्रेषण के अनुकूल शब्द-चयन रचनाकार के लिए कठिन चुनौती हो जाएँगे। इसलिए कहा गया कि यहाँ पर तनावपूर्ण स्थिति की उपस्थिति है।

कला के तीसरे क्षण में सृजन-प्रक्रिया तीव्र हो जाती है। यहीं से अनुभव-प्रसूत फैंटेसी साहित्यिक कृति का रूप धारण करने लगती है। तत्संबंधी मुक्तिबोध का कथन विचारणीय है—"कला के तीसरे क्षणा में सृजन-प्रक्रिया ज़ोरों से गतिमान होती है।

कलाकार को शब्द-साधना द्वारा नए-नए अर्थ-स्पंदन मिलने लगते हैं। पुरानी फैंटेसी अब अधिक संपन्न, समृद्ध और सार्वजनीन हो जाती है। यह सार्वजनीनता-अभिव्यक्ति प्रयत्न के दौरान शब्दों के अर्थ-स्पंदनों के द्वारा पैदा होती है। अर्थ-स्पंदनों के पीछे सार्वजनिक-सामाजिक अनुभवों की परंपरा होती है। इसलिए अर्थ-परंपराएँ न केवल मूल फैंटेसी को काट देती हैं, तराशती हैं, रंग उड़ा देती हैं, वरन् उसके साथ ही वे नया रंग चढ़ा देती हैं, नए भावों और प्रवाहों से उसे संपन्न करती हैं, उसके अर्थ क्षेत्र का विस्तार कर देती है।"[10]

अभिव्यक्ति प्रयत्न के दौरान, शब्द-अर्थ के स्तर पर रचनाकार का साक्षात्कार कई-कई भाषाई पार्टियों से हो जाता है। भाषा एक सामाजिक संपदा होती है जिसमें मनुष्य की आदिम प्रवृत्ति से आधुनिक प्रवृत्ति तक शामिल है। यानी भाषा की विकासशील प्रवृत्ति में, मनुष्य की ऐतिहासिक और सामाजिक प्रगति ही प्रकट होती है। भाषा की अर्थ-परंपराओं से संवेदनशील भाषिक इकाई को कवि अपना लेता है। अभिव्यक्ति प्रणाली के साधनों पर वह इतना चिंतित है कि जो कुछ वह अभिव्यक्ति करने जा रहा है वह वैयक्तिक होते हुए भी निर्वैयक्तिक है। उसका संपूर्ण व्यक्तित्त्व फैंटेसी की अभिव्यक्ति पर केंद्रित रहता है। यहाँ, कवि निजी भाषा का निर्माण विकास करता है।

भाषा और भाषा के बीच का यह द्वंद्व तीसरे क्षण की सबसे बड़ी उपलब्धि है। इन दोनों की पारस्परिक क्रिया-प्रक्रिया इतनी उलझी हुई है कि वे इन दोनों को बदलते रहते हैं। इनका संशोधन करते रहते हैं। वस्तुतः भाषा और भाव के बीच का यह द्वंद्व गुणात्मक होता है। भाषा एक परंपरा के रूप में फैंटेसी के मूल रंग को विस्तृत कर देती है, किंतु साथ ही उसे संशोधित भी कर देती है। फैंटेसी अपने मूल रंगों के निर्वाह के लिए भाषा पर दबाव डालती है। उसके शब्दों और मुहावरों में नई अर्थवत्ता पैदा करती है। भाषा में नई अर्थ-क्षमता भर उसे समृद्ध कर देती है।

मुक्तिबोध की रचना-प्रक्रिया के दौरान कवि-मन की अवस्था-विशेषों संबंधी मान्यताओं का विवेचन करने के उपरांत हम इन निर्णयों पर पहुँच सकते हैं—

रचनाकार के अनुभवों का संबंध वस्तु-जगत की वास्तविकताओं से है। इनसे वह प्रभाव-संगठन करता है। किंतु उसका यथातथ्य वर्णन रचना करती है। अनुभव-प्रसूत फैंटेसी में, कल्पना के सहारे वह नए भावलोक का निर्माण करता है, जिसकी जड़ें वस्तु-जगत की भीषण वास्तविकताओं पर टिकी हुई है। इसलिए वह फैंटेसीनुमा चित्रण काल्पनिक होते हुए भी जीवन-यथार्थ का वाहक है। भाषा की अर्थ-परंपराओं से अनुकूल को आत्मसात करते हुए मानसिकता का विवेचन करते हुए अपनी आलोचना-धर्मिता का परिचय दिया है। साथ ही नई कविता की आलोचना में युगानुरूप नई मान्यताओं की स्थापना करते हुए आलोचन-प्रक्रिया को समृद्ध कर दिया है।

आभ्यंतरीकरण और बाह्यीकरण

मुक्तिबोध आत्मसंघर्ष के कवि हैं। अनुभूत जीवन यथार्थ को उसकी संपूर्णता में प्रस्तुत करनेवाली उनकी रचनाओं में एक प्रकार का तनाव कायम रहता है। उनका कथन है—"मेरे बालमन की पहली भूख सौंदर्य और दूसरी विश्व मानव का सुख-दुःख—इन दोनों का संघर्ष मेरे साहित्यिक जीवन की पहली उलझन थी।"[11] यह द्वंद्व उनके व्यक्तित्त्व में बद्धमूल है। यह आत्मसंघर्ष वैयक्तिक स्तर पर आंतरिक तनाव का रूप धारण करते हुए, सामाजिक स्तर पर बाह्य तनावों को आत्मसात करते हुए आगे बढ़ता है। इसलिए जीवन और साहित्य-संबंधी मुक्तिबोध की धारणाएँ स्वस्थ एवं आस्थावान रही हैं। प्रभाव-ग्रहण से रचनाकार के व्यक्तित्त्व-विकास और रचना-रूप में समाज समृद्धि का जो कार्य हो रहा है, उसके स्पष्टीकरण में मुक्तिबोध ने आभ्यंतरीकरण और बाह्यीकरण की चर्चा की है। रचना-प्रक्रिया के दौरान यह कार्य स्वाभाविक रूप से होता है। जो हमने समाज से उधार लिया है उसे लौटाना अपना फ़र्ज़ है। मुक्तिबोध का यह कथन ध्यातव्य है—"आज ऐसे कवि-चरित्र की आवश्यकता है, जो मानवीय वास्तविकता का बौद्धिक और हार्दिक आकलन करते हुए सामान्य जनों के गुणों और उनके संघर्षों से प्रेरणा और प्रकाश ग्रहण करे, उनके संचित जीवन-विवेक को स्वयं ग्रहण करे तथा उसे और निखारकर कलात्मक रूप में उन्हीं की चीज़ को ही उन्हें लौटा दें।"[12]

रचना-प्रक्रिया के दौरान होनेवाले प्रभाव-संगठन और अभिव्यक्ति की गति मानस तथा उसकी समग्रता को स्पष्ट करने के लिए मुक्तिबोध ने आभ्यंतरीकरण और बाह्यीकरण का एक रूप है।[13] अर्थात् प्रभाव-ग्रहण और उसके पश्चात् के आत्मिक प्रयास के रूप में कृति निर्मित होती है। मुक्तिबोध के अनुसार प्रभाव-ग्रहण या संगठन आभ्यंतरीकरण तथा कृति रूप में उसे मूर्त करने की प्रक्रिया बाह्यीकरण है। रचनाकार के मन में आभ्यंतरीकण के द्वारा मनुष्य जीवन संपन्न, समृद्ध और विकसित होता है। हमारी भाव-संपदा, ज्ञान-संपदा और अनुभव समृद्धि उस अंतरंग व्यवस्था का ही अभिन्न अंग है जो हमने बाह्य जीवन जगत के आभ्यंतरीकरण से प्राप्त की है। कला-साहित्य आदि में जीवन की पुनर्रचना होती है। अर्थात् आत्म-चेतस कलाकार ने आभ्यंतरीकरण के द्वारा जिसे अपने अंतरंग पक्ष का अंश बना दिया है, उसे बाह्यीकरण के द्वारा सार्वजनीन बना देता है। इसलिए कहा जाता है, कृति वैयक्तिक होते हुए भी निर्वैयक्तिक होती है। ये मानसिक व्यापार-सृजन के क्षणों को समृद्ध करते हैं। क्रिया-प्रतिक्रिया के रूप में कार्यरत ये व्यापार, आवश्यक संशोधन-परिशोधन से गुज़रते हुए कृति को जीवन के यथातथ्य उपस्थिति से बढ़कर पुनर्रचना की हैसियत में प्रतिष्ठित करते हैं। इस प्रसंग में मुक्तिबोध द्वारा प्रस्तुत जीवन की त्रिकोणात्मक परिकल्पना, जो 'कामायनी : एक पुनर्विचार' में प्राप्त है, प्रशंसनीय है। उनके विचार में जीवन त्रिकोणात्मक होता है। इस त्रिकोण की एक भुजा हमारा बाह्य जीवन है। दूसरी भुजा अपना अंतर्जगत है। और तीसरी भुजा इनको मिलानेवाला चेतना-तत्त्व है, जो बाह्य

का आभ्यंतरीकण रूप ही है।

ज्ञानात्मक संवेदन और संवेदनात्मक ज्ञान

काव्य के मूल तत्त्वों, जो सर्वस्वीकृत हैं, का भावना, कल्पना, विवेक और संवेदनात्मक उद्देश्य मुक्तिबोध ने यत्र-तत्र विस्तार से विवेचन का विषय बनाया है। उनके अनुसार संवेदनात्मक उद्देश्य ही रचना-प्रक्रिया को दिशा-निर्देश करता है। मुक्तिबोध के काव्य-चिंतन के प्रसंग में संवेदना का ज्ञान से युक्त होना और ज्ञान का संवेदनात्मक होने की नई परिकल्पना अपने प्रौढ़ चिंतन का निदर्शन है। उनके द्वंद्वात्मक संबंधों की स्वीकृति, परस्पर पूरक के रूप में देखने की प्रवृत्ति, मार्क्सीय दर्शन के स्वस्थ आधार पर खड़े होने के कारण हुआ है। मुक्तिबोध ने इन दोनों शब्दों का, एक-दूसरे के लिए विशेषण-संज्ञा अनुक्रम में प्रयोग किया है। अलग-अलग संज्ञा रूप में नहीं। अशोक चक्रधर का कहना है कि “हृदय में ज्ञान का रिसा होने और मस्तिष्क में संवेदना के प्रवेश से ही इन दो शब्द-युग्मों का जन्म हुआ है।”[14]

मुक्तिबोध की राय में जीवन-यथार्थ ही कृति का मूलाधार है। ज्ञानात्मक संवेदन और संवेदनात्मक ज्ञान से उसे अधिकाधिक हृदयंगम करने और निकट की पहचान करने का अवसर हो जाएगा। जीवन यथार्थ के अंतर्तत्त्वों को, अंतर्संबंधों को, बाह्य संबंधों को, गति को, स्थिति को, संवेदनात्मक और बौद्धिक रूप से ग्रहण करते रहना आवश्यक है। वे लिखते हैं—“जीवन-चिंतन जीवन-यथार्थ के ज्ञान-संवेदनात्मक संवेदन-ज्ञानात्मक आकलन पर निर्भर रहना चाहिए, उसका मूल आधार उसकी मूल सामग्री है—जीवन-यथार्थ ही।”[15] ‘हृदय में रिस रहे ज्ञान का तनाव’ आत्म-संघर्ष के क्षणों में संवेदनात्मक रूप धारण कर अभिव्यक्ति के लिए छटपटाता है। इसलिए वे दूसरे क्षण के संदर्भ में बताते हैं—“कला के दूसरे क्षण में उपस्थित फैंटेसी की इकाई में संवेदनात्मक ज्ञान और ज्ञानात्मक संवेदन कुछ इस प्रकार समाए रहते हैं कि लेखक उन्हें शब्दबद्ध करने के लिए तत्पर हो उठता है।”[16] जीवन-ज्ञान-संवेदन की समन्वित उपस्थिति में महत्त्वपूर्ण रचना जन्म लेती है। संवेदनात्मक ज्ञान और रचनात्मक संवेदन, शब्द-युग्मों के प्रयोग से मुक्तिबोध ने इस अनिवार्य शर्त को रेखांकित किया है। हृदय और बुद्धि का अलग-अलग अस्तित्त्व मिट, एकमेव स्थिति जन्म लेती है। ये दोनों अंतरात्मा के पर्याय रूप में वर्तमान रहते हैं। इसलिए डॉ. लल्लन राय ने अपनी पुस्तक ‘मुक्तिबोध का साहित्य विवेक और उनकी कविता’ में ‘हृदय के बुद्धि जाग्रत नेत्र’ के रूप में इसे स्पष्ट किया है।[17]

रचना-प्रक्रिया के विशेष संदर्भ में मुक्तिबोध की इन साहित्यिक मान्यताओं का महत्त्वपूर्ण स्थान है। मुक्तिबोध की आत्मचेतस कवि-दृष्टि इन साहित्यिक मान्यताओं के द्वारा समाज केंद्रित सांस्कृतिक मूल्यों से समृद्ध होती है।

सन्दर्भ

1. चाँद का मुँह टेढ़ा है—संपादकीय, श्रीकांत वर्मा
2. मुक्तिबोध का आत्मसंघर्ष और उनकी कविता—धर्मयुग, 21 दिसंबर, 1969
3. मुक्तिबोध की कविता की बनावट—कुँवर नारायण, कविता का अनुवाद
4. नए साहित्य का सौंदर्यशास्त्र—मुक्तिबोध, पृ. 82
5. इल्यूज़न एंड रिएलिटी—क्रिस्टोफ़र कॉडवैल, पृ. 13
6. नई कविता का आत्मसंघर्ष तथा अन्य निबंध—मुक्तिबोध, पृ. 19
7. एक साहित्यिक की डायरी—मुक्तिबोध, पृ. 18
8. वही, पृ. 19
9. एक साहित्यिक की डायरी—मुक्तिबोध, पृ. 21
10. एक साहित्यिक की डायरी—मुक्तिबोधा, पृ. 27
11. तार सप्तक—अज्ञेय, पृ. 21
12. नई कविता का आत्मसंघर्ष तथा अन्य निबंध—मुक्तिबोध, पृ. 21
13. वही, पृ. 8
14. मुक्तिबोध की समीक्षाई—अशोक चक्रधर, पृ. 151
15. मुक्तिबोध रचनावली—5, पृ. 145
16. एक साहित्यिक की डायरी, पृ. 21
17. मुक्तिबोध का साहित्य विवेक और उनकी कविता—डॉ. लल्लन राय, पृ. 211

आधुनिक हिंदी साहित्य को डॉ. नगेंद्र की देन

पी. चित्रा

आधुनिक हिंदी साहित्य में यद्यपि डॉ. नगेंद्र का नाम आलोचक के रूप में प्रतिष्ठित है तो भी उनकी साहित्य-साधना का क्षेत्र कविता से लेकर निबंध, आलोचना, शोध, अनुसंधान, भाषा-विज्ञान, यात्रा-विवरण, संस्मरण तथा आत्मकथा तक व्याप्त है। वर्तमान युग के हिंदी साहित्य की श्रीवृद्धि करने में डॉ. नगेंद्र की अहम भूमिका रही है।

कविता

डॉ. नगेंद्र के साहित्यिक जीवन का आरंभ कवि के रूप में ही हुआ था। 1931-32 में उन्होंने कविता लिखना शुरू किया था। काव्य-सृजन के क्षणों का विश्लेषण करते हुए उन्होंने बताया है—"मैंने भी कविता लिखी है—मैं जब स्वयं अंतर्मुख होकर अपने से पूछता हूँ कि मैं क्यों लिखता हूँ, तो इसका उत्तर यही पाता हूँ कि अपने व्यक्तित्त्व को अभिव्यक्त करना मेरे जीवन के लिए अनिवार्य है...इसका तात्पर्य यह है कि मैं कविता या कला के पीछे आत्माभिव्यक्ति की प्रेरणा मानता हूँ।"

डॉ. नगेंद्र की प्रथम काव्य-कृति 'वनबाला' 1937 में प्रकाशित हुई। 'वनबाला' की कविताओं में छायावाद का स्पष्ट प्रभाव है।

"आओ अलि! हम गूँथे माला,
मैं वसंत, तुम प्रिय वनबाला,
प्रणय-परस से आज परस्पर भूलें जग का ज्ञान
आज नव-मधु-ऋतु आई प्राण।"[2]

उनकी दूसरी काव्य-कृति 'छंदमयी' 1949 में प्रकाशित हुई। इसकी अधिकांश कविताओं में प्रकृति और प्रेयसी की सौंदर्योपासना में मग्न कवि का किशोर मन झाँकता रहता है। उन्हीं के शब्दों में, "छंदमयी की कविताओं का विषय वैयक्तिक जीवन की राग-विरागमयी अनुभूतियों तक सीमित रहा।"[3] उनके लिए कविता 'अंतरंग क्षणों की

वाणी है।' इन कविताओं में फ्रायड का प्रभाव भी देखा जा सकता है–

> "सरले ! ये सुंदर काव्य-चित्र, ये दिव्य भाव,
> हैं मन की मधुमय भ्रांति, चेतना के भुलाव।
> यह स्वप्न मुग्ध कौमार्य तुम्हारा चिर सलज्ज
> सम्मुख सह सकता नहीं सत्य का नग्न रूप।"[4]

सन् 1949 तक आते-आते 'कवि नगेंद्र' पर आलोचक नगेंद्र का व्यक्तित्त्व पूर्णतः छा जाता है और वे पुकार उठते हैं–"प्रेयसी ! ये आलोचक कहते, मेरी कविता निस्पंद हुई।" यहीं पर कविता उनसे छूट जाती है और वे निबंध और आलोचना के क्षेत्र में कदम बढ़ाने लगते हैं।

आलोचना

डॉ. नगेंद्र स्वातंत्र्योत्तर हिंदी आलोचना के शीर्ष पुरुष हैं। सैद्धांतिक एवं व्यावहारिक आलोचना के क्षेत्र में उन्होंने अनेक मौलिक स्थापनाएँ की हैं। डॉ. सुब्बालक्ष्मी के मतानुसार–"डॉ. नगेंद्र का व्यक्तित्त्व आलोचना के क्षेत्र में एक संस्था के समान विराट है। उनके आलोचना-सिद्धांत अनेक स्रोतों से निर्मित और पुष्ट हुए हैं। प्राचीन भारतीय काव्य-शास्त्र से लेकर नवीनतम आलोचना-पद्धतियों का वृहद इतिहास उनके आलोचक के दृष्टिपथ में है।"[5]

साहित्यिक आलोचना पर विचार करते हुए डॉ. नगेंद्र ने बताया है कि आलोचना भी ललित कला का अंग है। सामान्य सहृदय कृति का आस्वादन करता है तो आलोचक आस्वादन का विश्लेषण। इस प्रकार आलोचना की आत्मा कलामय बनती है तथा उसकी रचना-प्रक्रिया वैज्ञानिक।

सैद्धांतिक आलोचना के क्षेत्र में डॉ. नगेंद्र का सबसे महत्त्वपूर्ण योगदान 'रस-सिद्धांत' है। रस-सिद्धांत भारतीय काव्य-शास्त्र की आधारशिला है। डॉ. नगेंद्र ने रस की परिभाषा, रस का स्वरूप, करुण रस का आस्वाद, रस निष्पत्ति, रस का स्थान, साधारणीकरण, भावों का विवेचन, रस भेद, मूल रस, रसों का परस्पर संबंध आदि विषयों का व्यापक एवं विस्तृत विवेचन किया है।

डॉ. नगेंद्र की मान्यता है कि रस-सिद्धांत–प्रतिपादक प्राचीनतम ग्रंथ भारत का नाट्यशास्त्र ही है, पर भरत से पूर्व रस-सिद्धांत का आविर्भाव हो चुका था, क्योंकि भरत-सूत्रों का रस-प्रतिपादन इतना साँगोपाँग और पूर्ण है कि उसके पीछे एक विस्तृत विचार-परंपरा की कल्पना अनिवार्य है। 'रस' की व्याख्या करते हुए डॉ. नगेंद्र ने लिखा है कि रस आस्वाद नहीं है, आस्वाद्य है–अर्थात् अनुभूति नहीं है, अनुभूति का विषय है। नवीन शब्दावली में, रस विषयीगत नहीं है, विषयगत है।

डॉ. नगेंद्र ने भारतीय एवं पाश्चात्य काव्य-शास्त्र का व्यापक और गहरा अध्ययन

किया है। विभिन्न काव्य-सिद्धांतों की तुलना में रस-सिद्धांत का महत्त्वांकन करते हुए उन्होंने लिखा है—"शास्त्र-रूढ़ियों से मुक्त रस-सिद्धांत अपने व्यापक एवं विकासशील रूप में काव्य का सार्वभौम सिद्धांत है जिसके आधार पर प्रत्येक देश और प्रत्येक काल के सृजनात्मक साहित्य का, सृजनात्मक साहित्य की प्रत्येक विधा का उचित मूल्यांकन किया जा सकता है। इसकी कल्पना इतनी सर्वांगीण है कि मानव-चेतना की मूलवृत्ति—राग को धुरी बनाकर यह अन्य सभी प्रमुख तत्त्वों को उचित रूप में स्वीकार कर चलता है। अतः जीवन के समस्त रूपों तथा विविध मूल्यों के साथ रस-सिद्धांत का पूर्ण सामंजस्य है, जिसमें विभिन्न वादों के अंतर्विरोध समाहित हो जाते हैं। कारण वास्तव में यह है कि रस-सिद्धांत मानववाद के दृढ़ आधार पर प्रतिष्ठित है।"[6]

मानववाद पर अधिष्ठित होने के कारण ही रस-सिद्धांत को देश-कालातीत सिद्धांत की मान्यता प्राप्त होती है। इसी पहलू पर ज़ोर देते हुए डॉ. नगेंद्र की स्थापना यह है कि—"जीवन की भूमिका में जब तक मानवता से महत्तर सत्य का आविर्भाव नहीं होता—और साहित्य की भूमिका में जब तक मानव-संवेदना से अधिक रमणीय सत्य की उद्‌भावना नहीं होती, तब तक रस-सिद्धांत से अधिक प्रामाणिक सिद्धांत की कल्पना नहीं की जा सकती।"[7]

डॉ. नगेंद्र ने भारतीय काव्य-शास्त्र का पुनराख्यान मनोवैज्ञानिक दृष्टि से किया है। रस-सिद्धांत के अतिरिक्त ध्वनि-सिद्धांत, वक्रोक्ति सिद्धांत और औचित्य-सिद्धांत का साँगोपाँग विवेचन उन्होंने प्रस्तुत किया है। डॉ. सुब्बालक्ष्मी के मतानुसार, "इस क्षेत्र में पदार्पण करके डॉ. नगेंद्र ने एक प्रमुख कार्य यह किया कि भारतीय साहित्य-शास्त्र के अभावों को देखा और अन्य स्रोतों से उदारतापूर्वक तत्त्वों को चुनकर उसको पूर्ण बनाने की चेष्टा की। यह उनका एक रचनात्मक कृतित्त्व है।"[8]

पाश्चात्य साहित्य-शास्त्र के परिदृश्य में डॉ. नगेंद्र ने अरस्तू का काव्य-शास्त्र लोंजइनस और काव्य में उदात्त तत्त्व, नई समीक्षा साहित्य का समाजशास्त्र आदि विषयों पर विचार किया है। भारतीय एवं पाश्चात्य काव्य-शास्त्र के समान तत्त्वों को उन्होंने ठीक-से पहचाना है। डॉ. अमरनाथ के शब्दों में, "डॉ. नगेंद्र रस-परिधि के विकास और विस्तार की अनंत संभावनाओं के विश्वासी हैं। वे रस के स्वरूप-विकास के साथ-साथ रसात्मक बोध की व्याख्या को भी विकसित करना चाहते हैं। 'रस-सिद्धांत' में आपने यह दुस्साध्य साधन किया भी है। एक ओर अपने संपूर्ण काव्य-समुदायों—अलंकार, रीति, ध्वनि, वक्रोक्ति और औचित्य को—रस के संदर्भ में देखा-परखा है, तो दूसरी ओर पाश्चात्य काव्य-शास्त्र के सभी प्रमुख वादों—आभिजात्यवाद, स्वच्छंदतावाद, आदर्शवाद, यथार्थवाद, अभिव्यंजनावाद, प्रभाववाद, प्रतीकवाद आदि को रस-सिद्धांत की व्याप्ति के भीतर समेट लिया है।"[9]

काव्य के अनुभूति-पक्ष के समान अभिव्यक्ति पक्ष की भी विस्तृत विवेचना उन्होंने प्रस्तत की है। "कविता की अभिव्यंजना के दो मूल तत्त्व हैं—बिंब और छंद। अमूर्त

अनुभूति को मूर्त बनाने में ही इनकी सार्थकता है। अनुभूति मन या हृदय का विषय है। उसे इंद्रियों का विषय बनाना ही अमूर्त को मूर्त करना है, क्योंकि इंद्रियों के माध्यम से ही श्रोता या पाठक का मन विषय का अनुभव करता है। अतः कवि अपनी अनुभूति को बिंबों के द्वारा मूर्तित करता हुआ पाठक के मन में सह या सम अनुभूति जगाने का प्रयत्न करता है। यह प्रयत्न ही कला-साधना है।"[10]

डॉ. नगेंद्र की व्यावहारिक आलोचना-संबंधी पहली रचना 'सुमित्रानंदन पंत' है। पंतजी की काव्य-कला के विषय में उनका मत है कि पंतजी मूलतः सौंदर्य के कवि हैं, काव्य में प्रथम स्थान कल्पना को, दूसरा चिंतन को तथा तीसरा स्थान अनुभूति को देते हैं। एक नवीन काव्य-भाषा के निर्माण में पंतजी के योगदान को महत्त्वपूर्ण मानते हुए उन्होंने लिखा है—"पंतजी की भाषा हिंदी के परिपूर्ण क्षणों की वाणी है। उसमें हिंदी की समस्त शक्तियों का विकास है।"[11]

मैथिलीशरण गुप्त तथा साकेत पर विचार करते हुए उन्होंने लिखा है—"मैथिलीशरण गुप्त आधुनिक हिंदी काव्य के निर्माता थे और इस दृष्टि से उनका ऐतिहासिक महत्त्व अक्षुण्ण रहेगा। हिंदी कविता में जिस आधुनिक देवता का आविर्भाव भारतेंदु के साहित्य में हुआ था। उसका वास्तविक परिपाक गुप्तजी के ही काव्य में हुआ।"[12]

जयशंकर प्रसाद और कामायनी पर विचार करते हुए डॉ. नगेंद्र ने प्रसाद की बहुमुखी प्रतिभा का परिचय यों दिया है—"हिंदी साहित्य के नवीन मन्वंतर के प्रवर्तक जयशंकर प्रसाद का विश्व के कवियों में गौरवपूर्ण स्थान है। काव्य-जगत में वे रवींद्रनाथ, दांते और मिल्टन के समकक्ष हैं। नाटक के क्षेत्र में रंगमंच के अभियंताओं के तरह-तरह के आरोपों के बावजूद, उनका स्थान प्रथम श्रेणी के कलाकारों में सुरक्षित है। इनकी लघुकथाएँ कहानी-कला के छोटे-छोटे ताजमहल हैं और उपन्यासों में अपने समय की सांस्कृतिक-सामाजिक समस्याओं का तलस्पर्शी दार्शनिक-मनोवैज्ञानिक विश्लेषण किया गया है जो अत्यंत दुर्लभ है। उनके ऐतिहासिक तथा काव्यशास्त्रीय निबंध अपने-अपने क्षेत्र में नए आयामों का उद्घाटन करते हैं।"[13]

डॉ. नगेंद्र की आलोचना-पद्धति पर विचार करते हुए डॉ. पशुपतिनाथ उपाध्याय इस निष्कर्ष पर पहुँचते हैं—"समन्वयवादी आलोचना में डॉ. नगेंद्र का प्रमुख योगदान यही है कि उन्होंने भारतीय रसशास्त्र को पाश्चात्य काव्यानुभूति के समन्वय द्वारा सौंदर्यशास्त्र एवं आधुनिक मनोविज्ञान की आधार-शिला पर प्रतिष्ठित किया है। यही सामंजस्य डॉ. नगेंद्र की आलोचना का प्राण-तत्त्व है तथा उनका हिंदी आलोचना को विशिष्ट योगदान है।"[14]

निबंध

निबंध-कला का पूर्ण विकसित रूप डॉ. नगेंद्र के निबंधों में प्राप्त होता है। उनके अधिकांश निबंध विचार-प्रधान आलोचनात्मक निबंधों की कोटि में आते हैं। उनकी

अंपनी राय में—"समालोचक के लिए स्फुट निबंध लिखना प्रायः उसी प्रकार अनिवार्य-सा हो जाता है जिस प्रकार प्रबंध-कवि के लिए गीत-रचना। आत्माभिव्यक्ति के लिए अधिक अवकाश होने के कारण उनमें सृजन-तत्त्व अधिक रहता है।"[15]

विचारप्रधान एवं आलोचनात्मक होते हुए भी उनके निबंधों में सृजन के तत्त्व भी पर्याप्त मात्रा में पाए जाते हैं। उनके कथनानुसार, "केवल सामग्री-संकलन के आधार पर मैं निबंध नहीं लिखता, जिस लेख में मेरा चिंतन, उद्दीप्त होकर सृजन के बिंदु पर नहीं पहुँचता, उसे मैं संकलन में नहीं रखता।"[16] डॉ. नगेंद्र ने 1937 में 'छायावाद' नाम से एक स्वतंत्र निबंध लिखा, जो उनका प्रथम आलोचनात्मक निबंध था। आत्माभिव्यक्ति, जो निबंध के लिए अनिवार्य तत्त्व माना जाता है, डॉ. नगेंद्र के निबंधों का प्राण-तत्त्व है।

डॉ. नगेंद्र की संपूर्ण निबंध-रचनाएँ 'आस्था के चरण' खंड (1) और खंड (2) में संकलित हैं। 'आस्था के चरण' शीर्षक साभिप्राय है, क्योंकि उनका विश्वास है कि "जीवन तथा साहित्य के स्थायी मूल्यों के प्रति आस्था ही मेरे संपूर्ण वाङमय का प्रेरक भाव है।"[17]

निबंध-रचना के पीछे के प्रेरणा-स्रोतों पर प्रकाश डालते हुए उन्होंने लिखा है—"मेरे निबंधों के निमित्त कारण तो अनेक रहे हैं; जैसे, साहित्यिक गोष्ठियाँ, रेडियो का आमंत्रण, विशेष अभिभाषण, पत्र-पत्रिकाओं की माँग, साहित्यिक मंच या आंदोलन का आह्वान, उत्तम प्रकाशन का अभिनंदन, उच्चतर अध्ययन-अध्यापन एवं अनुसंधान की आवश्यकताएँ आदि-आदि, परंतु प्रेरणा एक ही रही है : साहित्य के मर्म का उद्‍घाटन या शब्द-अर्थ में निहित सौंदर्य के साक्षात्कार के द्वारा 'आत्म-लब्धि'। इन सबकी प्रेरणा एक ही है, रचना-प्रक्रिया भी एक-सी है। एक ही लेख का उपयोग विभिन्न अवसरों की माँग के अनुसार काम में लाया जा सकता है।"[18]

शोध और अनुसंधान

सन् 1941 से '46 तक डॉ. नगेंद्र शोध-कार्य में प्रवृत्त रहे। इसके फलस्वरूप दो महत्त्वपूर्ण ग्रंथ सामने आए—'रीतिकाव्य की भूमिका' और 'देव और उनकी कविता'। जो आगरा विश्वविद्यालय द्वारा डी.लिट के लिए स्वीकृत होकर 1950 में प्रकाशित हुए। 'रीतिकाव्य की भूमिका' में रीतिकाव्य की ऐतिहासिक पृष्ठभूमि, रीतिकाव्य का शास्त्रीय आधार, रीतिकाव्य की मुख्य प्रवृत्तियों का अध्ययन-विश्लेषण वैज्ञानिक ढंग से किया गया है। 'देव और उनकी कविता' में देव-विषयक सामग्री और उसकी परीक्षा, देव का जीवन-चरित्र, देव के ग्रंथों की प्रामाणिकता, रचना-क्रम, प्रतिपाद्य, देव का शृंगार वर्णन, रीति-विवेचन, चित्रण-कला और अभिव्यंजना भाषा, देव पर अन्य कवियों का प्रभाव, हिंदी काव्य में देव का स्थान आदि आते हैं।

अनुसंधान के क्षेत्र में डॉ. नगेंद्र की सबसे बड़ी देन यह है कि अनुसंधान का

स्वरूप प्रविधि तथा हिंदी अनुसंधान की मुख्य समस्याओं का तात्विक विवेचन किया। उनकी मान्यता है कि "यद्यपि अनुसंधान और आलोचना पर्याय नहीं है, फिर भी आलोचना के अभाव में अनुसंधान जड़ बनकर रह जाता है। अतः आलोचना अनुसंधान नहीं है, यह नारा ग़लत है—साहित्य के क्षेत्र में वास्तव में आलोचना अनुसंधान की उच्चतर भूमिका है।"[19]

भाषा-विज्ञान

'शैली-विज्ञान' में डॉ. नगेंद्र ने काव्य-शास्त्र के आधार पर शैली-विज्ञान का स्वरूप विवेचन किया है। उनका विचार है कि शैली-विज्ञान साहित्य के भाषिक विज्ञान का रूपात्मक अध्ययन है। शैली-विज्ञान जैसे नवीन विषय के विवेचन में परंपरागत काव्यशास्त्रीय सिद्धांत का आश्रय ग्रहण करने के पीछे उनका उद्देश्य यह था कि परंपरा की सुदृढ़ भूमिका प्राप्त होने पर नवीन प्रयोगों में स्थिरता आएगी।

यात्रा-विवरण

'तंत्रालोक से यंत्रालोक तक' तथा 'अप्रवासी की यात्राएँ' में डॉ. नगेंद्र के यात्रा-विवरणात्मक लेख संग्रहीत हैं। 'तंत्रालोक से यंत्रालोक तक' में उनकी विदेश-यात्रा संबंधी चार लेख हैं। इन लेखों को वस्तुनिष्ठ यात्रा-विवरण नहीं कह सकते। इनमें कल्पना का प्रसार भी है। इसलिए लेखक स्वयं इसे 'यात्रा-संस्करण' कहना पसंद करते हैं। 'अप्रवासी की यात्राएँ' नामक संकलन में पाँच लेख हैं। इनमें लेखक ने शैक्षिक उद्देश्य को सामने रखकर जो विदेश-यात्राएँ की थीं, उनका विवरण है। लेखक के शब्दों में—"इन लेखों में स्मृति-चित्रों के साथ-साथ विचार-विवेचन का क्रम भी बराबर बना हुआ है।"

संस्मरण और रेखाचित्र

'चेतना के बिंब' डॉ. नगेंद्र के दस स्मृति-चित्रों का संकलन है। इन्हें संस्मरणात्मक रेखाचित्र की संज्ञा दी जा सकती है। उन्हीं के शब्दों में, "प्रत्येक रचना एक प्रकार से मेरी साहित्यिक श्रद्धांजलि का अभिलेख है जिसमें बुद्धि ने प्रायः भावना के अनुशासन में रहकर काम किया है।"[20]

आत्मकथा

'अर्धकथा' डॉ. नगेंद्र की आत्मकथात्मक रचना है। इसमें लेखक का आत्म-निरीक्षण और आत्म-विश्लेषण है।

संपादन

डॉ. नगेंद्र द्वारा संपादित ग्रंथों की संख्या लगभग 28 है। वार्षिकी, भाषा, नागरी प्रचारिणी पत्रिका, संस्कृति, देवनागर, आजकल आदि पत्रिकाओं का भी दीर्घकाल तक उन्होंने संपादन किया है। संपादक के रूप में उनका कार्यक्षेत्र अत्यंत व्यापक है। विभिन्न पत्र-पत्रिकाएँ, अभिनंदन ग्रंथ, अनूदित ग्रंथ, साहित्येतिहास ग्रंथ आदि का संपादन-कार्य आपने कुशलतापूर्वक किया है। "डॉ. नगेंद्र का संपादन-कार्य महान उद्देश्य से प्रेरित है। हिंदी काव्य-शास्त्र की प्रतिष्ठा, व्यापक मानदंडों की स्थापना, राष्ट्रीय एकता को ध्यान में रखते हुए एक व्यापक, उदार समीक्षा-दृष्टि तथा ऊपर से विरोधी लगनेवाली विचारधाराओं को परस्पर पूरक बनाना उनकी अनिर्धारित प्रवृत्तियाँ हैं।"[21]

युगीन जीवन-मूल्यों के अनुसार बदलती-बनती आलोचनात्मक मान्यता को भारतीयता के तहत देखने-परखने की जो परंपरा डॉ. नगेंद्र ने दिखाई है उसकी अलग पहचान है। विविधता में एकता की खोज करनेवाली साहित्य-चिंतन परंपरा का उन्होंने बड़ी ही लगन के साथ प्रवर्तन किया। प्राच्य-पाश्चात्य, प्राचीन-नवीन चिंतनधाराओं का समन्वय करते हुए उन्होंने इनकी मूलभूत एकता को रेखांकित किया है। आलोचना-विधा में ही नहीं, अन्य विधाओं में भी उन्होंने अपनी पैनी कलम चलाई है। आलोचना की विभिन्न पद्धतियों की व्याख्या एवं समन्वय तथा उसी कसौटी पर हिंदी आलोचना को भारतीयता के परिप्रेक्ष्य में प्रस्तुत करने की दृष्टि से उनकी देन महत्त्वपूर्ण है।

संदर्भ

1. डॉ. नगेंद—विचार और अनुभूति, पृ. 9-10
2. डॉ. नगेंद्र ग्रंथावली—खंड 10, पृ. 218
3. वही, पृ. 177
4. वही, नृ. 177
5. डॉ. सुब्बालक्ष्मी—डॉ. नगेंद्र की साहित्य-साधना, पृ. 79
6. डॉ. नगेंद्र ग्रंथावली—खंड 1, पृ. 341
7. वही
8. डॉ. सुब्बालक्ष्मी—डॉ. नगेंद्र की साहित्य-साधना, पृ. 130
9. डॉ. अमरनाथ—आचार्य रामचंद्र शुक्ल और परवर्ती आलोचना
10. डॉ. नगेंद्र ग्रंथावली—खंड 7, पृ. 92
11. वही—खंड 9, पृ. 56
12. वही, पृ. 17
13. वही—खंड 6, पृ. 70

14. डॉ. पशुपतिनाथ उपाध्याय–समन्वयवादी समीक्षा और डॉ. नगेंद्र, पृ. 220
15. डॉ. नगेंद्र–आस्था के चरण–भाग 1, पृ. 38
16. वही, पृ. 36
17. डॉ. नगेंद्र ग्रंथावली–खंड 7, पृ. 13
18. डॉ. नगेंद्र–आस्था के चरण भाग 1, पृ. 34
19. वही, पृ. 14
20. डॉ. नगेंद्र ग्रंथावली–खंड 10, पृ. 2
21. डॉ. सुब्बालक्ष्मी–डॉ. नगेंद्र की साहित्य-साधना, पृ. 153

स्वातंत्र्योत्तर हिंदी नाटक : उपलब्धियाँ

डॉ. शमीम अलियार

स्वातंत्र्योत्तर हिंदी नाटकों की उपलब्धियों की चर्चा के सिलसिले में यह कहना अतिशयोक्ति होगी कि स्वतंत्रता के पहले हिंदी के श्रेष्ठ नाटक नहीं लिखे गए थे, क्योंकि हिंदी नाट्य-लेखन की दिशा में रंगकर्मी भारतेंदु ने जो स्वच्छ और सपाट भूमि तैयार की थी, वह कम महत्त्वपूर्ण नहीं थी। प्रतिभा-संपन्न नाटककार प्रसाद के नाटकों ने नाट्य-विधा को काव्यात्मकता और सांस्कृतिक गरिमा देकर जो गौरव प्रदान किया वह भी कम सराहनीय नहीं था। यह सही है कि 1947 के पहले आधुनिक नाटक के प्रायः सौ बरस के दौर में भारतेंदु और प्रसाद को छोड़कर कोई ऐसा नाटककार नहीं हुआ जिसके कृतित्व को उल्लेखनीय माना जा सके। लक्ष्मीनारायण मिश्र, सेठ गोविंददास, हरिकृष्ण प्रेमी, उदयशंकर भट्ट, गोविंद वल्लभ पंत, वृंदावनलाल वर्मा, भगवतीचरण वर्मा, जानकीबल्लभ शास्त्री आदि नाटककारों ने विपुल संख्या में नाटक लिखे, पर ये नाटक-काल के प्रवाह में इसलिए डूब गए कि उनमें नाटकीयता और प्रभाव-क्षमता को समाप्त कर देनेवाले तत्त्वों—कथ्य का अनावश्यक विस्तार, रंग संकेतों का विस्तार, कार्य व्यापार की शिथिलता, गतिहीन कृत्रिम संवादों की दीर्घता, स्वगत की भरमार, चारित्रिक विकास की कमी, नाटकोपयोगी भाषा का अभाव तथा रंगशून्यता की भरमार थी। नाटककारों का यही विश्वास था कि नाटक के लेखन कार्य की समाप्ति के साथ नाट्य-यात्रा भी समाप्त होती है। स्वातंत्र्योत्तर हिंदी नाटकों की उपलब्धियों की चर्चा सही माने में तभी उचित हो सकती हैं जब उन्हें स्वतंत्रता पूर्व नाटकों की कमज़ोरियों से अलग करके देख लें।

1947 के पहले रंगमंच के क्षेत्र में जो अवरुद्धता थी उसे तोड़ते हुए रंगानुकूल नाटक लिखने का श्रेय उपेंद्रनाथ 'अश्क' को है। मध्यवर्गीय जीवन की विभिन्न समस्याओं, विशेषकर वैयक्तिक कुंठाओं एवं पारिवारिक विषमताओं को यथार्थवादी ढंग से अभिव्यक्ति देनेवाली उनकी नाट्य-रचनाएँ नाटक की नई यात्रा में पहली मंजिल की सूचक हैं। नाटक को रंगमंच से जोड़ने की जो शुरुआत अश्क ने की थी उसे

सृजनात्मक धरातल पर उपस्थित करने का श्रेय अफसर साहित्यकार स्व. जगदीशचंद्र माथुर को है। व्यक्तिगत वैषम्य और सामाजिक समस्याओं के गठबंधन की पृष्ठभूमि में रचित माथुर के नाटक कोणार्क, शारदीया और 'पहला राजा' इतिहास और पुराण का नया भाव-बोध प्रस्तुत करते हैं। अतीत से उन्होंने एक ऐसा क्षण पकड़ा जो कल भी था, आज भी है और कल भी रहेगा। सौंदर्य साधन की अपेक्षा कला के जनकल्याणकारी रूप को महत्त्व देनेवाले माथुर का दृष्टिकोण ही धर्मपद में प्रतिबिंबित है। पुरानी पीढ़ी के प्रतिनिधि कलाकार विशु के माध्यम से, सौंदर्य-सृजन के सम्मोहन में अपने आपको भूले हुए कलाकार के युग-युग के मौन पौरुष को वाणी देने का प्रयास ही माथुर ने किया है। उनका 'पहला राजा' उनके तपे हुए अनुभवों का परिणाम है। सरकारी नौकरी करते हुए मौजूदा व्यवस्था की सारी विद्रूपताओं और विसंगतियों की पहचान और परख करने का अवसर उनको मिला। उस सही समझ और जानकारी की प्रतिक्रिया है, पहला राजा। इस अन्योक्ति परक नाटक की दुनिया राजनीतिज्ञों के खोखलेपन की दुनिया है जहाँ किसी भी जनताभिमुखी नेता के हर जन कल्याणकारी प्रयास को असफल बनाने की होड़ में लगे हुए होशियार क़िस्म के लोग मौजूद हैं। इसलिए चार हज़ार वर्ष पूर्व की पौराणिक कथा होते हुए भी इसमें समसामयिकता की समस्या उभरकर आती है।

समकालीन हिंदी नाटक और रंगमंच के लिए नई राहों की तलाश में लगे हुए नाटककारों में धर्मवीर भारती, लक्ष्मीनारायण लाल, मोहन राकेश, सुरेंद्र वर्मा, शंकर शेष, भीष्म साहनी, दुष्यंत कुमार, मुद्राराक्षस, लक्ष्मीकांत वर्मा, सुशील कुमार सिंह, हमीदुल्ला, दयाप्रकाश सिन्हा, मणि मधुकर, भीष्म साहनी आदि नाटककारों के नाम उल्लेखनीय हैं। इनके नाटकों में जीवन से साक्षात् कराने का विराट् अनुभव है। जीवन के यथार्थ को गहरे धरातल पर प्रस्तुत करनेवाली इन रचनाओं में कथ्य की विभिन्न भंगिमाएँ अपनाई गई हैं। 1954 में प्रकाशित धर्मवीर भारती का 'अँधा युग' महाभारतोत्तर पृष्ठभूमि पर सामयिक जीवन की विभीषिकाओं को मूर्त करता है। 'कुरुक्षेत्र' युद्ध में जीते और हारे हुए, दोनों पक्षों के पात्रों की मनःस्थितियों की जाँच-पड़ताल करके भारती ने इस तथ्य पर प्रकाश डाला है कि युद्ध के बाद उपजनेवाली ह्रासोन्मुख संस्कृति, मूल्यहीनता, बर्बरता, अमानवीयता और सामूहिक स्तर के टूटन को जन्म देती है। दुष्यंत कुमार का 'एक कंठ विषपायी' भी युद्धजन्य अंधी संस्कृति तथा उससे उत्पन्न अनास्थावादी स्वरों को मुखरित करता है। नाटक पढ़ने के बाद हमारे मन में सहज ही यह प्रश्न उठता है कि सहस्रों वर्ष पूर्व के युग में सत्ताधारी व्यक्तियों द्वारा जो शासन चलाया जा रहा था, क्या आज की विश्व-स्थिति उसी प्रकार की नहीं ? लक्ष्मीनारायण लाल ने 'सूर्यमुख' में महाभारतकालीन पात्रों एवं प्रसंगों के माध्यम से उत्तराधिकार के लिए लड़नेवाले यदुवंशियों के पारस्परिक विरोध एवं विद्रोह तथा द्वारिका के सर्वनाश की पृष्ठभूमि में स्वतंत्र भारत की शासन-व्यवस्था की स्वार्थ-लिप्सा तथा

मूल्यहीनता पर प्रकाश डाला है। 'कलकी' में मध्य युग के तंत्रकाल के परिवेश में किसी भी युग में जन्म लेनेवाले स्वेच्छाचारी दंभी शासक और शासकों के शोषणों के सामने अपने आपको सौंपनेवाली प्रश्नहीन, प्रतिक्रियाहीन जनता की त्रासदी को रेखांकित किया गया है। 'सत्य हरिशचंद्र' में लाल ने जाति-पाँति के नाम पर रक्त की शुद्धता की दुहाई देनेवाले सवर्णों तथा सत्ताधारी, निहित स्वार्थी शक्तियों द्वारा होनेवाले शोषण की दर्दनाक दास्तान प्रस्तुत की है। अन्य नाटक 'यज्ञ प्रश्न', 'नरसिंह कथा', 'चतुरभुज राक्षस' आदि में भी समकालीन राजनीतिक जीवन की निरंकुश प्रवृत्तियों को आज के परिप्रेक्ष्य में प्रस्तुत किया है। भीष्म साहनी का नाटक 'माधवी' अपने पौराणिक परिवेश में अंतहीन नारी-शोषण का सही दस्तावेज़ है। सुरेंद्र वर्मा का नाटक 'आठवाँ सर्ग' अपने ऐतिहासिक परिवेश में, लेखक की बुनियादी आज़ादी का प्रश्न उठाता है। धार्मिक रूढ़िग्रस्तता और राजनैतिक दबावों से ग्रस्त कालिदास के माध्यम से वर्माजी का मकसद यह दिखाना है कि यदि शासन की इच्छा के मुताबिक रचना करने के लिए लेखक तैयार नहीं हो उसे अपनी ज़िंदगी में खतरा मोल लेना पड़ता है। भीष्म साहनी का नाटक 'हानुश' भी कलाकार पर सत्ता के अंकुश की तस्वीर खींचता है। जाहिर है, समकालीनता के अतीतोन्मुखी नाटकों में इतिहास और पुराण के प्रति नाटककारों का एक खास दृष्टिकोण है जो पूर्ववर्ती परंपरा की लीक से हटकर उभर आया है। अतीत की घटनाओं की बारीकियों में बिना उलझे, इतिहास और पुराण को एक अविभाजित कालखंड के रूप में स्वीकार करते हुए वे मानवीय सत्य की खोज में जुटे रहे। यों स्वातंत्र्योत्तर हिंदी नाटकों की कथ्य-चेतना का एक धरातल इतिहास पुराण से जुड़ा हुआ है तो दूसरा, मानव-मूल्यों का सर्वाधिक हनन करनेवाले भारतीय राजनीतिक परिवेश से। स्वातंत्र्योत्तर भारतीय जनतंत्रयी प्रशासन-प्रणाली की कमज़ोरियाँ किसी से भी छिपी नहीं हैं। शक्तिशाली सत्ता की ताकतें आम आदमी को उल्लू बनाती हैं। कुर्सी हथियाने के लिए गिद्ध, चील और उकाब की तरह आपस में नोचनेवाले रक्तबीज असुर जैसे सत्तालोलुप राजनीतिज्ञों के मुखौटेधर्मी व्यक्तित्त्व को पूरी सच्चाई के साथ नए नाटककारों ने बेनकाब किया है। सर्वेश्वरदयाल सक्सेना के 'बकरी', 'लड़ाई', 'गरीबी हटाओ'; लक्ष्मीकांत वर्मा के 'रोशनी एक नदी', 'आदमी का जहर'; ज्ञानदेव अग्निहोत्री का 'शुतुरमुर्ग'; सुशील कुमार सिंह का 'सिंहासन खाली है'; मणि मधुकर का 'रस गंधर्व', 'बुलबुल सराय', विपिन कुमार अग्रवाल का 'तीन अपाहिज', लाल का 'अबदुल्ला दीवाना', मुद्राराक्षस के 'आला अफसर', 'मरजीवा' आदि उपर्युक्त सत्यचेतना की बेहतर तस्वीर खींचते हैं। इन नाटकों में आम आदमी की पीड़ा मुखरित है। साथ ही कुछ नाटककारों ने इस जलते सत्य की ओर तर्जनी उठाई है कि शोषण की चक्की में निरंतर पीसी जानेवाली आम जनता की दर्दनाक हालत के लिए एक हद तक खुद वे ही दोषी हैं, क्योंकि वे यथार्थ से दूर भटककर, परिवर्तन से भयभीत होकर प्रतिक्रियाहीन हो शासकों की हर आज्ञा का पालनकर्ता बनकर अपने आपको शोषकों के हाथ सौंप देती

है। इन नाटकों में जनजागरण का स्वर भी गूँजता है। ये प्रगतिशील जनवादी नाटक स्वातंत्र्योत्तर हिंदी नाटक-साहित्य की एक उपलब्धि हैं।

नाट्य-लेखन की कथ्य-चेतना को मानवीय रिश्तों की निर्जीवता, अर्थहीनता एवं क्रूरता ने एक नया मोड़ दिया। नगरीय और महानगरीय ज़िंदगी में मनुष्य अपने अस्तित्व की पहचान खोकर मशीनों की भीड़ में स्वयं भी मशीन बनकर रह गया है। विगत चार दशकों में वैयक्तिक, बौद्धिक एवं नैतिक मूल्यों के विघटन के कारण समाज की हर संस्था मूल्यहीन ज़िंदगी का बोझ ढो रही है। पारिवारिक रिश्तों में दरारें पड़ी हैं। दंपतियों में आपसी समझौते और अंतरंग पहचान का नितांत अभाव है। नैतिक मूल्यों के धाराशायी हो जाने के कारण प्रेम और यौन-संबंधी सनातन आस्थाएँ गायब होती जा रही हैं। उपर्युक्त सामाजिक परिवर्तनों में स्वातंत्र्योत्तर नाटकों की कथ्य-चेतना पर काफी प्रभाव डाला है। वैवाहिक विडंबनाओं को पूरे तीखेपन के साथ बद्ध करनेवाले नाटकों में आधे-अधूरे का स्थान सबसे महत्त्वपूर्ण है। एक छत के नीचे विवश ज़िंदगी ढोने के लिए मजबूर पति-पत्नी की दास्तान राकेश ने प्रस्तुत की है। पूर्ण पुरुष की खोज में एक-एक करके चार पुरुषों के पीछे भटककर अपनी ज़िंदगी को और घर के अन्य सदस्यों की ज़िंदगी को तबाह करनेवाली सावित्री वासना-चक्र में पिसती नारी की प्रतिनिधि है। गोविंद चातक के 'अपने-अपने खूँटे' के अविनाश और वर्षा भी पूर्णता की तलाश में भटककर अपूर्णता की नियति को झेलने के लिए अभिशप्त पात्र हैं। नारीत्व की सार्थकता को मातृत्व की अपेक्षा काम-सुख में खोजनेवाली नारी-मानसिकता की छानबीन सुरेंद्र वर्मा ने 'सूरज की अंतिम किरण से पहली किरण तक' में की है। आत्मसंतोष की अंधी दौड़ में एक से अधिक पुरुषों के पीछे भटकनेवाली नारियों की कमी हिंदी नाटकों में नहीं है। रमेश बक्शी के देवयानी बार-बार बिस्तर बदलने में ज़िंदगी की सार्थकता समझती है। वह भी मातृत्व को कोसती है, माँ बनना उसके लिए सुखद नहीं, भयावह है। कई प्रेमियों के साथ यौन-संबंध रखनेवाली देवयानी उन्मुक्त कामवासना का समर्थन करती है और उसका कहना है कि शादी केवल पास है जिसको केवल हाथ में रखने से खुलेआम घूमने का सर्टीफिकेट मिल सकता है। सेक्सुअल अर्ज से पीड़ित युवतियों का परिचय सुशील कुमार सिंह के 'चार चारों के चार', मुद्रा राक्षस के 'गुफाएँ', 'संतोला', 'तेंदुवा', लाल के 'कर्फ्यू' आदि नाटकों में मिलता है। उन्मुक्त कामवासना के चित्रण के मूल में कुछ नाटककारों का मकसद पाठकों और दर्शकों को चौंकाना है, तत्कालिक लाभ उठाना है, अतः इस दिशा में उनका प्रयास सराहनीय नहीं माना जा सकता। लेकिन जहाँ नाटककारों ने नैतिकता के घातक मूल्यों का विरोध किया है, वहाँ उनका प्रयास कम सराहनीय नहीं।

स्वतंत्रता के बाद भारत में नारी-जागरण की ज्वाला भड़क उठी है। शिक्षा और आर्थिक स्वतंत्रता ने स्त्री को जाग्रत और आत्म-निर्भर बना दिया है। अब वह प्रत्येक क्षेत्र में पुरुष से स्पर्धा करती है और अपनी अस्मिता को बनाए रखने के लिए संघर्ष

झेलती है। लेकिन स्वातंत्र्योत्तर हिंदी नाटकों में नारी-जागरण की धुँधली रेखा ही अंकित है। मुझे ऐसा लगता है, शायद नाटक के क्षेत्र में लेखिकाओं का विरल योगदान, इसका एक कारण होगा या लेखकों ने महसूस किया होगा कि आधुनिक युग में नारी आंदोलन के शोरगुल के बावजूद भी, नारी को सभी क्षेत्रों में कानूनी स्वतंत्रता मिलने पर भी, परंपरा की नारी के प्रति जो मानसिकता समाज में थी, उसमें बहुत अधिक परिवर्तन नहीं हुआ है और नारी वहाँ खड़ी है जिस बिंदु पर वह पहले खड़ी थी। स्त्री-पुरुष संबंधों के अंतरंग विश्लेषण करने के साथ-साथ कई नाटककारों की मर्मभेदी दृष्टि सामाजिक व्यवस्था में नारी के साथ हो रहे शोषण की परतों के अनावरण में सफल रही है। 'अँधा कुआँ' नाटक में पति के पाशविक व्यवहार की शिकार बनकर नारकीय जीवन बितानेवाली सूका, 'मादा कैक्टस' में पति के कला-सृजन के लिए मूर्त प्रेरणा और सहयोगिन न बन पाने के कारण पति द्वारा उपेक्षित सुजाता, 'रातरानी' में पति की अर्थलिप्सा की वेदी पर अपनी सारी कोमल भावनाओं को न्यौछावर करने के लिए विवश कुंतल, 'तिलचट्टा' में पति की संशयग्रस्त मनःस्थिति की शिकार बनी केशी—सबके सब नारी-शोषण की कथा रटती हैं। मौजूदा व्यवस्था की कामुकता और अनैतिकता के चंगुल में फँसकर अपनी मान-मर्यादा और अपने आत्म-सम्मान तक खो बैठनेवाली नारियों की अंदरूनी तकलीफ़ को भी नाटककारों ने उजागर किया है। ज़ाहिर है कि स्वातंत्र्योत्तर हिंदी नाटकों की कथ्य-चेतना जीवन के विराट् अनुभव-क्षेत्रों को छूकर आगे बढ़ रही है। अपने संप्रेक्ष्य की सूक्ष्म अभिव्यक्ति के लिए नाटककारों ने विभिन्न नाट्य-शैलियाँ, यथार्थवादी प्रतीकात्मक लोक नाट्य-शैली, विसंगत शैली अपनाई।

वर्तमान युग की विसंगति दिखाने के लिए नाटक के बने-बनाए शिल्प को त्यागकर पश्चिमी नाटक साहित्य के एब्सर्ड शिल्प को अपनानेवाले नाटककारों में विपिन कुमार अग्रवाल, लक्ष्मीकांत वर्मा, मुद्राराक्षस, सत्यव्रत सिन्हा आदि के नाम उल्लेखनीय हैं। विपिन कुमार अग्रवाल के 'तीन अपाहिज', 'लोटन' आदि नाटकों में स्वाधीनतोपरांत भारत के राजनैतिक और साहित्यिक क्षेत्र की विसंगतियाँ, वैज्ञानिक युग के अभिशाप आदि पूरे तीखेपन के साथ उभरकर आए हैं। अग्रवाल ने कथ्य और चरित्र की अपेक्षा संवाद पर ही अधिक बल दिया है। लक्ष्मीकांत वर्मा ने प्रतीक, बिंब, नाटकीय विडंबना आदि अपनाकर कथावस्तु की बिखरी हुई कड़ियों के माध्यम से युगीन जीवन की कुछ आंतरिक असलियत की कैफियत देने का प्रयास किया है। मुद्राराक्षस ने अपने नाटकों के सीमित कथ्य-फलक पर विगत त्रासद परिस्थितियों में दम घुटनेवाले समकालीन मनुष्य की छटपटाहट को व्यक्त किया है। 'रोशनी एक नदी' में पारंपरिक ढाँचे को तोड़ते हुए उन्होंने यह रेखांकित किया है कि आज किसी का भी विशिष्ट व्यक्तित्त्व नहीं रह गया है, आदमी, आदमी के रूप में कोई अर्थ नहीं रखता, बल्कि जुलूस और भीड़ के रूप में अर्थ रखता है। एब्सर्ड शैली पर लिखे गए नाटकों का यह दोष भी है। उसमें कभी-कभी प्रतीकों की दुरूहता होती है। अतः चरित्र संवाद आदि आरोपित लगने

लगते हैं।

पाश्चात्य शिल्प के प्रयोग के साथ-ही-साथ, कुछ नाटककार परंपरा के पुनरान्वेषण में लगे हुए हैं। उनकी रचनाओं में अपनी मिट्टी की महक है। दर्शक और अभिनेता के बीच की दूरी को मिटाने का प्रयास, मंगलगान एवं भरत-वाक्य का युगीन रूप, सूत्रधार, नटनटी, रंगरंगा की भूमिका, लोकगीतों का प्रयोग आदि प्राचीन परंपरा के पुनरान्वेषण की ओर संकेत करते हैं। निस्संदेह छठे दशक के बाद हिंदी नाटकों में लोकनाट्य शैली को विशेष प्रतिष्ठा प्राप्त हुई हैं। सर्वेश्वरदयाल सक्सेना के 'बकरी', 'गरीबी हटाओ', मुद्राराक्षस का 'आला अफसर', मणि मधुकर का 'रस गंधर्व', लक्ष्मीनारायण लाल का 'सत्य हरिश्चंद्र', 'सूखा सरोवर', शंकर शेष का 'अरे मायावी सरोवर' आदि प्राचीन नाट्य परंपरा और रंग-संस्कारों में निर्मित नाटक हैं।

स्वातंत्र्योत्तर हिंदी नाटकों में चरित्र-सृष्टि के धरातल पर भी कई नए प्रयोग हुए हैं जो अवश्य नाटक की अपनी उपलब्धि हैं। चरित्र-संबंधी पुरानी अवधारणा के मूल में धीरोदात्त, धीरोदत्त, धीरललित जैसा जो वर्गीकरण था, वह पूर्ण रूप से गायब हो चुका है। साथ ही उत्तम, मध्यम, अधमवाली परिकल्पना भी। पात्रों के अंतस्तल में घुसकर संघर्षों का मनोवैज्ञानिक विश्लेषण करना, चरित्र परिकल्पना में अवश्य एक नई दिशा है। युग की मानसिकता के तनाव से पीड़ित पात्रों की सृष्टि स्वातंत्र्योत्तर हिंदी नाटककारों ने किया है। जीवन-मूल्यों की महत्ता को ऊँचे उठानेवाले पात्र, निःसंदेह एक उपलब्धि है। यह भी एक सराहनीय प्रयास है कि कई पात्रों की वाणी में दलित-पीड़ित-शोषित तबके के लोगों की व्यथा मुखरित है। कोणार्क के 'धर्मपद', 'पहला राजा का कवष', 'अँधायुग के प्रहरी', 'एक कंठ विषपाई का सर्वहत', 'मरजीवा का आदर्श', 'कलंकी का हेरूप', 'सत्य हरिश्चंद्र का लौका', 'बकरी का युवक', 'लड़ाई का सत्यव्रत', 'रोशनी एक नदी की लड़की' एवं 'कुमकुम'—ये सब आम आदमी के प्रतिनिधि हैं जिनके शब्दों में जनवादी चेतना मुखरित है। अतः जनसामान्य की पीड़ामय ज़िंदगी को मुखरित करने के लिए नाटकों में लघु मानव को स्थान देना, चरित्र-सृष्टि के धरातल पर अवश्य एक उपलब्धि है।

स्वातंत्र्योत्तर नाटककारों ने नाट्य-भाषा को साहित्य या पुस्तकों की सड़ी-गली भाषा से उबारकर एक सही भाषा दी जो नाटककारों का महत्त्वपूर्ण योगदान है। सामाजिक परिवेश के बदल जाने से व्यक्ति की विचारधाराएँ, उसका दृष्टिकोण सब बदलते हैं, साथ ही उनकी भाषा भी। अतः नए नाटककारों ने महसूस किया कि अपने युग की मनःस्थिति को अभिव्यक्ति देने की क्षमता पूर्ववर्ती काव्यमय, अलंकरण प्रदान एवं चमत्कारयुक्त भाषा में नहीं। मोहन राकेशा ने इस तथ्य पर प्रकाश डाला है कि पूर्ववर्ती युग की भाषा, भाषा नहीं, शब्द-योजना की शैली मात्र थी और उस ऐंद्रजालिक भाषा में जीवन की जटिल और साहसिक अभिव्यक्ति संभव नहीं। भाषा को प्रयोग के स्तर पर एक सृजनात्मक उपलब्धि के रूप में स्वीकार करने की शुरुआत मोहन

राकेश के नाटकों से होती है। शब्द-चयन पर वे बड़े जागरूक थे। उनका एक-एक शब्द दर्शकों और पाठकों को सोचने-विचारने पर विवश करता है। पात्रों की आंतरिक सच्चाई का अनावरण करता है। पात्रों की आंतरिक सच्चाई का अनावरण करने में सक्षम भाषा की तलाश में राकेश सफल निकले। उनकी भाषा संवादों की मांगों को पूरा करती है। रंगमंच के सारे व्याकरणों से भली-भाँति परिचित राकेश ने बोलचाल की भाषा का सृजनात्मक प्रयोग किया। अर्थ के विभिन्न आयामों को उजागर करनेवाली उनकी भाषा में प्रतीकों और बिंबों की प्रधानता है। उनकी नाट्य-भाषा के भिन्न धरातल हैं। जैसे—भावना से भीगी, तनाव से युक्त और जीवंत बोलचाल की भाषा तथा बेतुकी टूटती-फूटती भाषा। ज़ाहिर है कि राकेश ने शब्दातीत अर्थ, मौन की महत्ता, हरकत की भाषा, संवादों के मध्य आनेवाले विराम आदि का नाटकीय भाषा का समावेश किया है।

राकेश के बाद भाषा की बहुमुखी तलाश में लगे हुए नाटककारों में लाल, सुरेंद्र वर्मा, मुद्राराक्षस, लक्ष्मीकांत वर्मा, शंकर शेष आदि के नाम उल्लेखनीय हैं। यह सही है कि मंच की भाषा से साक्षात्कार करने में तथा शब्दों के अर्थ और ध्वनि-बिंब के सार्थक समन्वय में राकेश जैसी सफलता वे न पा सके। फिर भी उनके नाटकों की भाषा में भाव की तीव्रता के साथ बोलचाल की जो सहजता है, वह कम महत्त्व की नहीं।

स्वातंत्र्योत्तर हिंदी नाटकों की सबसे बड़ी उपलब्धि रंगमंच सापेक्षता है। यह हर्ष की बात है कि स्वातंत्र्योत्तर हिंदी नाटक-लेखन के साथ, अभिनय निर्देशन, मंच-परिकल्पना एवं प्रकाश-व्यवस्था—सभी क्षेत्रों में प्रयोगशील वृत्ति अपनाकर आगे बढ़ रहा है। 1947 में संगीत नाटक अकादमी तथा 1949 में राष्ट्रीय नाट्य विद्यालय की स्थापना ने रंगक्षेत्र में नाटककारों और रंगकर्मियों के लिए प्रेरणा का वातावरण उपस्थित कर दिया। स्वतंत्रता के पूर्व नाटकों का प्रकाशन पहले, और हो सके तो मंचन बाद में होता था, वह मंचन भी स्कूलों और कॉलेजों के वार्षिकोत्सव तक सीमित था। लेकिन अब इस दिशा में बहुत बड़ा परिवर्तन दीख पड़ता है। जैसे—नाटकों के प्रकाशन के पहले मंचन होता है। नाटककारों और नाट्यप्रयोक्ताओं ने यह सत्य महसूस किया है कि आपसी सहयोग में सृजनात्मक उपलब्धियाँ संभव हैं।

रंगमंच के प्रति पूर्णतः समर्पित हस्तियों में जगदीशचंद्र माथुर, मोहन राकेश, धर्मवीर भारती, लक्ष्मीनारायण लाल, सुरेंद्र वर्मा, मुद्राराक्षस, ब्रजमोहन लाल, शंकर शेष, ज्ञानदेव अग्निहोत्री, भीष्म साहनी, मणि मधुकर सक्सेना आदि की भूमिका महत्त्वपूर्ण है। रंगमंचीय प्रस्तुतियों में इनके नाटक काफी सराहे गए हैं। इन्होंने इस बुनियादी बात को बारीकी के साथ समझ लिया है कि नाटक लिखने का मतलब मंचीय साक्ष्य से जीवन-सत्यों को मूर्त अभिव्यक्ति प्रदान करता है। उपर्युक्त नाटककारों में से राकेश को वर्तमान हिंदी रंगमंच के अथक अन्वेषक के रूप में मान सकते हैं। उनका प्रत्येक

नाटक रंगमंच की नूतन संभावनाओं की खोज में किया गया प्रयोग है। उनमें रंगानुभव और रंगानुभूति—दोनों हैं। उन्होंने मंच की सादगी और प्रतीकात्मकता को अधिक महत्त्व दिया। अर्थपूर्ण विधाओं के आयोजन के लिए प्रतीकों और बिंबों को अपनाया। राकेश से प्रभावित होकर अन्य नाटककारों ने उपकरणाश्रित मंच के विरोध में सांकेतिक कल्पनापूर्ण, प्रतीकात्मक मंच और प्रकाश योजना, ध्वनि-योजना आदि का प्रयोगात्मक उपयोग किया। इसके अतिरिक्त कुछ अन्य नए प्रयोग भी दीख पड़ते हैं। नाटक खुले मैदान, गली, नुक्कड़, चौराहा, लॉन चौराहा आदि सार्वजनिक स्थानों पर आसानी से खेले जाने लगे। इस प्रकार स्पाट लाइट की अपेक्षा सन लाइट में नाटक खेलने के इच्छुक नाटककार और नाट्य प्रयोक्ता हिंदी नाट्य-साहित्य को प्राप्त हुए। हिंदी रंगमंच के क्रियाकलापों को बहुत महत्त्वपूर्ण बनाने में प्रतिभा संपन्न निर्देशकों ने अपनी भूमिकाएँ निभाई हैं। इब्राहीम अलकाजी, एम.के. रैना, श्यामानंद जालान, सत्यदेव दुबे, राजेंद्रनाथ, देवेंद्र राज आदि प्रयोगधर्मी निर्देशकों ने एक ही नाटक को विभिन्न रूपों में प्रस्तुत किया है। इसके अलावा भारतीय भाषाओं की समकालीन श्रेष्ठ नाट्य-रचनाओं के अनुवाद ने हिंदी रंगमंच की श्रीवृद्धि की है। साथ ही हिंदी रंगमंच के फैलाव और विकास की संभावनाएँ बढ़ाई हैं। आज मराठी, बंगला, गुजराती, कन्नड़, तेलुगू और पंजाबी नाटक अपने रंगमंच से पूर्व ही प्रायः हिंदी रंगमंच पर मंचित होते हैं। निःसंदेह कहा जा सकता है कि आज अनूदित नाटक हिंदी रंगमंच का एक अभिन्न भाग बन चुका है। ज़ाहिर है कि स्वतंत्रता के बाद के चार दशकों का हिंदी नाटक यथार्थ की राह से गुज़रते हुए नए मुहावरे की खोज की दिशा में अग्रसर होता जा रहा है।

स्वातंत्र्योत्तर हिंदी एकांकी-साहित्य और रामकुमार वर्मा के एकांकी

डॉ. के.पी. बरेली

हिंदी साहित्य में एकांकी साहित्य का विकास पाश्चात्य साहित्य के प्रभाव से हुआ है। अन्य गद्य-विधाओं के समान हिंदी में एकांकी का प्रादुर्भाव भारतेंदु के युग में हुआ। भारतेंदु हरिश्चंद्र, प्रताप नारायण मिश्र, बालकृष्ण भट्ट, राधाचरण गोस्वामी आदि इस युग के प्रमुख एकांकीकार रहे हैं। देश-प्रेम व समाज-सुधार ही इस युग के एकांकियों की प्रमुख विशेषता रही है। द्विवेदी युग के रचनाकारों ने भी एकांकियों की परंपरा को आगे बढ़ाया। प्रसाद, बद्रीनाथ भट्ट, जी.पी. श्रीवास्तव, राधेश्याम, सुदर्शन आदि इस युग के प्रमुख एकांकीकार रहे। इनके उपरांत लक्ष्मीनारायण मिश्र, उपेंद्रनाथ अश्क, उदयशंकर भट्ट, सेठ गोविंददास, जगदीशचंद्र माथुर आदि एकांकीकारों ने अपने एकांकियों में पौराणिक, ऐतिहासिक, सामाजिक, राजनीतिक, मनोवैज्ञानिक संस्थाओं का चित्रण किया।

स्वतंत्रता के बाद तो हिंदी एकांकी का विकास बड़ी तीव्रता से हुआ। इस काल में लक्ष्मीनारायण लाल, विष्णु प्रभाकर, धर्मवीर भारती, मोहन राकेश, भारत भूषण अग्रवाल, चिरंजीत, ब्रजभूषण, विपिन कुमार अग्रवाल, सुरेश मसीठिया, ममता कालिया आदि एकांकीकार कथ्य, शिल्प, भाषा और रंग-विधान में विविधता लाए।

डॉ. रामकुमार वर्मा हिंदी के ऐसे एकांकीकार हैं जिन्होंने स्वतंत्रता के पूर्व और उत्तर कालों में एकांकी लिखकर साहित्य को संपन्न किया है। इसलिए उनके नाम हिंदी एकांकी के जन्मदाता के रूप में बड़े आदर के साथ लिया जाता है। वस्तु-स्थिति का उनके जैसा चित्रण अन्यत्र कहीं नहीं पाया जाता है। स्वतंत्रता के पहले और बाद में बहुसंख्यक एकांकी लिखकर साहित्य को संपन्न बनाने की दृष्टि से स्वतंत्रता-पूर्व और स्वातंत्र्योत्तर—दोनों कालों के एकांकीकारों में उनकी विशिष्ट पहचान है। यहाँ स्वतंत्रता के बाद के युग में रचित उनके एकांकियों पर एक नज़र डालने

का प्रयास है।

स्वातंत्र्योत्तर हिंदी एकांकीकारों में डॉ. रामकुमार वर्मा का प्रमुख स्थान है। उनके ऐतिहासिक एकांकियों में भारत के विभिन्न युगों की धड़कन सुनाई पड़ती है। प्राचीन युग, हिंदु युग, मुस्लिम युग एवं स्वातंत्र्योत्तर युग के भारतीय समाज, संस्कृति, जीवन दर्शन, राजनीति एवं रणनीति प्रत्यक्ष अथवा परोक्ष या दोनों ही रूपों में इन एकांकियों में अभिव्यक्त हुए हैं। उनके ऐतिहासिक एकांकियों का सृजन जनमानस में देश प्रेम, राष्ट्रीयता, एकता और स्वाधीनता के प्रति ममता भरने की दृष्टि से हुआ है। उन्होंने कुल एक सौ पच्चीस एकांकी लिखे हैं। इन्हें ऐतिहासिक, सामाजिक, पौराणिक, आध्यात्मिक, जीवनीपरक आदि कोटियों में विभाजित किया जा सकता है। उन्होंने अपने एकांकियों के कथा-सूत्र भारतीय धर्म, इतिहास, पुराण, समाज और परिवार से ग्रहण किए हैं। स्वातंत्र्योत्तर काल में रचित उनके एकांकियों में स्वतंत्रता प्राप्ति के बाद की शासन-रीतियों तथा यहाँ के शासकों के चरित्र का वर्णन है। एकांकी—बापू, वीर—जवाहर, क्रांतिदूत—शास्त्री आदि भारत को स्वतंत्रता दिलानेवाले महापुरुषों के जीवन से संबंधित हैं।

'बापू' नामक एकांकी का उद्देश्य बापू की नीतियों का दिग्दर्शन कराना एवं जनमानस पर बापू का प्रभाव स्पष्ट करना रहा है। बापू युगपुरुष हैं। उन्होंने अनेक कठिनाइयों को कुचलते हुए भारत को अँग्रेज़ों से स्वाधीनता दिला दी। बापूजी सत्य, अहिंसा आदि तत्त्वों पर अडिग रहे। समाज के प्रत्येक वर्ग में जीवन की प्रत्येक विधा में बापू का प्रभाव है। बिखरे हुए कुछ प्रसंगों के माध्यम से एकांकीकार गांधीवाद के सुनहले पहलूओं को प्रस्तुत करता है। भगवान् राम के प्रति विश्वास, ईमानदारी, स्वदेशी चीज़ों का उपयोग, स्वावलंबन की महत्ता, अहिंसा, मन की ताकत, जातीय एकता आदि तत्त्वों पर गांधीजी ज़ोर देते थे।

'क्रांतिदूत शास्त्री' नामक एकांकी में लालबहादुर शास्त्री के व्यक्तित्व के कई उज्ज्वल पक्षों को रामकुमार वर्मा ने उजागर कर दिया है। बचपन से लेकर ज़िंदगी की किसी भी प्रतिकूल परिस्थिति का सामना करने की शक्ति शास्त्रीजी में थी। रेलमंत्री के रूप में रहते समय हुई रेल दुर्घटना का नैतिक दायित्व अपने ऊपर लेते हुए शास्त्रीजी का इस्तीफा देना इस बात का स्पष्ट प्रमाण है कि उनके मन में पद-ओहदे के प्रति लालच नहीं था और जनता के प्रति अपनी कर्त्तव्य-भावना की पूर्ति करने की अदम्य लालसा थी।

'विभूति' नामक एकांकी संग्रह (1947 में) प्रकाशित हुआ। इसके अंतर्गत शिवाजी, समुद्रगुप्त, दरक्रमांक, विक्रमादित्य, कौमुदी महोत्सव, ध्रुवतारिका आदि एकांकी है। 'शिवाजी' नामक एकांकी में उनके गौरवशील तत्त्वों को प्रकाशित कर विश्व-प्रेम, नैतिकता, चरित्र-गरिमा आदि प्रतिष्ठित किए गए हैं। भारत के इतिहास में शिवाजी का चरित्र अद्वितीय है। मुगल बादशाहों में, शिवाजी जैसा आदर्शवान सम्राट बहुत विरले

ही मिलता है। उनके चरित्र की नैतिक दृढ़ता वैयक्तिक चरित्र की निर्मलता, प्राचीन उत्कृष्ट गौरव, मातृभक्ति, स्वदेशानुराग, शत्रु-पक्ष की स्त्रियों की इज़्जत आबरू की रक्षा आदि भारतीय संस्कृति के लिए उच्च आदर्श है। उनके चरित्र में आदर्श के प्रति गौरव और अभिमान दिखाई पड़ते हैं। शिवजी शत्रु-पक्ष की स्त्री में भी माँ की तस्वीर देखते हैं। युवा होते हुए भी शिवाजी सौंदर्य की साक्षात् प्रतिमा गौहरबानू पर हल्की नज़र नहीं डालते। बल्कि माँ की भाँति उसे सिंहासन पर बिठाकर समस्त सरदारों से उसे माँ स्वरूपा अभिवादन कराते हैं।

'ध्रुवतारिका' नामक एकांकी में भारतीय गौरव की रक्षा हेतु अपने प्रेम का बलिदान करनेवाली अकबर की पुत्री सफीयत उन्नीसा का चरित्र है। सफीयत उन्नीसा अपने मन का जौहर कर राजस्थान के क्षितिज पर ध्रुवतारिका बन जाती है। अकबर की पुत्री सफीयत उन्नीसा एवं मेवाड़ के राजा जसवंत सिंह के पुत्र अजीत सिंह आपस में आकृष्ट हैं। बाद में गंधर्व विवाह के लिए तैयार होते हैं। लेकिन सेनापति आकर तलवार से रोक लेते हैं। इस पर अजीत सिंह क्रुद्ध हो जाते हैं। किंतु सफीयत उन्नीसा भारतीय गौरव की रक्षा हेतु अपने प्रेम का बलिदान कर देती है।

स्वातंत्र्योत्तर काल में लिखे गए डॉ. वर्मा के ऐतिहासिक एकांकियों में अधिकांश चरित्र-प्रधान है। शिवाजी, विक्रमादित्य, समुद्रगुप्त, बापू, दुर्गावती आदि इसका उदाहरण हैं। चरित्र प्रधान एकांकी के संबंध में उनका मत यह है—"आधुनिक जीवन को देखते हुए हमारे नाटकों को चरित्र-प्रधान होना चाहिए। हमें वर्ग और समूह के पर्याय व्यक्तियों पर अधिक ध्यान देना चाहिए, क्योंकि उन्हीं के मनोविज्ञान के सहारे हम जीवन के गूढ़ रहस्यों से परिचित हो सकते हैं।"[1]

'औरंगज़ेब की आखिरी रात' नामक एकांकी में औरंगज़ेब की चरित्र-संबंधी विशेषताएँ प्रस्तुत की गई हैं। औरंगज़ेब अत्यंत क्रूर शासक था। साम्राज्य विस्तार के मोह में उसने कई प्रकार के अत्याचार किए। लेकिन मृत्यु के समय इन दुष्कृत्यों के कारण उनके मन में पश्चाताप होता है। बेहोशी में वे कई बातें अपनी बेटी जीनत उन्नीसा से कहते हैं। औरंगज़ेब के ये शब्द उनके चरित्र-चित्रण में सहायक हैं।

इन महान् विभूतियों के साथ वर्मा ने पाठकों की भेंट ऐसे नासमझ व्यक्तियों से भी कराई है जिन्होंने स्वार्थ, क्रोध, व्यक्ति, लाभ के क्षणिक मोह आदि से प्रेरित हो जन्मभूमि के हित को भूलकर विश्वासघात किया है। आंभिक, अमीर खाँ, व्रहश्रथ, अनंत देवी आदि इसके उदाहरण हैं।

अधिकारलिप्सा से अपने पति की हत्या करनेवाली अनंत देवी के कपट की कहानी 1951 में लिखित 'कादंब या विष' नामक एकांकी में है। राज्य-लिप्सा तथा अधिकार-प्राप्ति का मोह मनुष्य के मन को कलंकित करता है। सम्राट कुमारगुप्त के विलासी-जीवन का चित्रण भी प्रस्तुत एकांकी में है। जब शासक सौंदर्य के उपासक बन जाते हैं तब वे अपने कर्त्तव्य भूल जाते हैं। इसलिए राज्य की क्षति होती है। सम्राट कुमारगुप्त

अनंत देवी के सौंदर्य का उपासक बन जाता है। उसका लाभ उठाकर अनंत देवी सिंहासन पद छीन लेती है।

1953 में रचित 'मर्यादा की वेदी पर' नामक एकांकी में वर्माजी भारतीय जनमानस की कायरता को रेखांकित करते हैं। प्रभुता के लालच में अपने देश को विदेशियों के हाथों बेचना सबसे जघन्य पाप है। कई विदेशी शक्तियों ने भारत-भूमि पर अपनी प्रभुता और सत्ता इसलिए जमाई कि यहाँ का एक-एक नगर, एक-एक वीर दूसरे के हृदय से न जुड़ सके। गांधार नरेश आंभिक की कायरता और उसका देशद्रोह इतिहास-प्रसिद्ध है। तलवार चलाए बिना अपनी सारी सेना सिकंदर को सौंपनेवाले कायर और निर्लज्ज आंभिक जैसे विश्वासघाती के प्रति वर्माजी के मन में जो घृणा है, वह भैरवी के शब्दों में इस एकांकी में प्रकट होती है।

सामाजिक एकांकियों में वर्मा ने समाज में फैली हुई अंधविश्वास, दहेज-प्रथा जैसी विसंगतियों का उन्मूलन करने का प्रयास किया है। उनके अधिकांश एकांकी पारिवारिक समस्या से संबंधित हैं।

1958 में लिखित 'एक तोला अफीम की कीमत' मुख्य रूप से दहेज-समस्या पर आधारित है। आधुनिक समाज में दहेज की समस्या ने एक विकट रूप धारण कर लिया है। दहेज के कारण आज समाज में हत्याएँ होती हैं। अनेक शताब्दियों से यह प्रथा हमारे समाज में मौजूद है। प्रस्तुत एकांकी ग़रीब परिवार की लड़की विश्वमोहिनी के जीवन की समस्या दहेज से संबंधित है। पिता अपनी सारी ज़मीन बेचकर पुत्री का विवाह करा देना चाहते हैं। किंतु विश्वमोहिनी अपने घर की आर्थिक स्थिति एवं माता-पिता की मनोदशा से व्यथित होकर आत्महत्या करना चाहती है। 'महाभारत में रामायण' (1958 में लिखित) नामक एकांकी पारिवारिक समस्या से संबंधित है। अधिकांश नारियाँ अपने पति पर पूरा अधिकार चाहती हैं। लेकिन उस क्षेत्र में और कोई नारी आती है तो पत्नी के मन में पति के प्रति शंका पैदा होती है। इस खोखले संदेह की हँसी उड़ाते हुए डॉ. वर्मा इस प्रकार कहते हैं—"आकाश में एक साथ दो इंद्रधनुष भले ही निकल आए किंतु प्रेम के क्षेत्र में एक पुरुष और दो स्त्रियों की समरसता संभव नहीं होती। यदि एक रुक्मिणी है तो दूसरी सत्यभामा जो दूसरे को संदेह की दृष्टि से देखती है।"[2] कवि जयदेव की पत्नी है रंजना। जयदेव की कविता पर राजकुमारी सुलोचना बहुत आकृष्ट हो जाती है। जयदेव के साथ राजकुमारी का निकट व्यवहार रंजना के मन में शंका पैदा करता है। अंत में राजकुमारी से मिलने और उससे बातें करने के बाद रंजना अपनी भूल पर पश्चाताप करती है और अपने पति से क्षमा माँगती है।

1948 में लिखाित 'रजनी की रात' नामक एकांकी में रजनी आधुनिकता की आँधी में बहने की तीव्र इच्छा से सामाजिक बंधनों को तोड़ना चाहती है। लेकिन अंत में वह समझती है कि नारी की हैसियत के लिए समाज की दीवारें आवश्यक हैं।

पति-पत्नी के बीच आपसी समझौता टूट जाने व एक कारण है 'बेमेल विवाह।' (1947 में लिखित) 'पुरस्कार' नामक एकांकी में वमाजी अठारह वर्ष की नलिनी एवं अड़तालीस बरस के पुलिस इंस्पेक्टर राजबहादुर के वैवाहिक जीवन की विडंबना को रेखांकित करते हैं। अड़तालीस बरस का वह आदमी, नलिनी को पति नहीं, पिता ही लगता है। एकांकी की नलिनी जैसी बहुत नारियाँ शादी के बाद पति से प्यार न करते हुए भी प्यार का अभिनय करती हैं। यह बनावटी प्रेम दांपत्य जीवन की सबसे बड़ी विडंबना है।

'चक्कर का चक्कर' और 'छींक' में अंधविश्वास के प्रति एकांकीकार का व्यंग्य भरा दृष्टिकोण विद्यमान है। 'छींक' नामक एकांकी पंचम मिसिर नामक एक आदमी के अंधविश्वासों को प्रस्तुत करता है। वैज्ञानिक उपलब्धियों की चरम सीमा पर भी इस युग में कई प्रकार के अंधविश्वास फैले हुए हैं। पंचम मिसिर अंधविश्वासों पर अटूट आस्था रखनेवाला एक आदमी है। वह स्वप्न में विष्णुजी का दर्शन करता है। लेकिन जब विष्णुजी उसे वर दे रहे थे तब संपतजी की छींक सुनाई पड़ती है। उसे वह अपशकुन समझता है।

पौराणिक एकांकियों में अधिकांशतः नारी पात्रों को भारतीय आदर्श नारी के रूप में चित्रित किया गया है। 'राजरानी सीता' में सीता 'संदेह की निवृत्ति' में अहिल्या तथा 'सुकन्या' में सुकन्या का चरित्र इसका उदाहरण हैं। 1947 में रचित 'राजरानी सीता' नामक एकांकी में सीता के अखंड पतिव्रत धर्म के साथ-साथ उनके शील की दृढ़ता भी उभर आती है। अशोक वन में बंधिनी सीता का उदात्त चरित्र ही एकांकी में अंकित है। अशोक वन में बंधिनी के रूप में रहते वक्त भी उनके चरित्र की दृढ़ता और ही स्पष्ट हो जाती है। प्रिय विरह में दग्ध उनका मन अपने प्रिय की स्मृति में लीन है। उनको पूर्ण विश्वास है कि पति के प्रति अपने मन में जो एकनिष्ठ प्रेम है वह उनकी रक्षा करेगा। शक्तिशाली लंकाधीश रावण भी सीता के एकनिष्ठ प्रेम के सामने पराजित हो जाता है।

परंपरा से भारतीय नारी पातिव्रत्य-धर्म को सबसे श्रेष्ठ और उच्च स्थान देती है। अनंतकाल से वह अपने चरित्र की उदात्तता और महनीयता के लिए मशहूर है, पति के प्रति उसके मन में जो एकनिष्ठ प्रेम और सेवा-भाव है उससे प्रेरित होकर जीवन की राहों पर उपस्थित होनेवाली कठिनाइयों को वह सहर्ष झेलती है। भारतीय नारी-चरित्र के इस गुण को मूर्तिमान रूप में सुकन्या में प्रस्तुत किया गया है। बूढ़े महर्षि च्यवन के साथ ब्याही सुकन्या के मन की परीक्षा लेने के लिए अश्विनी कुमार दो नवयुवकों के छद्म वेश में महर्षि के आश्रम में आते हैं। दोनों युवक सुकन्या के मन को प्रलोभन में फँसाना चाहते हैं। लेकिन सुकन्या उनके प्रलोभन में फँसनेवाली नहीं थी। सुकन्या की श्रद्धा-निष्ठा से प्रसन्न होकर अश्विनी कुमार ने बूढ़े च्यवन महर्षि को सुकन्या के योग्य बना देने के लिए उन्हें एक द्रव पान कराया। तब उनका बुढ़ापा

यौवन में बदल गया। अपने बूढ़े पति में इतना आश्चर्यजनक परिवर्तन आने के बाद भी सुकन्या उसे पहचानती है।

'शैल शिखर' नामक एकांकी में विश्व की भलाई के लिए अपना सब कुछ दान करनेवाले एक महान मानव का चरित्र प्रस्तुत किया गया है। वृत्तासुर ने गंधमादन पर्वत पर घोर तप करके ब्रह्मा से यह वर पाया कि किसी धातु या लकड़ी के आयुध से वह मारा नहीं जाएगा तथा जैसे-जैसे वह लड़ता जाएगा उसकी शक्ति उत्तरोत्तर बढ़ती जाएगी। जब वृत्तासुर द्वारा जनसंहार बढ़ता रहा और पृथ्वी पर प्रलय की सृष्टि की गई तो इंद्र, देवतागण, उर्वशी, कार्तिकेय, विश्वकर्मा आदि मिलकर दधिचि से अस्थिदान देने की प्रार्थना करते हैं जिसे वे खुशी के साथ स्वीकार करते हैं।

डॉ. रामकुमार वर्मा हिंदी साहित्य के आदर्शवादी एकांकीकार हैं। भारतीय संस्कृति के प्रति उन्हें बड़ा गर्व है। सभी रचनाओं में उनका उद्देश्य भारतवर्ष की कीर्ति संसार के कोने-कोने में फैलाना तथा पाठकों के हृदय में अपने सांस्कृतिक और ऐतिहासिक आदर्शों के प्रति गौरव स्वाभिमान का भाव जाग्रत कराना रहा है।

सन्दर्भ

1. रेश्मी टाई (भूमिका)—डॉ. रामकुमार वर्मा, पृ. 14,
2. समाज के स्वर—डॉ. रामकुमार वर्मा, पृ. 16

सर्वेश्वरदयाल सक्सेना के नाटक–एक अवलोकन

सुनीता गोपालकृष्णन

सर्वेश्वरदयाल सक्सेना ने कविता की सृजनात्मक भूमि साथ-साथ जब नाट्य-रचना के क्षेत्र में पर्दापण किया तो उनके सामने हिंदी नाटक और रंगमंच का संपूर्ण इतिहास था, उसकी समस्याएँ थीं, उसकी संभावनाओं की खोज का सवाल था। समस्याएँ थीं कि हिंदी में आम आदमी का समसामयिक नाटक नहीं है, लोकभाषा और लोक नाट्य-रूप का मुक्त सौंदर्य नहीं है और खुले रंगमंच का, गाँव, कस्बों एवं मज़दूर बस्तियों का नाटक नहीं है। सर्वेश्वरदयाल सक्सेना ने न केवल नाटक को संगीत एवं नृत्य की विभिन्न लयों और धुनों से जोड़ा बल्कि पारंपरिक संगीत, नृत्य और अभिनय के संतुलित कल्पनाशील प्रयोग से विशाल दर्शक समूह को प्रभावित किया और सारे व्यंग्य और करुणा को उसके माध्यम से व्यक्त किया। इसलिए समकालीन सत्य को पारंपरिक नाट्य-रूपों के ज़रिए प्रस्तुत करने में और एक सही दिशा की प्रतिष्ठा में सर्वेश्वरदयाल सक्सेना का विशेष स्थान है।

सर्वेश्वरदयाल सक्सेना के अनुसार केवल व्यवस्था-विरोध के आग्रह का नाटक राजनीतिक नाटक नहीं होता। वह सामाजिक राजनीतिक बुनावट को, उसके आर्थिक ताने-बाने को, वर्ग-चेतना के साथ गहराई से प्रस्तुत करता है। वह शोषण और अन्याय को जन्म देनेवाली ताकतों पर प्रहार करता है–उनकी जड़ पर प्रहार करता है।

सर्वेश्वरदयाल सक्सेना द्वारा लिखित 'बकरी' (1974), 'लड़ाई' (1974) तथा 'अब गरीबी हटाओ' में निम्न वर्ग की शोषित मनःस्थिति तथा दयनीय दशा का चित्रण है। विदेशी दासता से मुक्ति भारत की जनता के लिए अपने नेताओं द्वारा छले जाने की शुरुआत थी। उनके सारे नाटकों में इस राजनीतिक सच्चाई की पुष्टि मिलती है।

सर्वेश्वरदयाल सक्सेना कृत 'बकरी' समकालीन व्यवस्था-विरोध का नाटक है। नाटककार के शब्दों में, "यह नाटक हमारी स्वाधीनता की तलछट का चित्र है। वह तलछट जो समय बीतने के साथ गहरी होती! गई है।" गांधीजी के सिद्धांतों के गांधीवादी नेता किस प्रकार विकृत कर स्वार्थ साधन के लिए प्रयुक्त करते हैं, इसके प्रति नाटक

जागरूक जनवादी चेतना को पूरी तरह झकझोरता है। समाज के इन नेताओं के सामने केवल अपना स्वार्थ ही प्रमुख रहता है। जनता की गरीबी, अन्याय और शोषण से मुक्ति के लिए उनके पास कोई उपाय नहीं दिखाई देता। फलतः जनता शोषित एवं पद दलित होने के लिए बाध्य होती है। जनता उसका विरोध भी नहीं कर सकती।

> "जिसकी लेते हैं शरण उसको ही खा जाते हैं लोग
> जिसका थामा हाथ, उसका ही लगा जाते हैं भोग
> मुँह से निकला नाम, जैसे पेट से निकली डकार
> वह भी मज़बूरी हो जैसे, वह भी ज्यूँ बेअख्तियार,
> जिसका झंडा हाथ में है वह समाया पेट में,
> जिसका डंडा हाथ में है वह समाया पेट में,
> पेट ही बस पेट निकल आ रहा है देश का, कोई बतलाए भी
> आकर क्या करूँ इस क्लेश का।" (पृ. 61)

'बकरी' नाटक में एक ओर नेता, मंत्री एवं पुलिस आदि सत्ताधारी एवं सुविधाभोगी पात्रों का चरित्र प्रस्तुत किया गया है। दुर्जनसिंह, सत्यवीर एवं कर्मवीर धर्म, शोषण एवं नेतागिरी का प्रतिनिधित्व करनेवाले तीन पात्र हैं। दुर्जनसिंह उन सुविधाभोगी राजनीतिज्ञों का प्रतीक है जो गांधीवादी विचारधारा के पोषक के रूप में अपने स्वार्थों की सिद्धि करते दिखाई देते हैं। कर्मवीर और सत्यवीर गांधीजी द्वारा प्रतिपादित कर्म और सत्य आदि के आदर्शों के प्रतीक होकर भी वे व्यवहार के धरातल पर इन आदर्शों से जुड़कर नहीं बल्कि इन आदर्शों को अपनी स्वार्थ-सिद्धि के लिए ही ओढ़ लेते हैं।

इस नाटक के तीन पात्र विपती नामक सीधी-सादी महिला की बकरी चुराकर उसे गांधीजी की विशिष्ट बकरी घोषित कर देते हैं। विपती जब बकरी को वापस माँगती है तो उसे सताया जाता है। उसके चीख-पुकार करने पर वे भारत सुरक्षा अधिनियम के अंतर्गत उसे जेल में बंद करवा देते हैं। बकरी के नाम पर सेवाश्रम, बकरी स्मारक निधि आदि का कारोबार करते हुए वे गाँववालों को लूटते हैं। बकरी के धन को चुनाव-चिह्न बनाकर कर्मवीर चुनाव लड़ता है और चुनाव जीत जाता है। इस बीच गाँववालों को पता चलता है कि चुनाव जीत जाने के बाद ग़रीब विपती की बकरी को तथाकथित भक्त खाकर समाप्त कर चुके हैं। गाँव का विद्रोही युवक तथा अन्य लोग शहर में एक भोज में खाते हुए इन लोगों को पकड़कर पीटते हैं। युवक पात्र उस जनवादी चेतना का प्रतीक है जो व्यवस्था के प्रति आक्रोश व्यक्त कर अपनी जनवादी चेतना का स्वरूप उभारता है।

देश के इस भ्रष्टाचार युक्त वातावरण में जो व्यक्ति अपने सिद्धांतों पर अटल रहना चाहता है, उसे बहुत कुछ सहना भी पड़ता है। सामान्य व्यक्ति बकरी के समान निरीह प्राणी है जो उच्च वर्ग के शोषण का शिकार हो रहा है। टुच्ची राजनीति थोथे

धर्म से गठजोड़ करके आम आदमी के शोषण की ऐसी मज़बूत, क्रूर और अभेद्य व्यवस्था करती है कि जनता स्वयं को बकरी बनाकर खुद अपनी बलि देने को आतुर हो उठती है—यह नाटक इसी विडंबनापूर्ण स्थिति का चित्रण करता है।

'बकरी' राजनीतिज्ञों की उस नारेबाज़ी का प्रतीक है जिसके ज़रिए वे जनता को लूटते हैं। यह 'बकरी' दूध देनेवाली, घास चरनेवाली बकरी नहीं है। यह तो कुर्सी, धन और प्रतिष्ठा देती है और स्वामी की बुद्धि, बहादुरी और विवेक को चरती है। इस प्रकार यह बकरी सुविधा एवं सत्ताभोगी वर्ग के स्वार्थ-साधन का आधार बनती है।

'लड़ाई' उन समसामयिक परिस्थितियों में अनेकों प्रश्न करनेवाला नाटक है जो 'बकरी' से मिलता-जुलता है। स्वतंत्रता के बाद सारी शक्तियों का विघटन हुआ है। शक्ति बिखर रही है, टूट रही है। सामाजिक-राजनीतिक वातावरण, संस्थाएँ और अनेक दल आज इस लड़ाई की ताकत को, लड़नेवालों को कमज़ोर कर रहे हैं और उनके संकल्प को छिन्न-भिन्न कर रहे हैं। नाटक एक प्रासंगिक सवाल उठाता है कि झूठ के इस विराट मैदान में सत्य का व्रत लेने का हौसला दिखाने का अर्थ अनिवार्यतः एक हारी हुई लड़ाई लड़ना ही क्यों है ? नाटक का नायक सत्यव्रत समाज में व्याप्त अन्याय के विरुद्ध लड़ता है किंतु पुलिस द्वारा गिरफ्तार कर उसे थाने भेज दिया जाता है। पूरे नाटक में सत्यव्रत आज की सामाजिक स्थिति से जूझता है किंतु सफल नहीं हो पाता है।

'अब गरीबी हटाओ' नाटक का शीर्षक व्यापक मानवीय नियति से जुड़ा हुआ है। यह नाटक व्यवस्था-विरोध का नाटक नहीं है बल्कि इसमें जनसामान्य की भावनाओं का पोषण ही प्रमुख है। आज जनता को सुरक्षा के नाम पर यातना अधिक मिल रही है। यह सुरक्षा एक चट्टान के रूप में जनता के विकास के समस्त मार्गों को अवरुद्ध कर चुकी है। 'इंकलाब' के नारे, वर्ग-साम्य की बातों से जनता को बहलाने का प्रयत्न—इन सभी को सत्ता द्वारा अपनाया जाता है किंतु ये प्रायः निरर्थक ही सिद्ध होते हैं। अधिकांशतः ये प्रयत्न कागज़ पर किए जाते हैं, कोई ठोस कदम नहीं उठाया जाता।

> नेताजी : तुम लोग कलाकार हो। ऐसा नाटक करो जिससे पता चले कि इस देश से गरीबी हट गई। सुख-शांति से है। जल्दी करो। अभी सांस्कृतिक उत्सव होनेवाला है। मुख्यमंत्रीजी इसका उद्‌घाटन करेंगे। उसी में यह नाटक होना चाहिए। (पृ. 15)

गाँव में सरकारी सहायता से प्रधानमंत्री का पिट्ठू गुंडा 'शर्मा' अपने विरोधी की स्वयं हत्या के उपरांत वाचाल विरोधी हरिजन को हत्यारा सिद्ध करता है और उसकी पतिव्रता सुंदर पत्नी पर डोरे डालकर राजा, मंत्री, सिपाही की वासना पूर्ति का साधन बनाता है।

सर्वेश्वरदयाल सक्सेना के नाटकों के अंत में विद्रोह और क्रांति की पुकार है। 'बकरी' में अत्याचारी व्यवस्था से लड़ने एवं गाँव में नई चेतना के प्रस्फुरण हैं। 'लड़ाई' नाटक में यह संदेश मिलता है कि संगठित प्रयास की ओर बढ़ना ही युद्ध-सफलता की ओर बढ़ना है। 'लड़ाई' वामपंथी विचारों से दर्शकों को परिचित कराता है। नाटक के अनुसार सत्ता द्वारा ओढ़े हुए असत्यों के विरुद्ध संघर्ष आज की अनिवार्य नियति है अन्यथा ये असत्य धीरे-धीरे मनुष्य को खोखला करते रहेंगे, उसे मार डालेंगे। यथाः

> "घर, परिवार, समाज, व्यवस्था, राजनीति सब जगह झूठ चल रहा है। मैं हर झूठ के खिलाफ लडूँगा।...झूठ खत्म नहीं होता, हारता है। आदमी हारता नहीं खत्म होता है।" (पृ. 11)

'अब गरीबी हटाओ' के नारे को मंत्रियों की मक्कारी सिद्ध कर उन्होंने राजन्य वर्ग, पुलिस, सरपंच, राजमंत्री, प्रधानमंत्री आदि के दुराचारों का भंडाफोड़ बड़े कौशल से किया है। उनका दृढ़ विश्वास था कि सब गरीब मिलकर ही गरीबी हटा सकते हैं। उनकी राय में भारत की पूँजीवादी सभ्यता बदलनी ही है नाटक के अंत में नट दर्शकों का आह्वान करते हैं कि वे एकतापूर्वक ऐसी परिस्थितियों के विरुद्ध संघर्ष करे :

> नट : "दर्शकगण ! यह झूठी धमकी नहीं है। हम तो नाटक खेलने और बंद होने को तैयार हैं, यदि आप हमारा साथ दें। यह नाटक आगे तभी हो सकता है जब आप इनकी ताकत का मुकाबला कर सकें, नाटक आगे चलवा सकें।" (पृ. 48)

इस प्रकार आदमी की अमानवीयता के प्रति क्षोभ के साथ-साथ मानवीयता में विश्वास और क्रांति के लिए ललक उनकी रचनाओं में देखे जाते हैं।

हिंदी के निजी नाट्य-रूप की खोज का सवाल उठने पर 'बकरी' अपना विशेष महत्त्व रखती है। 'बकरी' का शिल्प नौटंकी और पारसी थिएटर के शैलीगत प्रवाह में बाँधा गया है। लेकिन जहाँ 'नौटंकी' में साहसिक घटनाओं, पौराणिक और ऐतिहासिक प्रसंगों का अतिरंजित रूप आम जनता को संवेदित करते हैं, वहीं बकरी का विशेष कथ्य उसे पारंपरिक नौटंकी शैली से थोड़ा हटाता हुआ एक तीखा सामाजिक व्यंग्य बना देता है। लोक नाट्य-शैली का यह समावेश दर्शकों को राजनीतिक हलचलों से अवगत कराने में सफल बनता है।

नाटकारंभ मंगलाचरण से हुआ है। मंगलाचरण में सामान्य नौटंकी की तरह देवताओं की स्तुति नहीं है बल्कि नाटक का नट उसे आज के राजनैतिक देवताओं पर व्यंग्य करने के लिए इस्तेमाल करता है। उदाहरण के लिए जब नटी गाती है :

> "सदा भवानी दाहिने सम्मुख रहें गणेश
> पाँच देव रक्षा करें, ब्रह्मा, विष्णु, महेश।" (पृ. 15)

तो नट उसके उत्तर में गाता है–

> "पाँच देव सम पाँच दल, लगी ढोंग की रेस
> जिनके कारण हो गया देश आज परदेस।" (पृ. 15)

नट के गीतों में नाटक का मूल व्यंग्य बड़े पैनेपन के साथ उभरा है। साथ ही पीड़ा, विवशता, आक्रोश और विद्रोह का स्वर भी नट के संवादों और गीतों में सुनाई पड़ता है। परिस्थितियों की विडंबना को दिखाने के लिए विरूपण शैली का उपयोग किया गया है। दुर्जनसिंह और उसके साथियों द्वारा गाई गई 'जगदंबा की वंदना' तथा प्रसिद्ध राष्ट्र-गीत 'झंड़ा ऊँचा रहे हमारा', यह डंडा-गीत तथा पूजा गीत 'जय जय बकरी माता' विभिन्न रूपों में दो बार गाया जाता है। परिचित बिंबों, गीतों व उसकी पैरॉडी के ज़रिए भी नाटककार राजनीतिक चेतना जगाने में कामयाब निकले हैं।

'लड़ाई' में गायक का प्रयोग हुआ है लेकिन वह कथावाचक का रूप धारण कर लेता है। इस गायक के गीतों में 'बकरी' के भिश्ती के गीतों की तरह नाटकीय संवेदना, व्यंग्य या करुणा नहीं है। 'लड़ाई' का अंतिम समवेत गान बकरी के अंतिम सामूहिक गान की शब्दावली संकल्प और भावोत्तेजना लिए हुए हैं।

इस प्रकार रूप की दृष्टि से नाटककार ने संभ्रांत वर्ग के लिए लिखे जा रहे विशुद्ध साहित्यिक एवं बौद्धिक नाटकों से हटकर हिंदी के लिए एक नया रंगमंच, एक नया नाट्य-रूप खोजने का प्रयास किया है। लोकभाषा एवं लोकरूपों द्वारा जनता की पीड़ा को व्यक्त करना उनके नाटकों की मूल संवेदना है। लोक नाट्य-शैली में लिखे गए उनके नाटक यह स्पष्ट संकेत देते हैं कि नाटक को बंद दीवारों एवं सीमित दर्शकों से अलग खुले मंच और जनता के निकट लाना है। उनके नाटकों की प्रस्तुतियाँ देखकर वर्तमान राजनीतिक विडंबनाओं पर लोग सोचने को उन्मुख हो गए। यही उनकी नाटकों की सफलता है।

निःसंदेह हम कह सकते हैं कि सभी प्रकार के शोषण एवं अत्याचार के ख़िलाफ़ जनसामान्य को चेताने तथा रंगमंच को एक प्रभावशली हथियार की तरह इस्तेमाल करने की दृष्टि से सर्वेश्वरदयाल सक्सेना के नाट्य-प्रयोगों का विशेष महत्त्व है। 23 सितंबर 1983 में उनके निधन के बाद डॉ. बच्चन ने दिल्ली की शोक सभा में सर्वेश्वरदयाल सक्सेना की जीवन-दृष्टि पर प्रकाश डालते हुए जो बात कही है वह स्मरणीय है–"शोषित वर्ग के उद्धार के लिए सर्वेश्वरदयाल सक्सेना के अंतःकरण में जो करुणा की धारा निरंतर प्रवाहित होती रही उसमें उसका अहं पूर्णतया विगलित हो गया था।" लेखक के जीवन की सफलता का इससे अधिक और क्या प्रमाण हो सकता है।

स्वातंत्र्योत्तर राजनीतिक व्यंग्य-नाटक

डॉ. आर. शशिधरन

व्यंग्य आधुनिक युग में अभिव्यक्ति का एक तीखा, सफल और संवेदनशील ज़रिया है, जो साहित्य की एक महान भूमिका निभा रहा है। इस कारगर औजार का इस्तेमाल करके रचनाकार समाज में व्याप्त सारी विसंगतियों की साफ और तलख अभिव्यक्ति देकर समाज को एक नई दिशा देने की कोशिश करता है। व्यंग्य का ताल्लुक सामाजिक जीवन से है। आज ऐसी रचना को व्यंग्य कहा जा सकता है जो व्यक्ति या समाज की विसंगतियों और कमज़ोरियों पर बदलाव की कामना से मार्मिक प्रहार करके पाठक या दर्शन के मन में ख़ासतौर की बेचैनी का अहसास कराती है। व्यंग्य के कई प्रकार हो सकते हैं जैसे–सामाजिक व्यंग्य, राजनीतिक व्यंग्य, सांस्कृतिक व्यंग्य आदि। व्यंग्य के विभाजन को नाजायज़ माननेवाले विद्वान भी हैं। आर्थर पोलार्ड के अनुसार व्यंग्य के उतने प्रकार हैं जितने उसके विषय हैं।[1]

व्यंग्याभिव्यक्ति की मिसालें अक्सर सभी प्रकार की साहित्यिक विधाओं में मिल सकती हैं, किंतु साहित्य की अन्य विधाओं की तुलना में नाट्य-साहित्य ही व्यंग्याभिव्यक्ति के लिए सबसे प्रभावशाली होता है। क्योंकि नाटक की संवादीय भंगिमा व्यंग्य की परतें खोलकर दृश्यात्मक सौंदर्य बढ़ाती है। इस प्रकार दर्शक समाज-व्यंग्य का सीधा रसास्वादन करने में काबिल हो जाता है। हिंदी नाटकों में व्यंग्याभिव्यक्ति कई स्तरों पर हुई है। हिंदी के कुछ नाटकों में रचना की समूची संरचना में व्यंग्य गुँथा हुआ है–'अँधेर नगरी', 'शुतुरमुर्ग बकरी', 'सिंहासन खाली है' आदि उदाहरण हैं। 'महाभोज', 'रंगनाथ की वापसी' जैसी नाट्य-रचनाओं में व्यंग्य की अन्विति प्रभाव के स्तर हैं। ये दर्शक पर व्यंग्यात्मक प्रभाव छोड़कर उसे सोचने के लिए विवश करते हैं। 'पहला राजा', 'एक और द्रोणाचार्य', 'कथा एक कंस की' जैसे नाटकों में व्यंग्य प्रतीकात्मकता या अन्योक्ति के स्तर पर है। इनके अलावा व्यंग्याभिव्यक्ति हिंदी की सभी नाट्य-रचनाओं के संवादों के बीच भी मिलती है। इस आलेख में उन व्यंग्य-नाटकों पर ही विचार किया गया है जिनकी रचना राजनीतिक विसंगतियों के आधार पर हुई

है और समूची संरचना में व्यंग्य पिरोया गया है।

राजनीतिक व्यंग्य-नाटक

राजनीति, सत्ता और व्यवस्था की विसंगतियों और विद्रूपताओं का खुलेआम चित्रण करनेवाले राजनीतिक सरोकार के नाटक को व्यंग्य-नाटक कहा जा सकता है। ये नाटक 'मूल्य भक्षी सत्ता और अंध व्यवस्था के भयावह लाक्षगृह में अस्तित्त्व रक्षा और मानवीय मर्यादा के लिए सिर पटकते, छटपटाते-चिल्लाते, विवश आम आदमी की त्रासदी और कालरात्रि को भेदकर सूर्य को मुक्त कराने और उसके सतत् संघर्ष को अभिव्यक्ति देनेवाली स्थितियों के अंतर्विरोधों और चरित्रों की विसंगतियों—विडंबनाओं को प्रभावशाली ढंग से प्रस्तुत करती हैं।'[2] अपने निहित स्वार्थ की पूर्ति के लिए सत्ता, अर्थतंत्र और धर्म की ज़बर्दस्त ताकतें किस प्रकार सदियों से सम्मिलित होकर आम आदमी को लूटने-खसोटने और उल्लू बनाने में लगी हैं—यह दिखाना इन नाटकों का पहला सरोकार है। आम आदमी की बुरी हालत और त्रासद स्थिति के लिए ज़िम्मेदार बहुरूपिए चेहरों को बेनकाब करना इन नाटकों का दूसरा सरोकार है। जनता में आत्मविश्वास एवं आक्रोश पैदा करके अन्याय और शोषण की ताकतों के ख़िलाफ़ लड़ने के लिए तैयार करना इन व्यंग्य नाटकों की ऐतिहासिक ज़िम्मेदारी है।[3] जनता को शोषण और अत्याचार के प्रति सचेत और सजग करने तथा रंगमंच को एक सफल जनतांत्रिक हथियार की तरह प्रयुक्त करने की दृष्टि से व्यंग्य-नाटकों का साहित्य में ख़ास महत्त्व है।

प्रमुख स्वातंत्र्योत्तर व्यंग्य-नाटक

स्वातंत्र्योत्तर व्यंग्य-नाटकों का ज़िक्र करने के पहले स्वतंत्रता के पूर्व में रचित राजनीतिक व्यंग्य-नाटक का उल्लेख करना वाजिब लगता है। हिंदी में राजनीतिक व्यंग्य-नाट्य धारा का पहला नाटक भारतेंदु हरिश्चंद्र का 'अँधेर नगरी' है जो स्वतंत्रता के पहले रचित एकमात्र राजनीतिक व्यंग्य-नाटक है। इसका कथानक साधारण है। इसमें बिहार के किसी तत्कालीन दुराचारी सामंत की राजकीय अव्यवस्था और न्याय-प्रथा पर चोट की गई है। भारतेंदु ने दरअसल इस नाटक के द्वारा अँग्रेज़ी शासन पर तात्कालिक रूप में और शासन-सत्ता की प्रकृति पर शाश्वत रूप में व्यंग्य किया है। शासन-सत्ता का अँधापन और अँधेर इस नाटक का मुख्य उपादेय है। नाटक की बकरी न्याय भी है और मूल्य भी। इस नाटक के ज़रिए नाटककार ने यह दिखा दिया है कि नाटक सबसे ज़्यादा सबल और सफल जनतांत्रिक माध्यम है। स्वतंत्रता के पहले रचे गए नाटकों में यही एकमात्र राजनीतिक व्यंग्य-नाटक है। इसे हमारी राजनीति के हर दौर में देश के प्रतिभा-संपन्न निर्देशकों ने नई-नई व्याख्याओं के साथ सामयिक और प्रासंगिक बनाकर पेश किया है।

शुतुरमुर्ग

ज्ञानदेश अग्निहोत्री का 'शुतुरमुर्ग' (1968) ही स्वातंत्र्योत्तर हिंदी साहित्य का पहला राजनीतिक व्यंग्य-नाटक है। यह तीव्र व्यंग्यानुभूति और नाट्यानुभूति प्रदान करनेवाला महत्त्वपूर्ण नाटक है। नाटककार ने इसमें सत्ता का सम्मोहन और खोखले किंतु चालाक चरित्र को बेनकाब कर दिया है। बड़ी-बड़ी निर्माण-योजनाएँ, झूठी उम्मीदें, समस्याओं की जाँच समितियाँ, सत्ता विरोध का खोखलापन जनता एवं उनकी जीवंत समस्याओं का मज़ाक़ उड़ानेवाले सत्ताधारियों का शुतुरमुर्गीय आचरण आदि पर नाटक में व्यंग्य किया गया है। राजनीतिक विसंगतियों के उद्घाटन के लिए नाटककार ने एक ऐसे राज्य की कहानी गढ़ी है जो सच्चाई से आतंकित होकर और स्वार्थता से प्रेरित होकर शुतुरमुर्गीय आचरण करता है। वह सच्चाई का गला घोंट देना चाहता है। लेकिन विरोधी लाल जैसे युवक राजा के कपट-आचरण का विरोध करते हैं। राजा तो नीतिपूर्वक विरोधी लाल जैसों को अपना हिमायती बनाकर जनता को गुमराह करने की कोशिश करता है। लेकिन जनता की बगावत भड़क उठती है—मामूली राम जैसे व्यक्ति सजग हो जाते हैं। तब राजा अपना पैंतरा बदल देता है। यह बाह्य आक्रमण की ख़बर देकर युद्ध का मुकाबला करने का आह्वान करता है। राजा का धोखा अधिक टिकनेवाला न रहा। राजा को मज़बूर होकर मंजूर करना पड़ता है कि शुतुरमुर्ग की कभी अस्मिता नहीं थी। 'अँधेर नगरी' की तरह 'शुतुरमुर्ग' में भी सर्वकालिकता की ख़ासियत मौजूद है। वहाँ राजा मूर्ख था तो यहाँ वह चालाक है। यहाँ उसे अपनी कुर्सी को बनाए रखने की फ़िक्र है। नाटक 'शुतुरमुर्ग' यद्यपि तत्सामयिक के शासन-तंत्र पर व्यंग्य करने के लिए लिखा गया था, तो भी वह सत्ता को अपने लिए सुरक्षित बनाए रखने की कोशिश में लगनेवाले हर युग के शासक पर व्यंग्य करता है।

बकरी

भारतेंदु ने 'अँधेर नगरी' का कथा-विकास बकरी के मर जाने की फरियाद से शुरू किया था। वहाँ बकरी मर गई थी। लेकिन सर्वेश्वरदयाल सक्सेना के 'बकरी' में बकरी को तीन नेताओं द्वारा हड़प लिया जाता है और उसे गांधीजी की बकरी कहकर अपने-अपने अभीष्ट साधनेवाली 'कामधेनु' बनाया जाता है। वह बकरी थी एक ग़रीब दलित औरत विपती की। यह बकरी उसकी आजीविका का आसरा है। उसे ही कर्मवीर, धर्मवीर और दुर्जनसिंह नामक तीन खद्दरधारी नेता हड़प लेते हैं। इस नाटक के माध्यम से नाटककार ने जनसेवा के नाम राजनीतिक और धार्मिक आतंक से आम जनता को हमेशा चूसते रहने का दर्दनाक किस्सा पेश किया है। 'बकरी' भी 'अँधेर नगरी' सरीखा हिंदी का सशक्त व्यंग्य-नाटक है। यह विशुद्ध रूपवादी नाटक नहीं। संस्कृत, पारसी और लोक-नाटकों की रंग-शैलियों का समन्वय इसमें किया गया है। यह आम आदमी

की पीड़ा को आम आदमी की भाषा में आम आदमी के सामने प्रस्तुत करनेवाला हिंदी का महत्त्वपूर्ण नाटक है।[4] 'बकरी' दरअसल जनता का प्रतिनिधि है। 'टुच्ची राजनीति, आडंबरपूर्ण थोथे धर्म से गठजोड़ करके आम आदमी के शोषण की ऐसी क्रूर और मज़बूत और अभेद्य व्यवस्था करती है कि जनता स्वयं को बकरी बनाकर खुद-ब-खुद अपनी बलि देने को आतुर हो उठती है।'[5]

सिंहासन ख़ाली है

सत्ता और जनता का संघर्ष पुराना है। अँग्रेज़ों के ज़माने में हमारा संघर्ष ग़ुलामी और दासता के ख़िलाफ़ रहा। फ़िलहाल हमारा अपना शासन है, फिर भी कई मोर्चों पर सत्ता और जनता का संघर्ष ज़ारी है। सत्ता को बचाने, पाने या सत्ता से निकालने का यह संघर्ष दरअसल सनातन है। रक्षक के ही भक्षक बनकर परिणत होने की स्थिति अनपढ़ और निरीह आम आदमी के लिए सचमुच दर्दनाक है। 'शुतुरमुर्ग' में मामूलीराम की कोशिशों से लाचार होकर राजा नई पीढ़ी को अपना वंशज बनने का अभिशाप या वरदान देकर सिंहासन ख़ाली छोड़ देता है। सुशील कुमार सिंह का 'सिंहासन ख़ाली है' नाटक ख़ाली सिंहासन के लिए सुपात्र की तलाश से शुरू होता है और सत्तालोलुप भेड़ियों एवं रँगें सियारों की चरित्रहीनता और कुपात्रता की टकराहट आख़िरकार 'सिंहासन ख़ाली है' घोषणा में समाप्त हो जाती है। सिंहासन के रूप में सत्ता पाने के लिए अनादिकाल से चली आ रही कोशिशों, सत्ता के प्रलोभन, सत्ता पाने के संघर्ष में पीसी गई निरीह जनता की वेदना, शासन तंत्र की विद्रूपताओं का नंगा चित्र नाटक में पेश किया गया है। प्रकारांतर से यह भारतीय राजनीति का भी इतिहास साबित होता है। यद्यपि नाटककार में गहरी अंतर्दृष्टि का अभाव महसूस होता है तो भी यह आम आदमी से सीधे जुड़ने के कारण उल्लेखनीय नाटक बन जाता है।

अँधों का हाथी

हिंदी की राजनीतिक व्यंग्य-नाट्य-परंपरा का उल्लेखनीय रंग-नाटक है शरद जोशी का 'अँधों का हाथी'। इसमें कुछ अँधों द्वारा हाथी के विभिन्न अंगों को संपूर्ण हाथी मानकर आपस में लड़ने और एकांगी सत्य से खुश हो जाने के कथासूत्र को आधार बनाया गया है। इसमें हाथी देश में व्याप्त बड़ी समस्या का प्रतीक है। हाथी एक है लेकिन अँधे अनेक हैं। सभी अँधे हमारी प्रजातंत्रीय व्यवस्था के हर मंच पर मौजूद हैं जो सच्चाई या समस्या (हाथी) से बीच-बचाव करने की कोशिश में हैं। नाटक में मिथक नौटंकी और असंगत नाटक के शिल्पों के विभिन्न अंगों का नए ढंग से प्रयोग किया गया है।

एक था गधा उर्फ़ अलादाद खाँ

यह शरद जोशी का दूसरा राजनीतिक व्यंग्य-नाटक है। इसमें एक गधे को मनुष्य समझ लेने की सामान्य-सी ग़लती से उद्भूत लतीफे को कथासूत्र का आधार बनाया गया है। इसके ज़रिए नाटककार ने हमारी भ्रष्ट राजनीतिक और प्रशासनिक विसंगतियों का पर्दाफाश किया है जिनकी वजह से आम आदमी को राजनेताओं-अफसरों की स्वार्थ-लिप्सा का शिकार बनना पड़ता है। कथानक छोटा है किंतु नाटक की अभिव्यक्ति बहुत ही सार्थक एवं सटीक है।

भारत भाग्य विधाता

यह रमेश उपाध्याय का राजनीतिक व्यंग्य-नाटक है, जिसमें भारतीय चुनाव-तंत्र की विसंगतियों एवं कमज़ोरियों पर व्यंग्य किया गया है। राजा साहब और चौधरी चतुरसिंह ग्राम पंचायत के चुनाव के प्रत्याशी हैं। दोनों भूस्वामी के साथ-साथ राजनीति के मँजे हुए खिलाड़ी भी हैं। चुनाव इनके लिए अपनी-अपनी ताक़त दिखाने का ज़रिया है। आख़िर दोनों समाधि बनकर समझौता कर लेते हैं। नाटक में चुनाव के सिलसिले में चलती गुंडागर्दी पर खुल्लमखुल्ला व्यंग्य किया गया है।

सुनो बोधिवृक्ष

मणि मधुकर का 'सुनो बोधिवृक्ष' भी चुनाव के हथकंडों और उसके बाद कुरसी के लिए राजनीतिज्ञों की बंदर-बाँट पर व्यंग्य करनेवाला महत्त्वपूर्ण नाटक है। आतंकवाद, जातिवाद, भ्रष्टाचार, भाई-भतीजावाद, सांप्रदायिकता आदि पर भी नाटक में व्यंग्याभिव्यक्तियाँ हुई हैं। हकलू चोंचो और हकलू गोंगो—दोनों प्रधानमंत्री पद के प्रत्याशी हैं। दोनों अपने को सिद्ध करने के लिए अपनी-अपनी ख़ूबियों-उपलब्धियों को नकारते हैं और दूसरे को घटिया सिद्ध करने के लिए उसकी ख़ामियों-कमज़ोरियों पर कीचड़ उछालते हैं। नाटक में आदमीनुमा पेड़ (बोधि वृक्ष) को चरित्र बनाकर प्रस्तुत किया गया है।

'तालों में बंद प्रजातंत्र' और 'कहे ईसा सुने मूसा'

ये दोनों विभुकुमार के महत्त्वपूर्ण नाटक हैं जिनमें नाटककार ने मौजूदा व्यवस्था के भ्रष्ट, आतंकपूर्ण और तकलीफ़देह होने का तीखा अहसास कराया है। 'तालों में बंद प्रजातंत्र' में नाटककार ने प्रजातंत्र को चलानेवाले नेताओं के कुचक्रों एवं साजिशों का पर्दाफाश किया है।

हिंदी के राजनीतिक व्यंग्य-नाटकों का जो स्वरूप विकसित हुआ है उसमें कथ्य और शिल्प—दोनों स्तरों पर अभूतपूर्व प्रयोग हुए हैं। इन व्यंग्य-नाटकों का रंग प्रहारात्मक तिलमिलाहट पैदा करनेवाला है।

कथ्य और मुद्दे

देश की राजनीतिक विसंगतियों और हलचलों को प्रस्तुत करने में ये नाटक सफल हुए हैं। सच तो यह है कि राजनीतिक विसंगतियाँ व्यंग्य के लिए असीम उर्वर भूमि मुहैया करती हैं।[6] क्योंकि राजनीतिक विसंगतियाँ समाज पर गहरा असर डालती हैं। आज समाज की हर हलचल देश के राजनीतिक-आर्थिक केंद्रों से परिचालित होती है। राजनीतिक विसंगतियाँ हर प्रकार की राजनीतिक मौक़ा-परस्ती, टालमटोलपन, राजनीतिक दलों के दाँव-पेंच, चुनाव की कुत्सित सरगरमियाँ आदि को भी उजागर करती हैं। यहाँ आयाराम-गयाराम का ताँता-सा लग गया है। सत्ता हथियाने के हथकंडे-मोर्चाबंदी की वजह से आम आदमी में राजनीति के प्रति खौफ़ पैदा हो गया है। आगे विभिन्न राजनीतिक व्यंग्य-नाटकों के कथ्य में उठाए गए कुछ मुद्दों या किए गए व्यंग्य पर विचार किया जाएगा।

देश की वर्तमान राजनीतिक स्थिति-दुस्थिति

हिंदी के व्यंग्य नाटककारों ने अँधी धाँधली से भरी भारतीय राजनीति पर व्यंग्य करते हुए देश की वर्तमान स्थिति-दुस्थिति को दिखाने का प्रयास किया है। आज़ादी पाए कई साल गुज़र गए हैं। देश के तमाम विकास और तरक्की के लिए कई पंचवर्षीय योजनाएँ बनाईं; किंतु गरीबी, भुखमरी, बेरोज़गारी वहीं-ही-वहीं रह गई हैं। इन समस्याओं को हटाने के लिए इनके हल निकालने में आशातीत कामयाबी अभी तक हमें हासिल नहीं हुई है। यहाँ की आम जनता अपने चारों तरफ़ खुशहाल राजनेताओं को देखती है, भ्रष्टाचार के हमाम में डूबे अफसरों की जमात देखती है और घूसखोरी एवं कालाबाज़ारी का तांडव नृत्य देखती है। जीवन की सारी विद्रूपताओं एवं कुरूपताओं के परिवेश में अंधकारमय भविष्य को देखती है तो उसे पता चलता है कि आज़ाद भारत के हालात निरंतर बिगड़ते जा रहे हैं—बीमार है देश। बीमार है देश की सबसे छोटी इकाई—परिवार। आज़ादी के इतने वर्ष बाद भी, कहीं कोई परिवर्तन नहीं। 'कहे ईसा सुने मूसा' नाटक के एक पात्र का यह कथन हमारे देश की वर्तमान हालत को ज़ाहिर कर देता है।[7]

सत्ता की प्राप्ति : सर्वोच्च लक्ष्य

वर्तमान राजनीति में सत्ता की प्राप्ति ही राजनेताओं का एकमात्र लक्ष्य रह गया है। व्यंग्य नाटककारों ने नेताओं की इस अदम्य लालसा तथा उसकी प्राप्ति के लिए उनके द्वारा किए जानेवाले उचित-अनुचित मनसूबों-उपायों, कूटनीतियों-साजिशों को अपने नाटकों में दिखाया है। जब सत्ता हाथ में हो तो उसी को किसी-न-किसी तरह बनाए-बचाए रखने के लिए वे सदा चिंतित रहते हैं। अपने इस स्वार्थपूर्ण उद्देश्य के लिए जनहितों से विश्वासघात, संविधान से बलात्कार और सत्ता का दुरुपयोग बेशक़

करते हैं। उनके राजनीतिक उसूल का कोशिश इज़्ज़त, ईमानदारी, नैतिक व्यापार इंसानियत और त्याग से कोई वास्ता नहीं होता। तत्काल स्वार्थ-सिद्धि और अधिकार के अतिरिक्त किसी को कोई ध्यान नहीं है। सत्ता की बागडोर जिन नेताओं के हाथों में आती है, मनमानी उनकी चलती है। वे अनैतिक और ग़ैर-क़ानूनी कार्य करते हैं और साफ़-साफ़ बच जाते हैं। उनके भ्रष्टाचार ढोंग और फरेब के खुल जाने पर जनता को लगता है कि "भारत में हर कहीं नेता-ही-नेता दिखाई पड़ते हैं—सब कहीं नेता ही दिखाई देते हैं। सभी अपनी गोटी बिठाने में लगे हैं।"[8]

फिलहाल राजनीति भी एक पेशा है। आज़ादी की लड़ाई में लोगों ने अपनी ज़िंदगी की पूँजी लगाकर हिस्सा लिया था और अज़ादी हासिल की थी। किंतु आज़ादी के पा जाने के बाद हालात बिलकुल बदल गए। लोगों ने स्वार्थ-लाभ के लिए राजनीति में दाखिला लिया। देश की प्रगति व तरक्की उनका खास लक्ष्य नहीं है। इसमें दाख़िल होने के लिए कोई पूँजी की ज़रूरत नहीं है और बहुत फ़ायदे उठाए भी जा सकते हैं। इसमें शैक्षिक काबिलियत की भी ज़रूरत नहीं। इसलिए 'सिंहासन ख़ाली है' नाटक का नेता कहता है—"राजनीति का 'क-ख-ग' पढ़ाने की कोई ज़रूरत नहीं होगी। मैं पेशेवर राजनीतिज्ञ हूँ।"[9]

जब कोई अपने ख़िलाफ़ उँगली उठाता है तो वे उन्हें अपना हिमायती बना लेते हैं। 'शुतुरमुर्ग' नाटक का विरोधीलाल राजा के अन्याय और शोषण के ख़िलाफ़ आवाज़ बुलंद करता है तो राजा पहले धमकी देता है। धमकी के फ़िजूल बन जाने पर राजा पैंतरा बदलता है। वह धूर्त राजनीतिज्ञ की भाँति विरोधी का मुँह बंद करने के लिए स्वर्ण मुद्राएँ देने का सीधा प्रस्ताव करता है। उसके स्वीकार किए जाने पर उसे शुतुरनगरी का विकास-मंत्री नियुक्त किए जाने का प्रलोभन देता है। विरोधीलाल इस पद को स्वीकार कर यह ज़ाहिर कर देता है कि देश में विपक्षी नेताओं द्वारा की जानेवाली आलोचनाओं के पीछे उनका क्या उद्देश्य निहित होता है।

विरोधीलाल के बाद, शुतुरमुर्ग के निर्माण की फ़िज़ूल योजना पर किए जानेवाले अपव्यय की आलोचना करते हुए जब मामूलीराम जनता की अहम समस्याएँ जैसे रोटी, कपड़ा और मकान को लेकर सवाल उठाता है तो उसे दिलासा देता है कि शुतुरमुर्ग के निर्माण के बाद सभी माँगें मान ली जाएँगी। फिर भी वह संतुष्ट नहीं होता। भीड़ के बढ़ते आक्रोश और अशांति की भयावहता को भाँपकर राजा राज्य की सीमा पर संभावित युद्ध की घोषणा कर देता है। युद्ध का संकट दिखाकर राजा अपनी कुर्सी का संकट ख़त्म करने में कामयाब हो जाता है। मंत्री की शंका निराकरण करते हुए राजा स्पष्ट कर देता है—"हमें शांति चाहिए। अब हमें शांति युद्ध से मिले या शांति से, हमें किसी भी मूल्य पर चाहिए ताकि हमारे परम सत्य का प्रतीक शुतुरमुर्ग स्थापित हो सके।"[10]

सर्वेश्वरदयाल सक्सेना ने अपने 'बकरी' नाटक में निरीह, गँवार और अपढ़

ग्रामीण को ठगनेवाले राजनेताओं की पोल खोलने की कोशिश की है। सत्यवीर, कर्मवीर और दुर्जनसिंह तीन नेता हैं जो गाँव की दलित औरत विपती की बकरी को हड़प लेते हैं। बकरी की तलाश में विपती आती है तो वे कहते हैं कि "बकरी महात्मा गांधी की है अतः सार्वजनिक है। पचास साल में सरकार का खुफिया विभाग, पुलिस पल्टन सब इस बकरी को खोज रहे थे। अंत में वे उसे डराते हैं और "सार्वजनिक संपत्ति को हड़पने के आरोप में दफा एक्स, क्यू, ज़ीरों के अधीन साल सख़्त कैद की सजा दी जाती है। साथ ही पाँच सौ रुपया जुर्माना। न देने पर छः महीने की क़ैद बामशक्कत भी।

सत्ताधारी नेता अपनी लोकप्रियता बढ़ाने के लिए फूल-माला चढ़ाकर या जनता के बीच से बच्चे को उठाकर उल्लू सीधा करते हैं। शरद जोशी का 'एक गधा उर्फ़ अलादाद ख़ाँ' का नवाब कोतवाल से कहता है—"भीड़ को हटा नहीं। कोई करिश्मा कर जिससे हमारी मशहूरी हो। अब हम जनता में लोकप्रिय होना चाहते हैं। यहीं इसी वक़्त।...कोई बच्चा नज़र नहीं आ रहा ? पकड़ लाओ मेरे पास।...हम उसे प्यार से थपथपा देंगे हल्का हुआ तो उठा लेंगे। सब हमारी ओर प्रशंसा से देखेंगे। नवाब बच्चों को बहुत प्यार करते हैं।"[11] यह बात जब नवाब से कोतवाल कहता है तो नवाब किसी भिखारी को पकड़ लेने की बात करते हैं। भीड़ से कोतवाल पूछता है कि उनमें से कोई भिखारी है। उसको उत्तर मिलता है—"हम सभी हैं हुजूर।"[12] लेखक दिखाता है कि जनता को भिखारी बनानेवाले शासकों की भी कमी नहीं रही है।

सत्ता का खोखलापन

'एक था गधा...' में आम आदमी को उल्लू बनानेवाले सत्ताधारियों की खिल्ली उड़ाई गई है। जुग्गन धोबी अपने गधे को न दीखने के कारण 'अलादाद ख़ाँ' कहकर रोता-चिल्लाता हुआ घूमता है। बात नवाब के यहाँ पहुँचती है तो समझ लेता है कि 'अलादाद ख़ाँ' नाम किसी नागरिक का है। आख़िर पता चलता है कि अलादाद ख़ाँ इंसान नहीं गधा है। नवाब ने रेडियो द्वारा पहले घोषणा की थी कि वे अलादार के जनाज़े को कंधा देंगे। ख़बर चारों तरफ़ पहुँच गई थी। सरकारी इमारतों पर झंडे आधे झुक गए थे, रेडियो में सारंगी बज रही थी। मरनेवाला, आदमी न होकर गधा है तो शासक की लोकप्रियता कैसे बढ़ सकती है ? इसलिए गधे के बदले अलादाद ख़ाँ नामक आम आदमी लाया जाता है और शासक रेडियो द्वारा किए गए ऐलान का पालन किया जाता है। सत्ताधारियों के खोखलेपन की वजह से आम आदमी उनके पैरों तले रौंदा जाता है। शरद जोशी का दूसरा व्यंग्य-नाटक 'अँधों का हाथी' में भी इसका चित्रण मिलता है।

विभिन्न नाटकों में सरकार द्वारा नियुक्त जाँच समितियाँ, सरकारी निर्माण योजनाओं, सूचना माध्यमों की तरफ़दारी, रौनक बढ़ाने के लिए शासक द्वारा किए

जानेवाले पत्र-सम्मेलन, सत्ता की खुशामदी और ज़िंदादिली करनेवालों, सिद्धांतहीन राजनीतिक दलों आदि की असलियत को परत-दर-परत खोलने का प्रयास नाटककारों ने किया है।

चुनाव

प्रजातंत्र का आधार है। मताधिकार। चुनाव-व्यवस्था के कारण इसमें वोट का ही सर्वाधिक महत्त्व है। यदि मत सोच-समझकर आज़ादी से किया जाता है तो निश्चय ही प्रजातंत्र, सफल प्रजातंत्र, सफल शासन-तंत्र बन सकता है। पद्धति है नहीं तो वह कुछेक लोगों के हित-साधक तंत्र बनकर रह जाता है। हमारा प्रजातंत्र विश्व का सबसे बड़ा लोकतंत्र है। लेकिन यहाँ मतदाताओं से जिस प्रकार छल-कपट कर मत छीना जाता है, उसकी मिसाल अन्य किसी भी लोकतांत्रिक देश में नहीं होगी। चुनाव भी जनता की आँखों में धूल झोंकने का एक तरीक़ा है। नेताओं के लिए चुनाव एक मौसम है। चुनाव आते ही नेता लोग मौसमी पुछी के सरीखे 'जनता जर्नादन' के इर्द-गिर्द मँडराने लगते हैं। यही नहीं, चुनाव जीतने के लिए हर प्रकार के हथकंडों का इस्तेमाल किया जाता है। जाति-पाँति को नष्ट करने और धार्मिक भेदभाव न करने की घोषणा हमारे प्रजातंत्र में है। लेकिन जब चुनाव लड़ा जाता है तब धर्म, जाति, पंथ आदि को देखा जाता है। प्रत्याशी का कहना होगा—"हम जन्म से ठाकुर हैं, कर्म से ब्राह्मण और सेवक हरिजनों के हैं। हमें सबका वोट मिलना चाहिए।"[13] चुनाव के समय अपनाए जानेवाले हथकंडों की अभिव्यक्ति 'सुनो बोधिवृक्ष' (मधि मधुकर), 'भारत भाग्य विधाता' (रमेश उपाध्याय) आदि व्यंग्य-नाटकों में भी मिलती है।

चुनाव के दौरान बूथ-कैप्चरिंग और फर्जी मतदान यहाँ आम बातें हैं। इसलिए चुनाव मज़ाक़-सा हो गया है। 'बकरी' नाटक में कहा गया है—"वोट-चुनाव सब मज़ाक़ हो गया है। सब झूठ पर चल रहा है। ग़रीबों की बकरी पकड़कर उसने पहले पैसा दुहा, अब वोट दूह रहे हैं। फिर पद और कुर्सी दुहेंगे।"[14]

प्रजातंत्र

पचासोत्तर नाटककारों में प्रजातंत्र की निश्चित परिकल्पना है। इसमें कई अच्छाइयाँ हैं, लेकिन भारतीय जनतांत्रिक व्यवस्था ने आम आदमी का जीवन दूभर कर दिया है। सत्ता जब ग़लत हाथों मे जाती है तब नतीजे भी ग़लत निकलते हैं। आम आदमी के दुःख-दर्द से जनतंत्र के पहलुओं का कोई वास्ता नहीं है। प्रजातंत्र को दरअसल अवसरवादी और सुविधाभोगी शक्तियों ने ही निरर्थक चीज़ बनाया है। इसका अंजाम यह निकला कि कुचक्री खलनायकों का रथ प्रजातंत्र को रौंदकर शान के साथ चला जा रहा है।

प्रजातंत्र आज राजनीति और उसके कर्णधार की कार-गुज़ारियों की वजह से एक

पेटी में बंद है। जिसकी चाबी इन कुचक्रियों के हाथों में है। ये लोग अपने भाषणों और नारों से जनता के साथ मक्कारी करने में लगे हुए हैं। इसलिए 'तालों में बंद प्रजातंत्र' नाटक में आह्वान किया गया है—अब तक हमें ये मूर्ख बनाकर अपना उल्लू सीधा करते रहे किंतु और इंतज़ार करेंगे...इनकी मरम्मत की जाए और चाबियाँ छीन ली जाएँ।[15] प्रजातंत्र जनता के तंत्र नामक बक्से में बंद पड़ा है। नेता कहता है—"यह बक्सा ही है जो हमें बचाए हुए है, जब तक यह बंद है, हमारी ढँकी हुई है।"

'बकरी' नाटक में विपती अपनी बकरी को तलाशाती हुई नेताओं के पास पहुँचती है। वह अपना परिचय देती है कि वह 'परजा' है। नेता कहता है कि परजा नहीं लोकतंत्र में 'जनता जनार्दन' है। इसी जनतंत्र देश में ही जनता को नेता लोग जनार्दन जैसी कठपुतली बनाते हैं। इसी जनतंत्र देश में ही जनता की बकरी छीन ली जाती है उसके ज़रिए पद, पैसा और औकात को बना लिया जाता है। पुलिस के डंडे के बल पर जनता को मालूम कराया जाता है कि नेता लोग न्याय ही करते हैं, नेता उनके हैं, उनके लिए हैं। लोकतंत्र जनता का, जनता के लिए, जनता के द्वारा...।[16]

समाजवाद

आज़ादी की लड़ाई के दौरान से ही भारत का ध्येय समाजवादी राष्ट्र की स्थापना रहा है। आज़ाद भारत के संविधान की उद्देशिका भी समाजवाद को स्थान दे रही है। भूतपूर्व प्रधानमंत्री ने ही आपातकाल के दौरान पारित 42वें संवैधानिक संशोधन द्वारा समाजवाद को संविधान की उद्देशिका में स्थान दिला दिया। आज़ादी के बाद ग़रीब और ग़रीब और अमीर और अमीर हो गया। समाजवाद की यथार्थता यही रही। समाजवाद का ढिंढोरा कथनी-करनी के फ़र्क़ को भी उजागर करता है। समाजवादी नारों में ऊपरी टीम-टाम भाँति-भाँति के प्रचारों की कमी नहीं रही। किंतु इससे दरिद्र नारायण की उन्नति और उद्धार पर कोई असर नहीं दिखाई पड़ता है। 'एक था उफ़ अलादाद ख़ाँ' शीर्षक नाटक में समाजवाद के नाम पर सत्ताधारियों द्वारा आम आदमी के साथ हो रहे खिलवाड़ का जायज़ा प्रस्तुत किया गया है। नाटक में सत्ता का प्रतीक नवाब एक आदमी की हत्या करके उसके जनाज़े को कंधा देता है। चिंतक कहता है—जिस समाजवाद का जिक्र किताबों में है, वह आ गया। मैं कहता हूँ, आ गया समाजवाद। एक नवाब ग़रीब की मौत में शरीक हो रहा है।[17] 'तालों में बंद प्रजातंत्र' जैसे कई नाटकों में भी समाजवाद के नारे लगाकर जनता को लूटनेवाले नेताओं, समाजवाद की कमज़ोरियों की आलोचना हुई है।

दल-बदल की प्रवृत्ति

हिंदी के कई राजनीतिक नाटकों में दल-बदल की प्रवृत्ति पर कटु व्यंग्य किया गया है। इन नाटकों की रचना के पहले ग़रीब हटाने और समाजवाद लाने के नारे राजनीति

पर छा चुके थे। इन नारों के पीछे छिपे सत्तारूढ़ दल की आकांक्षाएँ और मंशाएँ स्पष्ट रूप से दृष्टिगत होने लगी थीं। सत्ताधारी लोग देश की ग़रीबी मिटाने के पहले अपनी ग़रीबी मिटाने पर तुले हुए थे। धन-संपत्ति और पद प्राप्त करने के लिए तिकड़मबाजी में शामिल होने लगे थे। जब सत्तारूढ़ दल का बहुमत कम हो गया तो दलबदल को बल मिलने लगा। दलबदल अवसरवादिता के आधार पर बाद में होने लगा। फिलहाल यह एक संक्रामक बीमारी की तरह फैलकर प्रजातंत्र के लिए ख़तरनाक साबित हो गया है। 1967 के चौथे आम चुनाव के बाद ही समस्त राजनीति दलबदल की राजनीति बन गई है। भारतीय राजनीति में दलबदल करने के लिए सिद्धांतों के आधार पर या नीति-असहमति के कारण कहते हैं, लेकिन इसका वास्तविक कारण व्यक्तिगत स्वार्थ ही होता है। 'शुतुरमुर्ग', 'सिंहासन ख़ाली है', 'अँधों का हाथी', 'तालों में बंद प्रजातंत्र' जैसे कई नाटकों में इस पर व्यंग्य किया गया है।

स्वातंत्र्योत्तर राजनीतिक व्यंग्य-नाटकों के अध्ययन से यह ज़ाहिर होता है कि नाटककारों ने सामाजिक सरोकारों का निर्वाह करते हुए अपने कथ्य का चयन किया है। भ्रष्ट-तंत्र, राजनीतिक प्रपंच आदि के ख़िलाफ़ दर्शकों का ध्यान आकर्षित करने में उन्हें कामयाबी हासिल हुई है। विरोध इन नाटकों की मुख्य आवाज़ है, स्वर है। राजनीतिक व्यवस्था के रू-ब-रू ईमानदार आदमी की लड़ाई का ब्यौरा इन नाटकों की मनोभूमि है और राजनीतिक व्यंग्यकारों की कलम इनके ख़िलाफ़ है। राजनीतिक व्यंग्य-नाटककारों ने राजनीति और प्रशासन से संबंधित तमाम विसंगतियों एवं विकृतियों पर कटु व्यंग्य किया है। देश सेवा की दुंदुभी बजाकर सत्ता का रस चखनेवाले जनविरोधी-नेताओं के ढोंग और काले कारनामों को बेनकाब करने में ये नाटककार सफल निकले हैं। नई भाषा-शैली या संवाद-शैली के साथ-साथ शिल्पपरक नूतनता भी इन व्यंग्य-नाटकों की ख़ूबी है। समाज और आदमी की अहम समस्याओं को अभिव्यक्ति देते हुए आज की ज़िंदगी को तेज़ रफ़्तार प्रदान करने में ये राजनीतिक व्यंग्य-नाटक मुकम्मल साबित हुए हैं।

संदर्भ

1. ...these are as various as its subject. -Arthur Pollard—Satire, P. 22
2. डॉ. जयदेव तनेजा—आज के हिंदी रंग नाटक : परिवेश और परिदृश्य, पृ. 155
3. वही
4. डॉ. जयदेव तनेजा—नई रंगचेतना और हिंदी नाटककार, पृ. 197-198
5. वही
6. डॉ. शेरजंग गर्ग—व्यंग्य के मूलभूत प्रश्न
7. विभुकुमार—कहे ईसा सुने मूसा, पृ. 71

8. विभुकुमार–तालों में बंद प्रजातंत्र, पृ. 90
9. सुशील कुमार सिंह–सिंहासन ख़ाली है, पृ. 47
10. शरद जोशी–दो व्यंग्य नाटक, पृ. 47
11. वही, पृ. 47
12. वही, पृ. 13
13. सर्वेश्वरदयाल सक्सेना–बकरी, पृ. 60
14. वही, पृ. 47
15. विभुकुमार–तालों में बंद प्रजातंत्र, पृ. 96
16. सर्वेश्वरदयाल सक्सेना–बकरी, पृ. 36
17. शरद जोशी–दो व्यंग्य नाटक, पृ. 48

मुक्तिबोध की कालयात्री कविता

डॉ. विजयन

आधुनिक हिंदी काव्य-परिदृश्य में गजानन माधव मुक्तिबोध निराला के बाद के महत्त्वपूर्ण कवि हैं। आधुनिक कविता व्यक्ति और परिवेश के द्वंद्व से पैदा होती है। यह द्वंद्व जितना अधिक तीव्र है, कविता उतनी अधिक मार्मिक महसूस होती है। मुक्तिबोध के जीवन और काव्य में संघर्ष-चेतना का नैरंतर्य लक्षित होता है। उनका जीवन एक लंबी संघर्ष-कथा है। उनका काव्य संघर्ष की एक लंबी गाथा है।

सन् 1943 में 'तारसप्तक' के प्रकाशन के साथ मुक्तिबोध कवि के रूप में चर्चित होने लगे थे। बावजूद ऐसी विरल चर्चाओं के वे कवि के रूप में लगभग उपेक्षित ही रहे। उनकी कविताओं का अध्ययन और मूल्यांकन सही दिशा में बहुत बाद में ही संपन्न हुआ। सन् 1964 में लंबी बीमारी के बाद उनका स्वर्गवास हुआ तो अकस्मात् हिंदी-जगत् का ध्यान उनकी ओर गया। उसी वर्ष उनका पहला काव्य-संकलन 'चाँद का मुँह टेढ़ा है' प्रकाशित हुआ। दूसरा संकलन 'भूरी-भूरी खाक धूल' का प्रकाशन सन् 1980 में हुआ। यों दोनों काव्य-संकलन कवि के स्वर्गवास के बाद ही प्रकाश में आए। इन दोनों संकलनों में सम्मिलित कुल 78 कविताएँ हैं जो मुक्तिबोध के कवि-कर्म की उपलब्धियों को रेखांकित करती हैं और यह सूचित करती हैं कि अंतर्वस्तु और अभिव्यंजना-शैली में मुक्तिबोध हिंदी के प्रयोगशील नए कवियों में एकदम अलग किस्म के कवि हैं। सन् 1960 के बाद के कई जन-पक्षधर कवियों ने मुक्तिबोध को अपना आदर्श जो माना है, वह निराधार नहीं है। इस प्रकार उत्तर शती के महत्त्वपूर्ण कवि के रूप में मुक्तिबोध समादृत हैं और उनका प्रखर कवि-व्यक्तित्त्व अगली शताब्दी के कवियों के लिए प्रेरक लगता है। स्पष्ट है कि उनकी कविता कालयात्री है।

मुक्तिबोध का व्यक्ति-जीवन ही नहीं, काव्य-जीवन भी चुनौतीपूर्ण रहा। व्यक्ति-जीवन में गरीबी से होनेवाली समस्याएँ उन्हें परेशान करती रहीं। मुक्तिबोध का काव्य-जीवन भी काँटों से भरा हुआ था। उनके कवि-कर्म की पहली समस्या

द्विभाषिक होने की थी। उनकी गृहभाषा मराठी थी जबकि काव्य-भाषा हिंदी। उन्होंने अपने छोटे भाई शरच्चंद्र के समान मराठी को काव्य-रचना का माध्यम नहीं बनाया। उनकी काव्य-प्रतिभा हिंदी में ही प्रस्फुटित हुई। काव्य-रचना के आरंभ-काल में मुक्तिबोध ने मराठी और हिंदी के द्वंद्व को अंदर-ही-अंदर महसूस किया। इसी कारण उन्होंने काव्य-सृजन के लिए बड़ी मेहनत की। प्रत्येक कविता को वे बार-बार काटते-छाँटते थे। अपनी काव्य-भाषा के संशोधन के लिए इतने सजग और प्रयत्नशील रहनेवाले कवि हिंदी में विरले ही मिलते हैं। उनकी सतत् जागरूकता और साधना का सद्परिणाम यह हुआ कि उन्हें अपने ढंग से एक जीवंत काव्य-भाषा विकसित करने में कामयाबी हासिल हुई। उनकी आवेग-त्वरित कविता में संवेदनशील पाठक महसूस करते हैं कि 'स्फूर्तिमय भाषा-प्रवाह में जगमगा उठते हैं भिन्न-भिन्न मर्म केंद्र'। मुक्तिबोध ने भाषा के आभिजात्य को तोड़ा और अँग्रेजी, उर्दू, मराठी तथा तत्सम एवं तद्भव देशज शब्दों के सहारे अभिव्यक्ति के तमाम खतरे उठाने का साहस किया। उनके संघर्षपूर्ण व्यक्तित्त्व की छाप से संपृक्त उनकी काव्य-भाषा प्रयोगशील नई कविता के दूसरे कवियों से एकदम उन्हें अलग करती है। मुक्तिबोध की अभिव्यक्ति-कुशलता के लिए 'चंबल की घाटियाँ' कविता की निम्नलिखित पंक्तियाँ उदाहरण है :

> "कटें, उठे पठारों का, दर्रों का
> धँसानों का बयाबान इलाका। गुँजान रात।
> अजनबी हवाओं की तेज मार-धाड़।
> बरगदों बबूलों को तोड़-ताड़-फोड़
> गगन में अड़े हुए पहाड़ों से छेड़छाड़
> नहीं कोई आड़।"

'चंबल की घाटी' का रौद्र-सौंदर्य उपर्युक्त पंक्तियों में उद्‌घाटित होता है।

हिंदी की प्रयोगशील नई कविता व्यक्ति केंद्रित कविता मानी जाती थी। उसमें सामाजिक सरोकारों का बहुत बड़ा अभाव था। मुक्तिबोध जैसे कवियों ने इस अभाव को दूर किया। सामाजिक सरोकार कवि को सामाजिक तथा राजनीति के समस्याओं से जोड़ते हैं। मुक्तिबोध सामाजिक सरोकारोंवाले नए कवियों में सर्वप्रमुख हैं। जन-पक्षधर कवि के नाते उन्होंने हमेशा अपने काव्य-कथ्य में सामाजिक तथा राजनीतिक स्थितियों और समस्याओं को समाविष्ट किया। उनकी कविताएँ अपने समय के सत्य का साक्षात्कार कराती हैं। उनमें अपने समय के इतिहास को कविता में बदलने की चुनौती का सामना करनेवाले युगद्रष्टा कवि लक्षित हैं। मुक्तिबोध की कुछेक कविताएँ इतिहास के कच्चे माल को कविता में रूपांतरित करती हैं। प्रायः सामयिक जीवन की सामाजिक और राजनीतिक घटनाएँ समय के गुजरने पर विस्मृत

हो जाती हैं। समकालीनता हमेशा इतिहास के बाहर घटित होती है। कविता उसे इतिहास में प्रवेश दिलाती है। मुक्तिबोध की कविता वह काम करने में सक्षम है।

राजनीति को इतिहास से दूर रखने के समर्थक नए कवियों से मुक्तिबोध अलग खड़े हैं। मुक्तिबोध ने अपनी कविताओं में राजनीति का इस्तेमाल किया है, वह राजनीति की शर्त पर नहीं, कविता की शर्त पर। उनकी बहुचर्चित कविता 'चाँद का मुँह टेढ़ा है' इसका सुंदर उदाहरण है। इसमें सन् 1953 के नागपुर का अशांत राजनीतिक वातावरण अंकित है। नागपुर के मजदूरों की हड़ताल और संघर्ष-चेतना के साथ-साथ कर्फ्यू की आतंककारी स्थिति भी इस कविता में रेखांकित हुई है। नागपुर की आधी रात के अँधेरे का डूबता चाँद सौंदर्य प्रेमी सुकुमार कवि सुमित्रानंदन पंत का छायावादी चाँद नहीं, यह चाँद भारतीय काव्य में चिरकाल से वर्णित सुंदर नारियों का अपमान भी नहीं, यह यथार्थवादी चाँद है जो टेढ़े मुँहवाला, गंजे सिरवाला और कंजी आँखोंवाला है। यह चाँद पूँजीवादी व्यवस्था का प्रतीक है। पूँजीवादी व्यवस्था का पक्षपात से विकृत मुख है, अतएव चाँद का मुँह टेढ़ा दीखता है। इस कविता में एक ओर नागपुर के मजदूरों की हड़ताल की तात्कालिकता है तो दूसरी ओर पूँजीवादी व्यवस्था के अँधेरे की विकराल खौफनाक यातनाएँ हैं। शोषण की खूँखार ताकतें दुनिया-भर की स्थायी समस्याएँ हैं। देश और काल की सीमा के बाहर ऐसी प्रतिक्रियावादी शक्तियाँ क्रियाशील हैं। इसी कारण यह कविता कालबद्ध होने पर भी कालमुक्त है। यह कविता स्थान (नागपुर) और काल (सन् 1953) की सीमाएँ लाँघकर कालजयी बन जाती है। राजनीतिक कविता रचने की यह एक नई शैली है जिसमें राजनीतिक और आर्थिक शब्दावली का कहीं भी प्रयोग नहीं हुआ है। लेकिन कवि ने प्राकृतिक परिवेश और राजनीतिक वातावरण के आपसी संगुफन को अभिव्यंजित करनेवाले कई दृश्य-बिंबों का अंकन अद्‌भुत कुशलता से किया है। नागपुर बड़ा शहर है। वहाँ का धूम्रमुखी चिमनियों के मीनारोंवाला कारखाना। मीनारों के बीचोबीच चाँद का टेढ़ा मुँह। नगर के कोनों के तिकोनों में छिपे चाँद की संवलायी किरणों के जासूस!! गगन में कर्फ्यू। वृक्षों में बैठे हुए पक्षियों पर कर्फ्यू है। उस आधी रात के अँधेरे में चाँद की संवलायी किरणों के जासूसों की आँखें बचाकर कोई लाल-नीले अक्षरों के भड़कीले हड़ताली पोस्टर चिपकाने में मगन है। यह लंबी कविता एक मार्मिक प्रभाव छोड़कर निम्न पंक्तियों में खतम होती है।

"समय का कण-कण। गगन की कालिमा से।
बूँद बूँद चू रहा। तडित, उजाला बन।"

इस कविता के अध्ययन करने पर कोई भी विचारवान पाठक यह अनुभव कर सकता है–'दूध में पानी की तरह इस कविता में राजनीति मिली-जुली है।'

संघर्ष-चेतना मुक्तिबोध की कविता की प्राणधारा कही जा सकती है। उनकी

कविता में संघर्ष के दोहरे रूप नजर आते हैं। कहीं आत्म-संघर्ष की अभिव्यक्ति मुख्य लगती है तो कहीं जन-संघर्ष प्रमुख प्रतिपाद्य प्रतीत होता है। मुक्तिबोध की बहुचर्चित कविता 'ब्रह्मराक्षस' में मध्यवर्ग के अहंग्रस्त आत्ममुग्ध बुद्धिजीवी के अंतर्द्वंद्व और अंतर्मंथन अंकित है। ब्रह्मराक्षस मध्यवर्ग का निजताबद्ध बुद्धिजीवी है जो अपने 'ज्ञान' को 'क्रिया' में नहीं बदल पाया। अपने मध्यवर्गीय संस्कारों में सिमटता बुद्धिजीवी अपनी मुक्ति के लिए अकेले में लड़ता है। उसमें वह हार जाता है। मुक्तिबोध का विचार है कि मध्यवर्ग को अपनी मुक्ति के लिए निम्नवर्ग से मिलकर उनके साथ एकमेक होकर संघर्ष करना है। जन-संग ऊष्मा के बिना व्यक्तितत्त्व के स्तर जुड़ नहीं सकते। मध्यवर्ग का निम्नवर्ग में विलय होना चाहिए। दोनों वर्ग एकता के साथ लड़ेंगे तो सामाजिक अभ्युत्थान संभव होगा। 'चंबल की घाटी' में ये पंक्तियाँ स्मरणीय हैं :

> "याद रखो। कभी अकेले में मुक्ति नहीं मिलती।
> यदि वह है तो सबके ही साथ है।"

अपने संघर्ष में पराजित मध्यवर्ग के बुद्धिजीवी का यही हाल है। "पिस गया वह भीतरी औ बाहरी दो कठिन पाटों के बीच। ऐसी ट्रेजेडी है नीच।" द्वंद्व-स्थितियों का वर्णन मुक्तिबोध बड़े मनोयोग से करते हैं। यथा :

> "जितना ही तीव्र है द्वंद्व क्रियाओं घटनाओं का।
> बाहरी दुनिया में
> उतनी ही तेजी से भीतरी दुनिया में
> चलता है द्वंद्व कि
> फिक्र से फिक्र लगी हुई है।"

इस फिक्र के कारण मध्यवर्ग का कवि महसूस करता है :

> "मेर सिर गरम है
> इसीलिए भ्रम है।"

'लकड़ी का बना रावण' में अत्याचारी सत्ताधारी के खिलाफ जाग्रत जन-शक्ति और उससे आतंकित सत्ताशील शासक-व्यक्ति के चित्र उकेरे गए हैं। मुक्तिबोध आत्म-संघर्ष का चित्रण कहीं-कहीं इस ढंग से करते हैं कि वह जन-संघर्ष में रूपांतरित मालूम पड़ता है। आत्म-संघर्ष का जन-संघर्ष में रूपांतरण एक प्रकार से आत्म-विस्तार है। कवि मुक्तिबोध ने लिखा है, "आत्म-विस्तार यह बेकार नहीं जाएगा।" मुक्तिबोध की रचना-प्रक्रिया की एक विशिष्ट शैली यह भी है कि कवि बाह्य यथार्थ का आभ्यंतरीकरण करके उसे प्रस्तुत करता है और आभ्यंतर यथार्थ को बाह्य यथार्थ में रूपांतरित कर अभिव्यक्ति करता है। यों बाह्य का आभ्यंतरीकरण और आभ्यंतर का

बाहरीकरण मुक्तिबोध की रचना-प्रक्रिया की एक विशिष्ट पद्धति है।

प्रयोगशील नई कविता के केंद्र में नागर परिवेश और वहाँ के तनावपूर्ण वातावरण में जीनेवाले लोगों की जटिल मानसिकता की अभिव्यक्ति की प्रधानता है। मुक्तिबोध की कविता में ऐसे नागर परिवेश के दृश्यालेख पर्याप्त मात्रा में उपलब्ध हैं। यथा :

'इस नगरी में चाँद नहीं,
सूर्य नहीं...ज्वाला नहीं।
सिर्फ धुएँ के बादल दल हैं।
और धुँआते पुराने हवामहल हैं।
"इस नगरी के प्रहरी पहने हैं धुएँ के लंबे चोगे।
साजिश के कुहरे में डूबी।
ब्रह्मराक्षसों की छाया में।
गांधीजी की चप्पल पहने घूम रही है।"

(इस नगरी में)

मुक्तिबोध लोकचेतना के कवि हैं। अतः उन्होंने ग्राम्य परिवेश की उपेक्षा नहीं की है। ग्राम्य परिवेश में जीनेवाले लोगों की स्वाभाविक जीवन-दशा और दिशा को उन्होंने रेखांकित किया है अपनी 'बैलगाड़ी में' शीर्षक कविता में। यह प्रेमचंद की कहानियों में अंकित ग्राम्य परिवेश की याद दिलाती एक मार्मिक कविता है। गेहूँ को मंडी तक ले जाने की समस्या का सामना करनेवाला ठेठ किसान। उसकी ढचर-ढचर चलनेवाली बैलगाड़ी "पहाड़ी चढ़ान की। अँधेरी ऊँचाई पर घुँघरू बजाते हुए बढ़ते हैं। बढ़ते अटक-अटक। थके हुए बैल ये हमारे।" बैलगाड़ी में ही नहीं पूरी कविता में ताजी कटी फसलों की खुशबू छायी हुई है। पहाड़ी इलाका है। ठंडी हवा और डाकुओं के डर से किसान के अंग-अंग में कँपकँपी हो रही है। किसान सोचता है।

ज़िंदगी ऐसी है कि। सहचर रूप में।
हमारे साथ तारे हैं, चाँद है व आसमान।

ममतामयी प्रकृति के सिवा उस के लिए और कोई भरोसे का साथी नहीं। ग्रामीण परिवेश में खतरे की जिंदगी जीनेवाले उत्तर भारत के गाँव के एक साहसी किसान का जीता-जागता चित्र इस कविता में उभरा है।

'एक अरूप शून्य के प्रति' कविता में भी लोकचेतना के कवि मुक्तिबोध दर्शित हैं। साँझ के समय कवि मंदिर-चबूतरे पर बैठता है। उसे याद आते हैं भयभीत आँखों के हंस व घाव भरे कबूतर। याद आते हैं अपने लोग और उनके सब हृदय-रोग। गरीबों के घुप्प अँधेरे घर और वहाँ लालालाल जलती हुई ढिबरी याद आती है। यहाँ

तक सभ्य समाज से उपेक्षित भगवान राम की शबरी भी कवि की स्मृति में आती है। प्रयोगशील नए कवियों में ग्रामीण परिवेश की ऐसी संसिक्ति और लोकचेतना का ऐसा उमठता आवेग कम कवियों में पाया जाता है।

मुक्तिबोध की कविता का अपना विशिष्ट स्थापत्य है। उनकी अधिकतर कविताएँ लंबी हैं। विचारों और भावों के द्वंद्वात्मक विकास के कारण इनकी कविताएँ लंबी हो जाती हैं। गतिशील जीवन-यथार्थ को पकड़ने के प्रयास में भी कविता लंबी होती जाती है। उनकी लंबी कविताएँ भी यह आभास देती हैं कि "और भी रहा जो कहा नहीं गया" यानी कविता अधूरी रह गई है। ऐसा लगता है कि इसी कारण मुक्तिबोध ने यह लिखा—"मैं अपनी अधूरी दीर्घ कविता में। उमगकर जन्म लेना चाहता फिर से। कि व्यक्तित्त्वांतरित होकर। नए सिरे से समझना ओ जीना। चाहता हूँ सच।"

मुक्तिबोध की कविता यथार्थ के कई आयामों को उद्‌घाटित करती है। जीवन के यथार्थ की अभिव्यक्ति के लिए उन्होंने यथार्थवादी शिल्प को अपनाए बिना भाववादी शिल्प को अपनाया है। मुक्तिबोध का विचार था कि यथार्थ के वर्णन के लिए यथार्थवादी शैली ही काम आ सकती है, यह धारणा गलत है। भाववादी शैली में भी यथार्थ की व्यंजना संभव है। इतना ही नहीं मुक्तिबोध के काव्य का यथार्थ इतना भयानक है कि उसे यथार्थवादी शिल्प में नहीं, अतियथार्थवादी शिल्प में ही अभिव्यक्ति दी जा सकती है। इसीलिए उन्होंने अतियथार्थवादी शिल्प को यानी फैंटेसी को अपनाया है। फैंटेसी रचना का स्वप्न-क्षण है। वह जीवन-प्रसूत है। मुक्तिबोध के लिए फैंटेसी एक भयानक रचना-संदर्भ है। उन्होंने लिखा :

> "इसीलिए मेरी कविताएँ। भयानक हिडिंबा हैं।
> वास्तव की विस्फारित प्रतिमाएँ।
> विकृताकृति बिंबा हैं।"

मुक्तिबोध ने माना कि यथार्थ अपनी कलात्मक परिणति में फैंटेसी में परिणत हो जाता है। फैंटेसी के शिल्प से उन्होंने यथार्थ और संभावनाओं की दरारों को पाटने की कोशिश की।

मुक्तिबोध जैसे सामाजिक प्रतिबद्धता के जन-पक्षधर कवियों के कारण प्रयोगशील नई कविता कोरी व्यक्तिवादी कविता के रूप में सिमटने से बच गई। कविता को बहने के लिए जीवन का खुला मैदान मिल गया। वैयक्तिक, सामाजिक, राजनीतिक आदि जीवन के विभिन्न क्षेत्रों को नई कविता ने अपने भीतर समेट लिया। नई कविता के इस विकास में मुक्तिबोध का अपना योगदान है। अंतर्वस्तु की दृष्टि से ही नहीं, अभिव्यंजना-पक्ष की दृष्टि से भी उनका योगदान कम महत्त्वपूर्ण नहीं। कविता के बारे में लिखी उनकी निम्न पंक्तियाँ उनकी कविता की सही पहचान हैं। "वह आवेग-त्वरित कालयात्री है...गहन गंभीर छाया आगमिष्यत् की लिए, वह जन-चरित्री है।"

समकालीन कविता का थल और काल

डॉ. अरविंदाक्षन

कविता की आदिमता संस्कृति की विकासेच्छा के साथ आरंभित होती है। इसलिए सांस्कृतिक विकास के प्रत्येक चरण में विपरीत परिस्थितियों के बावजूद कविता मानवीय आकांक्षाओं की पक्षधरता दर्शाती रही तथा अपने रचनात्मक वर्चस्व को प्रमाणित करती रही है। सामाजिक एवं सांस्कृतिक उत्थान में जिस अनुपात में जीवन के विभिन्न कार्य-कलापों से जुड़े संकल्पों की भूमिका रही है उसी अनुपात में कविता ने अपनी भूमिका भी निभाई है। वस्तुतः कविता-धर्म के रूप में कविता की जो पहचान हुई है वह कम महत्त्वपूर्ण बात नहीं है। कविता के कविता-धर्म में परिणत होने का क्रम हर युग की सही कविता या सही रचनात्मकता का सशक्त प्रतिमान है। यह क्रम कविता को अगंभीर वृत्त से मुक्त करता है और उसे गंभीर रचना-कार्य में परिणत कर देता है। कविता का यह यथार्थ अपनी निजी ऊर्जा से रूपायित और रूपांतरित है। अर्थात् यह स्थिति आरोपित नहीं है। सामान्यतः एक मोहक स्थिति, एक काल्पनिक विन्यास की विशेष गति अथवा अनुभूति की तरल-सी अवस्था कविता का यथार्थ बन सकती है। उसमें भी मानवीयता का स्पंदन ही वांछित है। उसके अभाव में कविता हवा में खींची हुई लकीर हो सकती है। कविता तभी अपना प्रभाव छोड़ती है, अपनी वर्चस्व दर्शाती है जब उसमें यथार्थ की तह में सुरक्षित, अतिसूक्ष्म यथार्थ की स्पंदित स्थिति हो। उसमें इतिहास के तमाम अवबोधजन्य पारिपार्श्व, सांस्कृतिक दृष्टि की सूक्ष्मदर्शी आकलनशीलता और अपेक्षित विश्व-दृष्टि संयोजित रहती है। कविता के कविता-धर्म से कविता-कर्म की परिणति का यह उपक्रम उसके आंतरिक विकास को सूचित करता है। प्रत्येक भाषा के कवितेतिहास में ऐसे अनेक स्मरणीय और अनुकरणीय परिच्छेद मिलते हैं जिनसे कवियों न सामान्य प्रभाव ही ग्रहण नहीं किया है बल्कि ऊर्जा अर्जित की है जिसके बल पर वास्तव में भविष्य की कविता का भूभाग तैयार हो जाता है। समकालीन हिंदी कविता की पूर्वपीठिका में ऐसे कुछ भूभाग अवश्य प्राप्त हो सकते हैं। कविता की यह उर्वर भूमि है। इसका कविता के इतिहास में काफी

महत्त्वपूर्ण स्थान है। इसमें प्रायः हम अपने सांस्कृतिक स्वत्व को खोज सकते हैं। समकालीन कविता ने इस नैरंतर्य को सुरक्षित रखा है।

सांस्कृतिक अभिव्यक्ति के रूप में ही आधुनिक कविता का विकास प्रत्येक भारतीय कविता में हुआ है। इसलिए जड़ता के प्रति सख्त विरोध और गत्यात्मकता के प्रति आकर्षण आधुनिक कविता की प्रवृत्ति रही है। लेकिन कविता के आधुनिक दौर ने जीवन-यथार्थ के हर पक्ष को व्यक्तिन्मुख दृष्टि से देखा और आधुनिक भारतीय कविता की यह प्रवृत्ति युगीन संक्रमण की पारदर्शी अभिव्यक्ति है। युग के तमाम मूल्य विघटनों और सांस्कृतिक दबाओं को आधुनिक भारतीय कवियों ने व्यक्ति के मोहभंग के परिप्रेक्ष्य में पहचाना और अपने ढंग से उक्त रचनात्मक गति को आरेखित करने का कार्य किया। हिंदी कविता में सन् पचास और साठ के बीच यही स्वर मुखर रहा। इसका यह अर्थ नहीं कि हिंदी की आधुनिक कविता अप्रासंगिक है। उसमें कविता के वास्तविक थल संकेतित हुए हैं। लेकिन स्वत्वान्वेषण के सीमित यथार्थ ने उसको परिमित किया है।

सन् सत्तर के बाद के दौर में वैश्विक स्थितियों में अभूतपूर्व परिवर्तन दिखाई पड़ते हैं। विश्व की शक्तियों में आए हुए परिवर्तन से लेकर नए ढंग के नव उपनिवेशवादी दबावों तथा इन सबके विरुद्ध छोटे पैमाने पर ही सही मानवीय संघर्ष के विभिन्न कार्यक्रमों ने हमारे समाज को गहराई से स्पर्श किया है। जीवन का एककेंद्री स्तर अब विलीन हो चुका है। अब कविता की बहुस्वरता का समय है। जीवन का कोई भी यथार्थ एककेंद्री नहीं है। इसी को समकालीन कविता का यथार्थ कहा जा सकता है। इस कारण से निश्चित लक्ष्य की ओर अग्रसर कविता अपनी एकायामी वृत्ति के कारण समकालीन दौर में अप्रासंगिक हो जाती है। समकालीन जीवन द्रुतगति से विकस्वर है। विकस्वरता के बावजूद जितना वह विघटनात्मक है, मूल्य शोषण की चपेट में जितना वह बिखर हुआ है उतना या उससे अधिक मात्रा में समकालीन कविता के यथार्थ के आयाम बहुतलस्पर्शी दिखाई दे रहे हैं। इस कारण से समकालीन कविता की रचनात्मक स्थिति अतीव जटिल और सूक्ष्म है। समकालीन कविता ने यथार्थ के इस व्योम को पूरी तरह से आत्मसात किया है।

समकालीन कविता अपने रचनात्मक विन्यास में अपना भूपरिदृश्य रचती है जिसे कविता का थल कहा जा सकता है। इसके अभाव में समकालीन कविता का समकालीन होना कठिन है। समकालीन जीवन परिदृश्य कई प्रकार के अंतर्विरोधों से ग्रस्त है। जो प्रकटतः गंभीर दिखता है, पर वह असल में गंभीर नहीं है।

जवाबदेही की स्थितियों से कतराते असंख्य राजनीतिक विघटन और सामाजिक बिखराव अपने नकाब के साथ नजर आते है। इस अगंभीरता ने हमारे नागरिक स्वत्व की आतंरिकता को ध्वंसित किया है। समकालीन कविता इसके बाहर नहीं है। वह इसके बीच में से अंकुरित है। इसलिए वह अपना 'हरित स्वाक्षर' रचने लगती है

जिसके लिए उसके अपने हरित थल की जरूरत है। इस थलीय संभावना के अभाव में उसके कविता होने का अहसास तो रहता है, पर कविता नहीं है।

यह एक सवाल है कि समकालीन कविता की किस विन्यास-स्थिति में कविता का थल ढूँढ़ा जा सकता है। वस्तुतः कविता अपने में इसे विकसित करती है क्योंकि उस कविताजन्य भूपरिदृश्य के अभाव में कविता विन्यसित नहीं हो सकती है। कविता का थल कविता की अंतर्भूमि है और उसका उत्तरोत्तर विकास होता रहता है। यह विकास हमारे इतिहास के समांतर होता है। अर्थात् कविता का थल हमारा अपना समांतर इतिहास है। ऊपर जिस अगंभीरता की बात कही गई है उसका अपना इतिहास है। सत्ता-केंद्रित जनतांत्रिक व्यवस्था की अपारदर्शिता हमारे इतिहास की समांतरता है। इसके कुछ दृश्य या इसके कुछ अनछुए पक्ष कविता में बारीक शब्दों में विवृत होते हैं। इन अक्षर-दृश्यों में वस्तुतः आज के यथार्थ का पूरा थल अपनी बहुआयामिता के साथ मिलता है, इसी थल पर वह खड़ी रहती है। समकालीन कविता का यह पहला कविता-धर्म और कविता-कर्म है।

समकालीन कविता की उपरोक्त पहचान प्रथमतः धूमिल में इसलिए हुई कि उनमें एक बृहत्तर संसार विकसित होता दीखता है। यह विदित बात है कि समकालीन हिंदी कविता में धूमिल ने इतिहास की समांतरता को अपनी कविता के केंद्र में पहचाना। इधर उनकी कुछ अप्रकाशित कविताओं का प्रकाशन हुआ है। संकलनों में अप्राप्य उन कविताओं की थलीय संभावना की चर्चा इस प्रकरण में असमीचीन नहीं है।

'देश के प्रतीक होने से बचाओ' शीर्षक धूमिल की कविता अपने भीतर इतिहास की समांतरता की वस्तुपरकता रचती है। उसे ही संभवतः उस कविता का थल कहा जा सकता है। कविता का थल वास्तव में उसके अपेक्षित विकास की प्रामाणिक स्थिति भी है। धूमिल की कविता इस प्रकार शुरू होती है।

> यहाँ बच्चे प्रतीक हैं
> माएँ प्रतीक हैं
> मकान और मेमने और गाएँ
> प्रतीक हैं
> युवक प्रतीक हैं, बूढ़े प्रतीक हैं

पसीने से सराबोर चेहरों को संबोधित करते हैं :

> "मित्रो, सुबह होगी, भाग्य का सितारा चमकेगा"
> हे ईश्वर ! लोगों को इन संबोधनों से बचाओ
> इस भाषा से बचाओ
> देश को प्रतीक होने से बचाओ

प्रस्तावनानुमा पंक्तियों के बाद कविता में आह्वान का स्वर मुखर होता है। लेकिन इसका मूलस्वर आह्वानात्मक नहीं है। धूमिल यथार्थ की उस विरोधजन्य स्थिति की ओर इशारा करते हैं जो उनकी कविता की मूलमुद्रा है। 'रंडी के लिए दलाली करने और रामनामी बेचने में' कोई फर्क न देखने की आक्रामक मुद्रा में धूमिल ने जिस सच को दर्शाया है उसी का एक अन्य परिपार्श्व उपरोक्त कविता में उपलब्ध है। निरंतर गतिशील होने योग्य सच हमारे समाज में शीघ्र जड़ हो जाते हैं। कवि अपनी भाषा में कहते हैं कि "यहाँ बच्चे प्रतीक है...कविताएँ प्रतीक है।" गतिशील सच को जड़ वस्तु में तब्दील कर देने के तौर-तरीके को कैसे परिभाषित किया जा सकता है। परंतु ये तब्दीलियाँ हम अपने अगल-बगल में सहजतापूर्वक अनुभव कर सकते हैं, उसकी अगंभीरता में हम मोहासक्त है और गंभीरता से पूरी तरह से पलायित। वस्तुतः उक्त कविता की थलीय संकल्पना यहीं से शुरू होती है। धूमिल हमारे यथार्थ की जड़ अवस्था की ओर थोड़ा इंगित करते चलते हैं। झूठी या गलत सात्वंनाओं की गिरफ्त में हमारी सत्ता ने स्वतंत्रता की तमाम संभावनाओं को जकड़ रखा है।

हमारे सपनों को इसी सत्ता ने गलत शब्दों में मंडित कर रखा है। प्रतिक्रियान्वित होने की क्षमता से वंचित हमारी सामान्य सामूहिकता को बचाने की इच्छा को धूमिल ने संबोधनों एवं आह्वानों से परे एक बृहत्तर मानवीय इच्छा के रूप में कविता में प्रस्तुत किया है। इसमें मानवीयता की सक्रियता का अहसास है जो कविता का सही थल है। इसी 'स्पेस' को कविता कई कोणों से देखती है। पर इसकी संगतता धूमिल के शब्दों में इस प्रकार है—"मेरी हरियाली में मिट्टी की करुणा का छंद है।" कारुणिकता का यह छंद कविता के थल का एक अन्य महत्त्वपूर्ण कोण है।

कविता का थल कालबद्ध भी होता है। उसका एक भी थल ऐसा नहीं है जो कालसापेक्ष न हो। कालसापेक्षता जिस प्रकार थल के आंतरिक विकास के लिए अनिवार्य है उसी प्रकार काल के सुदूरवर्ती ध्रुवों को सुनिश्चित करने में भी वह सहायक है। थल-काल की पारस्परिकता, उनका आंतरिक अन्वय और बहिरंग विलयन समकालीन कविता का यथार्थ है।

समकालीन कविता ने काल-संबंधी संकेत भी दिए हैं। यह कविता का सामान्य काल नहीं है। प्रत्येक कविता का अपना स्वीकृत काल-संदर्भ है। इसे अपनी सामान्यता में शब्दों के सहज विन्यास के बीच में से अनुमानित किया जा सकता है। विषयवस्तु की प्राचीनता या आधुनिकता सामान्य काल-संदर्भ को आँकने में बाधक नहीं है क्योंकि यह काल कविता को हमसे जोड़ने में सहायक है।

परंतु कविता का यथार्थ उक्त सामान्य काल-संदर्भ से संबंधित नहीं है। वह थल-संदर्भ के अनुरूप विकसित काल-संबंधी अवबोध है जो कविता को अपेक्षित

शिखरता तक ले चलता है। थल-संदर्भ में जिस प्रकार इतिहास के समांतर चलने की प्रवृत्ति कविता की होती है, उसी प्रकार कालावबोध में इतिहास बोध ही गुंफित रहता है। आस्वादन के अवसर पर कविता की यही संवेदनात्मक स्थिति हमारी कलात्मक और गहरी सामाजिक दृष्टि से टकराती है। अतः कालावबोध में रचना की बहुत-सी स्थितियाँ सन्निविष्ट हैं। काल के जड़ एवं गत्यात्मक पक्ष, उनके साथ मानवीय स्थितियों का सरोकार, जातीय संस्कृतियों का संस्पर्श आदि उसके कुछ प्रमुख पक्ष हैं। समकालीन कविता को भाँपने के लिए ये पक्ष सहायक हैं। ये ही पक्ष आस्वादन के विविधोन्मुखी वातायनों को खोल देते हैं।

धूमिल की उपरोक्त कविता के काल-संदर्भ को संकेतित करने के लिए हमें कविता में विन्यसित जड़ता पर पुनः विचार करना होगा। जड़ता की अवस्थिति कविता के सामान्य काल-विशेष की प्रवृत्ति है। पर दूसरे, तीसरे वाचन के अवसर पर जड़ता काल-विशेष की प्रवृत्ति से अलग होती नजर आती है जिसने हमारे बहुत कुछ को प्रतीकों में तब्दील कर दिया है। यह जड़ता काल की निरंतरता में महसूस करने योग्य तथ्य ही नहीं अपितु वह अपने आप में काल-बोधक संज्ञा में परिणत होती है। काल की जड़ता वास्तव में जड़ता का काल हो जाती है। इतिहास में इसके सातत्य को कैसे अनुभव किया जा सकता है—यही प्रश्न कविता में मुख्य रूप से उभरता दिखाई देता है। इस कालावबोध में सांस्कृतिक विघटन के संकेत ही अधिक गुंफित है। सत्ता की राजनीतिक और मानवीय संघर्ष की मुठभेड़ में सदैव मानवीय पक्ष झुलसता रह गया है। वह अशांत है। धूमिल के आह्वान से लगनेवाले शब्दों में कवि का इच्छित काल प्रकट है। 'देश को प्रतीक होने से बचाओ' कवि की काल-संदर्भी सक्रियता के शब्द-कर्म है। प्रतीक बनी प्रतिमाओं से गुजरने का तथा उसमें निहित पाशविकताओं का, तमाम नृशंताओं का विकराल काल इस पंक्ति के माध्यम से अपनी पूरी नंगई के साथ प्रकट होता है। कविता के उक्त इच्छित काल के आरेखन के अवसर पर हमें पता चलता है कि कविता के विभिन्न थल-संकेत, काल-संकेतों की परिपूर्ति में सहायक तत्त्व हैं। धूमिल की कविता का काल हमारे आसपास का काल नहीं है। उनकी कवि-दृष्टि उस सुदूरवर्ती काल को भी देखती है जिसमें नृशंसताओं की साजिशों के अतिक्रमण के चिह्न हैं। 'बचाओ' शब्द इसी के प्रति असंतोष है।

अपने भीतरी धरातल में कविता जितने दृश्य-चित्र तैयार करती है और जब वे दृश्य निरे दृश्य न होकर उनमें निहित विडंबनाओं की विन्यासविधि को सृजित करते हैं तो कविता अपने में थल निरूपण करती प्रतीत होती है। समकालीन कविता जीवन की सहजता में से ऐसे दृश्य-व्यूहों का आह्वान करती है। इसलिए उसमें जीवन चरित्री मुद्राएँ काफी गहरी रहती हैं। जिस प्रकार रूमानी कविता भावों के माध्यम से अपनी प्रतीति व्यक्त करती थी उसी प्रकार समकालीन कविता अपनी मुद्राएँ जीवन की उर्वर भूमि से ग्रहण करने के बाद उसके अंतर्द्वंद्वों को शब्दों की सामान्यता में व्यंजित करके

असामान्य दृश्य पर जोर देती है जिसे प्रायः समकालीन कविता का थल कहा जा सकता है। केदारनाथ सिंह की 'उत्तर कबीर तथा अन्य कविताएँ' शीर्षक संग्रह में ऐसे अनगिनत थल हैं जहाँ कविताएँ उर्वरता का परिचय देती हैं। 'नमक' शीर्षक कविता के थल-संदर्भ को देखा जा सकता है। नमक की यात्रा और अंत में उसका दाल-सब्जी में घुल जाना कविता का पहला पड़ाव यानी उसका प्रथम थल है। यहाँ पर नमक से उसका रसनोत्पन्न रुचिरता के खुशनुमा वातावरण का दूसरा थल दशर्नीय होता है जो पारिवारिक जीवन की अंतरंगता से संबंधित है।

जैसे उसकी जीभ अपनी ही बोटी के
स्वाद का इंतजार कर रही हो

इस थल से कविता के विकास के पारिवारिक अनबन की ओर मोड़ दिया गया है जो कविता का मुख्य थल है।

कि ठीक उसी समय
पुरुष जोकि सबसे अधिक चुप था
धीरे से बोला
"दाल फीकी है"
"फीकी है ?"
स्त्री ने आश्चर्य से पूछा
"हाँ, फीकी है"
मैं कहता हूँ दाल फीकी है
पुरुष ने लगभग चीखते हुए कहा
अब स्त्री चुप
कुत्ता हैरान
बच्चे एकटक
एक-दूसरे को ताकते हुए

कविता के अंत में वास्तविक थल का संकेत कवि इस प्रकार देते है—'कुछ-न-कुछ फीका जरूर है। घर की चहारदिवारियों में सिमटती-सी लगनेवाली इस कविता में घर के कुछ थल ही ढूँढ़े गए हैं जिनके माध्यम से मानवीय अवस्था के संकट को दिखाया गया है। हमारी सामाजिकता की सबसे छोटी इकाई को लेकर लिखी गई यह कविता नमक और परिवार के सदस्यों के थल का स्पर्श नहीं कर रही है। इसके थल के विस्तार को काल के प्रकरण में भी देखा जा सकता है।

प्रस्तुत कविता की आश्चर्यजनक विशेषता यह है कि केदारनाथ सिंह ने थल-संदर्भों को काल के साथ बारीकी से जोड़ा है। इसमें एक रुका काल ही अधिक स्पष्ट

है। उक्त काल को भेदते हुए जाने की आकांक्षा के व्यक्त होने के बावजूद काल हिमपिंड-सा फिर से शिलातुल्य हो गया है। दाल के फीकेपन का जिक्र मामूली वार्तालाप से अधिक महत्त्वपूर्ण है।

उसको भेदने का प्रयत्न जो स्त्री द्वारा हुआ है, जो स्त्री की स्वत्वेच्छा का प्रश्न है, वह दृढ़ होता नहीं है। परंतु उसमें कुठाराघात-सा पुरुष की चीख मात्र उसकी कर्कशता का द्योतक परिचय नहीं है, यह पुरुष का शिलातुल्य यथार्थ है। पुरुष का शिलातुल्य मूल्य है। कविता का काल यहीं से आरंभ होता है। सच को सच के रूप में न पाकर स्त्री की प्रतिक्रिया में कविता का जो इच्छित काल है, उसमें कविता का मानवीय संदर्भ है। लेकिन हमारे जीवन यथार्थ का सबसे गहन त्रासद प्रसंग यह है कि मानवीय संदर्भ अनपहचाना-सा रह जाता है। कविता की स्थिति में से हमें यह अहसास होता भी है। पुरुष की चीख वस्तुतः रुके हुए काल का संकेत है। यही जड़ काल है। जिस प्रकार घर के वातावरण में यह चीख अराजकता पैदा करती है उसी प्रकार एक अराजक मूल्य का भी बोध कराती है। उस चीख के सामने सभी मौन हो जाते हैं। मौन के बाद कोई संवाद नहीं है। मौन में अंत होनेवाली अराजकता हमारे जीवन यथार्थ की है जिसमें हमारे काल का अवांछित पक्ष ही मिल रहा है। अराजकता के अयाचित वर्चस्व को नमक के सीमित काल से हमारे बृहत्तर काल की ओर ले आना कवि का लक्ष्य है।

कविता का काल सामाजिक यथार्थों के बीच में ही संकेतित होता है। अंतर्निहित यथार्थ की अभिव्यक्ति में जब कविता सफल निकलती है तो कविता में से काल के तीन आयामों से युक्त दृश्य उभरते हैं जिनमें कभी सच का जड़ या चेतन रूप प्राप्त होता है। प्रस्तुत कविता में सच का जड़ता-व्याप्त रूप ही झाँकता नजर आता है जो काल का एकदम अयाचित संदर्भ है। पुरुष मूल्यों की अराजकता में जब मानवीय मूल्य अधीनस्थ अनुभव कर रहा हो और अराजकता बिना किसी रोक-टोक के साथ विकसित दिखाई पड़े तो काल की इस सांदर्भिकता के बहाने केदारनाथ ने वस्तुतः समकालीन सच को नहीं अपितु समकालीन मूल्य की सत्तासापेक्ष स्थितियों को कविता में दर्ज करने का प्रयास किया है।

काल की अपरिभाषेय जटिल दुरूहताओं के सामने नितांत जागरूकता की प्रगलभता के साथ ही आलोक धन्वा कविता के क्षेत्र में प्रविष्ट हुए हैं। इसके लिए उन्होंने अपने रचना-स्वत्व को तथा कविता-स्वत्व को सदैव सुरक्षित रखा है। 'दर्द की आँधियों' के बीच जिस प्रकार वे 'माँ का शाम में गाना' और 'चाँद की रोशनी में नदी किनारे जंगली बेर का गिरना' आदि को बचाकर रख सके हैं उसी प्रकार वे अपने स्वत्व के द्विआयामों को बचा सके हैं। गीत गाती अपनी अनपढ़ माँ के सुरीले कंठ तथा उसकी वत्सलता के बीच उसका रसोई में सब कुछ सँभालना दरअसल निजी यथार्थ है। इसी निजी यथार्थ को समकालीन यथार्थ के व्यापक संदर्भ में जब उन्होंने

जोड़ दिया तो उन्हें कविता-स्वत्व का मजबूत मंच मिल गया है। तभी तो वे यह लिख सके—

> बहन के पैरों के आसपास
> पीले रेंड के पौधों की तरह
> उगा था जो मेरा बचपन
> उसे दारोगा का भैंसा चर गया
> आदमियत को जीवित रखने के लिए अगर
> एक दारोगा को गोली दागने का अधिकार है।
> तो मुझे क्यों नहीं ?

इसमें उनके कवि-स्वत्व की पचान है। 'गोली दागो पोस्टर' शीर्षक यह कविता आलोक धन्वा के कवि-स्वत्व को स्वतः परिभाषित करनेवाली रचना है। उपरिवत् उद्धृत पंक्तियों एवं आगे उद्धृत होनेवाली पंक्तियों में कवि के विकास का इतिहास उपलब्ध है। यह मात्र एक व्यक्ति के जीवन का इतिहास नहीं है। यही हमारा सामाजिक इतिहास है। यही हमारा राजनीतिक इतिहास है। कुल मिलाकर यह हमारा सांस्कृतिक इतिहास है। इसमें मनुष्य के पक्ष को ढूँढ़ने का कार्य ही कवि ने किया है। जीवन यथार्थ पर होनेवाले असंख्य अतिक्रमणों एवं साजिशों के बीच मनुष्य है। सच को आच्छादित रखने का यह षड्यंत्र कविता का थल है। आलोक धन्वा की कविताओं का यह एक अनन्य पक्ष है। इसलिए वे लिखते हैं :

> जिस जमीन पर
> मैं अभी बैठकर लिख रहा हूँ
> जिस जमीन पर मैं चलता हूँ
> जिस जमीन पर मैं जोतता हूँ
> जिस जमीन पर बीज बोता हूँ और
> जिस जमीन से अन्न निकालकर मैं
> गोदामों तक ढोता हूँ
> उस ज़मीन के लिए गोली दागने का अधिकार
> मुझे है या उन दोगले जमींदारों को जो पूरे देश को
> सूदखोर का कुत्ता बना देना चाहते हैं

आलोक धन्वा का यह कविता-थल वास्तव में हिंदी की समकालीन कविता का थल भी है। लेकिन आलोक धन्वा ने इसे अधिकाधिक भारतीय संदर्भ में प्रस्तुत किया है। इससे उनकी कविता के थल की समझ तमाम प्रकार के कलम चलानेवालों और हल चलानेवालों के लिए है। कविता को अपनी जगह से अलगाकर सही समझ के

थल में स्थापित करने में उनकी कविता का और एक अनन्य थल भी मिलता है। इस प्रकार कविता निजी यथार्थ की सामान्यता के थल से व्यापक एवं भीषण स्थितियों के थल की ओर विकसित होती है।

'एक जमाने की कविता', 'गोली दागो पोस्टर' आदि कविताओं में सामान्य ढंग से दर्ज काल के विकास को रेखांकित किया जा सकता है। सामान्यता के उस काल में एक व्यक्ति के बचपन से लेकर यौवन तक का ही समय है। लेकिन इस अंतराल में समानांतर ढंग से एक अन्य काल का विकास दिखाई पड़ता है। वस्तुतः इसी काल-संदर्भ को आलोक धन्वा ने अपनी कविताओं में दिखाया है जिसमें रहकर एक या दो व्यक्ति नहीं, एक या असंख्य समाज नहीं हमारा समूचा नागरिक-बोध या तो रुग्ण हो जाता है अथवा उसे दबोच लिया जाता है जिससे प्रीतिकर संभावनाएँ फूट पड़ती नहीं। इस काल का समूचा वातावरण भीषण है पर वह प्रकट नहीं, वह पाशवीय है पर सदैव भ्रम पैदा करता है, वह नृशंस है लेकिन दिखता कुछ नहीं है। काल की विकरालता के विरुद्ध आलोक की कविता-रचना आलोक धन्वा की कृति-प्रतिबद्धता है।

आलोक धन्वा की कविता 'जिला-शहर तक आते-आते' जकड़ ली जाती है : वह राजधानी तक पहुँचती नहीं है। अपनी कविता के बारे में कवि का कथन है—'जलते हुए गाँवों के बीच से गुजरती है मेरी कविता' और 'वह जली हुई औरत के पास सबसे पहले पहुँच जाती है।' इसका परिणाम यह होता है कि उनकी कविता जगह-जगह जल जाती है। फिर भी अपनी कविता के बारे में आलोक धन्वा की प्रतिक्रिया यों है :

> लेकिन जो कर्फ्यू के भीतर पैदा हुआ,
> जिसकी साँस लू की तरह गर्म है
> उस नौजवान खान मजदूर के मन में
> एक बिल्कुल नई बंदूक की तरह याद आती है मेरी कविता।

'जनता का आदमी' शीर्षक आलोक धन्वा की इस कविता में उनके कविता-थल प्रत्यक्ष एवं परोक्ष ढंग से विवृत होते रहते हैं। पक्षधरता की शब्दावली में विन्यसित इन कविता-थलों में वस्तुतः जीवन के बहुआयामी और बहुरंगी संदर्भ ही हमें प्राप्त होते हैं। लेकिन इन बहुलताओं के मध्य कविता को जड़ देने की अपूर्व क्षमता और उनमें से कविता के सही थलों को निर्णीत करने की रचनात्मक क्षमता आलोक धन्वा में पर्याप्त मात्रा में उपलब्ध है। उनकी कविता समय की गवाही बनकर अपना थल स्थित करती है।

> जब कविता के वर्जित प्रदेश में
> मैं एकबारगी कई करोड़ आदमियों के साथ घुसा

तो उन तमाम कवियों को
मेरा आना एक अश्लील उत्पात-सा लगा

यह निरी प्रतिक्रिया नहीं है। इसमें काल की निरंकुशता ही विद्यमान है। इसलिए कविता के उस वर्जित प्रदेश में वास्तविक कविता का जन्म लेना वर्जित है। इसलिए उसे हमेशा के लिए खत्म किया जाता है। कविता के प्रदेश में वास्तविक भ्रूण-हत्या और मातृ-हत्या करनेवाले लोग कौन है ?

वे सब पेशेवर खूनी हैं
जो नंगी खबरों का गला घोंट देते हैं
अखबार की सनसनीखेज सुर्खियों की आड़ में
वे बार-बार उस एक चेहरे के पालतू हैं
जिनके पेशाब घर का नक्शा मेरे गाँव के नक्शे से बड़ा है।

इस एक वास्तविकता का सामना करने के बाद आलोक धन्वा के सामने कविता-थल की कोई समस्या नहीं है क्योंकि साफ-सुथरी समझ के साथ वे लिखते हैं कि टैंक के चेन में फँसे लाखों गाँवों के भीतर एक समूचा आदमी कितने घंटे सो सकता है। दरअसल यही उनकी कविता की थल और काल-संबंधी समझ की अभिव्यक्ति है। तमाम जनतांत्रिक खूबियों के बावजूद हमारे यथार्थ के थल में मध्यकालीन अमानवीय वातावरण का पनपना, उसके अनुरूप वैज्ञानिक एवं प्रौद्योगिकी विकास को मोड़ लेना आदि इतना सहज हो गया है कि हमारे मामूली जीवन का यथार्थ विपन्नता में मिटता जा रहा है। आलोक धन्वा इसी को अपनी कविता में थल और उससे विकसित दिशाओं को काल के संदर्भ में परखना चाहते हैं।

अपने थल के अभाव में कविता सार्थक होती नहीं है। उसे सौंदर्यात्मक अनुभव के रूप में आत्मसात् करने के लिए कविता में थल-संदर्भी-दृष्टि की आंतरिक व्याप्ति की सख़्त ज़रूरत है। कविता का थल वास्तव में कविता की ऊर्जा है। इसी से कविता में काल-संदर्भीपट विकसित होता है। काल-संदर्भ में काल का एक ही आयाम नहीं बल्कि उसके बहु आयाम मिल जाते हैं। उसमें अयाचित काल का पक्ष और अपेक्षित पक्ष रहते हैं जहाँ तक आलोक धन्वा की कविता की बात है, उसमें दो प्रकार के थल संदर्भ हमें मिलते हैं। एक निपट प्रत्यक्ष थल है, दूसरा परोक्ष। जहाँ तक उनकी कविता के काल-संदर्भ की बात है, उसमें दूरवर्ती दिशाओं तक विकसित होनेवाला काल-पक्ष है जो आलोक धन्वा की कविता का प्रीतिप्रद पक्ष है। काल का एक अन्य पक्ष उसकी अयाचिता से संबंधित है। इसको उन्होंने निजी जीवन यथार्थ से सम्मिलित करके एक तरफ ऊष्मलता और दूसरी तरफ उसी ऊष्मलता के ताप को राख कर देनेवाली स्थिति की विभीषिका को ही प्रक्षेपित किया है। इसलिए आलोक धन्वा ने समय को

आधे-अँधेरे से विशेषित किया है। हत्याओं और आत्महत्याओं के बीच विभाजक रेखा खींचने की आवश्यकता पर भी वे ज़ोर देते हैं। हत्या का काल और आत्महत्या के काल में फर्क है। आलोक धन्वा अपने कविता-जगत् में हमारी संस्कृति की निरंकुशताओं को चित्रबद्ध करके उससे एकदम अलग मानवीय आकांक्षाओं के थल और काल को अनुभव करना चाहते हैं।

अरुण कमल के कविता-संकलन 'अपनी केवल धार' के प्रकाशकीय वक्तव्य का एक वाक्य अत्यंत आकर्षक है जो मात्र विज्ञापन के संदर्भ में ही नहीं बल्कि समकालीन कविता के संदर्भ में भी महत्त्वपूर्ण है। वाक्य इस प्रकार है—"कविता छोटी-छोटी चीज़ों से बनती है, हमारे आसपास के क्षुद्र जीवन से, यानी जीवन का प्रत्येक तृण कविता के लिए पवित्र है।" इस वक्तव्य में कविता की वस्तु के विस्तार की सूचना नहीं है। इसमें कविता की अंतर्वस्तु की व्याप्ति की सूचना है। अरुण कमल की कविताओं के वास्तविक थल को आँकने के लिए उनकी अंतर्वस्तु पर ध्यान देना होगा। उनकी अंतर्वस्तु में एक ख़ास प्रकार की सहजता है जो हमारे आसपास के सूर्यतप से या कुहराच्छादन से या हवा की नमी से बनी है। हमारी साँसों की गति में जब एक कविता जनती नज़र आती है तब हमें लगता है कि कविता का जन्म हमारे जीवन की अंतर्गति के प्रमुख थल में से ही हुआ है। अरुण कमल की 'खबर' शीर्षक कविता विद्रूपता और त्रासदी के बीच अपना थल खोजती दिखती है। पर इसका वास्तविक थल त्रासदीय आयामों से अधिक संबद्ध है। खबरों की दुनिया में—"अखबारों में खबर थी"—आज के जीवन की चमक-दमक के अनुरूप प्रलोभनीय आकर्षणों से युक्त खबरें है—

> अखबारों में खबर थी :
> विश्वसुंदरी का वजन 36 किलो है।

कैलिफोर्निया की एक कुतिया का तेरह बच्चों को जनना, युवराज का कंगालों के लिए कंबल बाँटना, प्याज का गुणकारी सिद्ध होना या राजनेता का दाढ़ी मुड़ाना आदि हमारे समाचारों के 'लीड' समाचार हैं जिनके लिए हजारों की तादाद में पाठक उपलब्ध हैं। इसका कारण यह है कि ये समाचार बिकते हैं। विश्वसुंदरी के वजन का समाचार बिकता भी है और चर्चित भी होता है। कुल मिलाकर ये समाचार हमारी वास्तविकताएँ हैं। इस प्रकार हमारी सही वास्तविकता एक सतही वास्तविकता के चंगुल में फँस जाती है। यही सच कविता का सही थल है। कविता के इस थल को कवि ने अपनी कविता के चरित्र के अनुकूल एक अन्य समाचार से जोड़ा है। लेकिन कविता के उक्त समाचार में विद्रूपता कम और त्रासदीयता अधिक है क्योंकि इन पंक्तियों में दो व्यक्तियों की फाँसी की सज़ा की खबर है।

एक ख़बर जो कहीं नहीं थी :
किश्ता गोड़ा को फाँसी हो गई
एक ख़बर जो ख़बर नहीं थी :
भूमैया को फाँसी हो गई।

हमारे सामाजिक जीवन के मुख्यतम पहलुओं से जुड़े हादसे इतने अमान्य समझे जाते हैं जबकि विश्वसुंदरी के वज़न पर दर्जनों फीचर प्राप्त होते हैं। अहम बात यह है कि मान्य एवं अमान्य तथ्यों में उलझे हुए हमारे नागरिक बोध की यह स्थिति है कि किसका कितना प्रभाव पड़ा है। मुक्तिबोध ने 'भूलगलती' में इस ओर संकेत किया था। अरुण कमल ने दो नक्सलबंदी व्यक्तियों ने दंडित होने के समाचार को थीम बनाया है और उसी में अपनी कविता का थल ढूँढ़ा है। अतः 'खबर' शीर्षक कविता का थल मात्र खबर से संबंधित नहीं है जबकि हमारे इतिहास से संबंधित है और इसी पहलू से कविता का काल आरंभित होता है।

अरुण कमल की कविता का काल इतिहास के साथ सीधे रंग से जुड़ा है। इतिहास के प्रत्येक अध्याय में ऐसे अनेक हादसे मिलते हैं जिनमें मनुष्यधर्मी विचारों को दबाने या हमेशा के लिए नष्ट करने के असांस्कृतिक कार्यक्रम होते रहे हैं। किश्ता गोड़ा और भूमैया जिस विचारवादिता के पक्षधर हैं उसमें मनुष्यकामी वृत्ति का लोप नहीं है। अराजक स्थितियों को खत्म करने की लालसा-भर है। कुल मिलाकर यह विचार सैद्धांतिक स्तर पर असामाजिकता पर आघात करनेवाला है। अर्थात् एक सख्त सामाजिक विचार। पर हमारे नागरिक बोध ने उसे इतनी मान्यता नहीं दी है, जितनी काल्पनिक स्थितियों और उनमें निहित नपुंसकताओं को। काल की इस नपुंसकता को अरुण कमल ने अपनी कविता के काल के साथ संबंधित किया है। अतः इस कविता का काल हमारे सामान्य समय के तमाम आयामों से घुल-मिल गया है। काल की विकरालता ही प्रस्तुत कविता का काल संदर्भ है।

'खबर' शीर्षक कविता के साथ रखकर देखने योग्य कविता है 'कल्याणी'। इसमें भी अरुण कमल ने पूरी सहजता से कविता के लिए सार्थक थल को संस्थित किया है। 'कल्याणी' शीर्षक कविता में कल्याणी के जीवन के कुछ साधारण चित्र ही कवि ने दिए हैं। उनमें दूसरों द्वारा कल्याणी के परिहसित होने का बिंब उभरता है।

जब भी आया कोई भाई किसी बहू का
यही होगा
सब से होगा कल्याणी का ब्याह तय
मज़ाक का रिश्ता जो ठहरा—

इस वस्तुस्थिति के बीच कल्याणी बच्चों को खेलाती हुई, खाना पकाती हुई,

सोहर गाती हुई, बेना डोलाती हुई जीती है और उसके लिए परिचित प्रस्ताव है :

कल्याणी ! कल्याणी !
आया है मेरा मँझला भाई
उसी से होगी तेरी शादी कल्याणी।
देख ले लड़का, है न पसंद ?

उसके साथ छोटी बहू का हँसना और भाई की हरकत कविता का सही थल है।

हँसती है छोटी बहू
और हँसता हुआ भाई रगड़ता है गमछे से पीठ—
हाँ, कल्याणी !

इस कविता में स्त्री-स्वत्व को पूरी तरह से बिखेर देने की सामाजिक साजिश में लिप्त विकलांग मानसिकता के साथ मानवीय स्वत्व को अमान्य कर देने के संकेत भी भरे पड़े हैं और ये दो पहलू कविता में मुख्य थल के रूप में स्वीकृत हैं। उसकी निरंतरता की सूचना ने कविता के इस थल को गहनता प्रदान की है। 'खबर' के थल में भी ऐसे ही संकेत हमें मिलते हैं। जीवित व्यक्ति की दारुण स्थितियों से उभरती यह कविता समकालीन कविता के सही थल को ही प्रक्षेपित करती है। समकालीन कविता ने हमारी संस्कृति की ऐसी सामंतीय रुग्णताओं को इसलिए उठाया है क्योंकि हमारे काल की गति की एक अगति भी है जिसकी पहचान सिर्फ़ कविता ही कर सकती है।

प्रस्तुत कविता की कल्याणी की सबसे बड़ी विडंबना यही है कि वह यह समझ नहीं पा रही है कि सच क्या है और झूठ क्या है।

कल्याणी कुछ नहीं बोलती
कल्याणी कुछ नहीं बोलती
क्या सच क्या मज़ाक
कल्याणी ?

सच और मज़ाक के बीच का यह मौन वस्तुतः हमारे समय का हास्यास्पद मौन है जो कविता के काल को निर्धारित करता है। हमारी तमाम प्रकार की परंपराबद्ध विशिष्टताओं और विवेकशीलताओं के बावजूद इतिहास का मौन हमारे यथार्थ का बहुत बड़ा सच है। अरुण कमल इस मौन को अपनी कविता का काल बना डालते हैं। इसलिए उनकी कल्याणी कुछ नहीं बोलती। स्त्री के अंग-प्रत्यंग से लेकर उसके दिलो-दिमाग़ तक को अपने अधीन रखने की सामाजिक मानसिकता मात्र सामंतवादी

संस्कृति की नहीं है। फर्क यही है कि सामंतवादी संस्कृति में यह तथ्य स्वीकृत था जबकि हमारी आज की सांस्कृतिक निष्ठा में यह अस्वीकृत है हालाँकि वही भीतर-ही-भीतर अधिक स्वीकृत है। यही विरोधाभास हमारे यथार्थ का है। यथार्थ का यह काल कविता का मुख्य काल बना हुआ है जहाँ से यह कविता अपनी रचना-यात्रा शुरू करती है।

बाज़ार की संस्कृति सिर्फ़ साधन बटोरने या बटोरते रहने की तीव्र इच्छा तक सीमित नहीं है। वह उतना सरल नहीं है जितना वह स्वयं परिभाषित होता है। 'हाट' शीर्षक कविता में अरुण कमल ने कविता के मूल थल को इसी संदर्भ में खोजा है। दरअसल हमारे जीवन यथार्थ में उपनिवेशवादी संस्कृति का बोलबाला है। अतः हम अपने स्वत्व से पूरी तरह से अनजान हैं। हमारी सामाजिक व्यवस्था और अर्थव्यवस्था में उसकी पूरी पकड़ है और हम उसकी चमक-दमक से आसक्त हैं। यह आसक्ति 'हाट' शीर्षक कविता में थल-काल के एकीकरण बिंदु पर सन्निविष्ट है।

> बाज़ार में बहुत सन्नाटा था
> सारा संसार काँच के पार
> और मैं शीशे से नाक सटाए

इसमें सिर्फ़ व्यक्ति के आकर्षण का बिंब ही नहीं बल्कि एक मानसिकता के दबने का परोक्ष बिंब उभरता है। इसी प्रकरण में कविता के थल और काल का एकीकरण हुआ है क्योंकि कविता जिस उपनिवेशवादी संस्कृति के संकेत से युक्त है वे इसी बिंदु में से विवृत होते हैं। इन कारणों से कविता का थका-धारा व्यक्ति जिसके पास 'न पूँजी है न पुण्य' और 'ढेली देह लिए' जब अपना थाम लौट आता है तो वह चौंक उठता है।

> लेकिन वहाँ वहाँ घर या मेरा घर नहीं था
> अट्टालिका थी लौह कपाट और द्वारपाल
> यहाँ मेरा घर था मेरे पिता मेरी माँ
> मेरा घर ?
> द्वारपाल हँसे
> तुम किस जन्म की बात कर रहे हो ?

उपनिवेशवादी संस्कृति को समकालीन कविता में कई प्रकार के प्रक्षेपण मिले हैं। अनेक कवियों ने इसे अनेक प्रकार से आँका है। अरुण कमल की इस कविता ने उपनिवेशवादी संस्कृति के दल-दल में फँसी हमारी मानसिकता को ही नहीं अपितु हमारे विघटित स्वत्व को कविता के थल के रूप में स्वीकार किया है। इसी बिंदु से कविता का काल आरंभित होता है जो विभिन्न प्रकार के अयाचित संदर्भों में दबे-पड़े

यथार्थ से संबंधित है। इसलिए कविता के काल का विकास समय के अविकास के रूप में दर्शाया गया है। समय के अविकास में सिर्फ़ घर ही ग़ायब नहीं हुआ है बल्कि माता-पिता के ग़ायब होने की स्थिति जिस सरल नाटकीयता के साथ अरुण कमल ने कविता में विन्यसित की है, भले ही यह सरल दिखें, पर वह सरल नहीं है। सांस्कृतिक स्वत्व के उन्मूलन के आतंक से जन्मी स्थितियाँ कविता में मुख्य हैं। विकास के कृत्रिम विन्यास में पूँजीवादी और सामंतवादी शक्तियों की बढ़त को अनुभव किया जा सकता है। आरोपित यथार्थ की छाया तले जीने की मजबूरी, कृत्रिम नैतिकताओं का विकास और धनाधारित मूल्यबोध को जो बढ़ावा आज मिल रहा है वह उपनिवेशवादी संस्कृति की देन नहीं है तो और क्या है। अरुण कमल की कविता इस विडंबना को भली-भाँति परिचित करा रही है।

इधर नारीवादी रचनाओं ने पुरुष केंद्रित मूल्यों का सधे हुए शब्दों से सामना किया है। कभी-कभी यह उपक्रम आक्रामक और कभी मुक्ति कामनाओं के कई आयामों से युक्त दिखाई देता है। हिंदी में लिखनेवाली कवयित्रियों की संख्या एकदम कम नहीं है। उनकी मुद्राएँ अलग-अलग हैं। अनामिका के शब्द काफ़ी सधे हुए हैं। इस कारण से उनकी कविताओं में असंख्य थल-संदर्भ और काल-संदर्भ प्राप्त होते हैं। वजह यह है कि अनामिका जहाँ से कविता शुरू करती है वह स्त्री-जगत् का इतना साधारण या नगण्य हादसा होता है। उस वक्त कविता थल और काल की कोई प्रतीति नहीं देती है। निपट मामूली-सी बात-सी लगती है। लेकिन वही वस्तुपरकता उनके विशिष्ट शब्द-विन्यास के कारण कविता में तब्दील होती है। उस वक्त नारी स्वत्व के अनेक थल-संदर्भ उसमें से स्पष्ट होने लगते हैं। उनकी एक कविता है 'सेफ्टी पिन'—

> श्रीमती सावित्री पाठक की
> लाल काँच की चूड़ियों से
> पेंडुलम की तरह लटका
> लगातार डोलता ही रहता था
> एक जंगाया-सा सेफ्टी पिन
> इमर्जेंसी वार्ड में डॉक्टर की हैसियत होती है
> सावित्री पाठक के हौडाए वस्तु जगत् में
> इस सेफ्टी पिन की वही हैसियत थी
> क्या जाने कितनी आपातकालीन स्थितियाँ
> उसने सँभाली थी एकदम अकेले।

लगातार काँच की चूड़ियों के नीचे डोलनेवाले सेफ्टी पिन और सावित्री पाठक की पारस्परिकता कविता का प्रमुख थल या 'स्पेस' है। आपातकालीन स्थितियाँ अकेले

ही इस सेफ्टी पिन ने सँभाली हैं। पुनः सावित्री पाठक के साथ पारस्पर्य दिखाया गया है जो कविता का एक अन्य प्रमुख थल है। कविता के आगे सेफ्टी पिन की सामान्य भूमिकाओं का प्रतिपादन है जहाँ वह बिना किसी कोलाहल के साथ स्थितियाँ सँभालती है। निम्न-मध्यवर्गीय मजबूरियों के बीच सेफ्टी पिन की भूमिका साधारण नहीं है। कविता का यह थल पूरी रचना में इस तरह व्याप-सा गया है कि यह छोटी-सी कविता जीवन-परिदृश्य का विस्तृत फलक तैयार करती है।

उपरोक्त थल से कविता का व्यापक संदर्भ उड़ान भरता है। नारी स्वत्व की वास्तविकता जो जिस प्रकार बैसाखी के बिना पैर जमाने की ताकत का संकेत देती है, वही इसका काल परिदृश्य है। इसमें अयाचित आदर्श बिखर जाता है, भीगी आँखें गायब हैं, मोहक काल्पनिकताएँ मिट जाती हैं तथा पुरुष केंद्रीकरण का वातावरण निरर्थक साबित होता है। कविता का यह काल-परिदृश्य समकालीन कविता का इच्छित धरातल है। अनामिका की यह कविता स्त्री स्वत्व के काल को बिना किसी ताम-झाम के साथ अंकित करती है।

समकालीन कविता में स्त्री का थल इसलिए प्रमुख हो गया कि उसमें स्त्री को अपने संदर्भ में अन्वेषित करने का कार्य किया गया है। इसलिए समकालीन कविता में इस 'स्पेस' का समाज शास्त्रीय प्रकरण अत्यंत प्रासंगिक हो उठा है। इस थल को संस्थित करने में पुरुष कवियों और स्त्री कवियों की समान भूमिका है। समकालीन कविता में इधर स्त्रियों की कविता ने विशेष रूप से अपना थल बना लिया हैं जिसमें अपने आप विकसित कुछ थल हमें प्राप्त होते हैं। कात्यायनी ऐसी एक कवयित्री हैं जिनमें स्त्री का थल नया यथार्थ रचता है। 'इस स्त्री से डरो' शीर्षक कविता में कात्यायनी स्त्री की पहचान पर बल नहीं दे रही है बल्कि स्त्री के थल पर बल दे रही है।

यह स्त्री
सब कुछ जानती है
पिंजड़े के बारे में
जाल के बारे में
यंत्रणागृहों के बारे में

यह स्त्री वास्तव में स्त्री के लिए संस्थित थल में प्रस्तुत होती है। इसलिए मोहकताओं और भीगी अवस्थाओं का थल यहाँ रचा नहीं गया है। निराशा की अगाधताओं का थल यहाँ खोजना व्यर्थ है, क्योंकि इसके थल में पिंजड़े की अस्वतंत्रता का पूरा आभास है, जाल की कृत्रिमता का अहसास है यंत्रणागृहों के आतंक की पहचान है। इस थल का यथार्थ एकदम कर्कश है। इसलिए पिंजड़े के बारे में पूछते समय वह 'नीले आकाश के अनंत विस्तार में उड़ने के रोमांच के बारे

में बताती है। यंत्रणागृहों की बात छिड़ते ही वह गाने लगती है ब्याह के बारे में एक गीत।' कात्यायनी की इस स्त्री द्वारा सृजित थल समकालीन कविता का सबसे प्रखर और प्राणवान थल है।

थल सांदर्भिकता के अनुरूप ही कात्यायनी ने अपनी कविता में भविष्य के काल का संकेत दिया है। वे लिखती हैं :

> रहस्यमय है इस स्त्री की उलटबाँसियाँ
> इन्हें समझो
> इस स्त्री से डरो

यह चेतावनी हमारे जड़वत् काल की है। जब एक स्त्री अपने थल यथार्थ में अपने को रचती है तो वह एक प्रासंगिक काल की तरफ ही इशारा कर रही है। परंतु उसके संकेत को भाँपने के उपरांत जड़ता व्याप्त काल की चेतावनी मुखर होती है 'इस स्त्री से डरो', अर्थात् इस स्त्री-थल से डरो अर्थात् काल के इस विकास को अवरुद्ध कर दो। कात्यायनी की कविता काल में रची-बसी जड़ताओं को भली-भाँति अनुभव करती है। साथ ही जड़ता के विपक्ष में खड़े होने योग्य, कभी न खत्म होनेवाले, लगातार अंकुरते काल को भी वह कविता में से आवाहित करती है।

कात्यायनी अपने को 'इस पौरुषपूर्ण समय में' रचनेवाली कवयित्री मानती हैं। उनके एक कविता-संकलन का नाम है 'इस पौरुषपूर्ण समय में'। प्रस्तुत संकलन की एक कविता का शीर्षक है 'रात के संतरी की कविता'। जिसमें कात्यायनी स्त्री के वर्तमान थल को परिभाषित कर रही है :

> रात को
> ठीक ग्यारह बज कर तैंतालिस मिनट पर
> दिल्ली में जी.बी. रोड़ पर
> एक स्त्री
> ग्राहक पटा रही है।
> पालमू के एक कस्बे में
> नीम उजाले में एक नीम हकीम
> एक स्त्री पर गर्भपात की
> हर तकलीफ आजमा रहा है।

कविता में स्त्री की वर्तमान के थल बिखरे पड़े हैं। कविता में प्राप्त स्थल-नामों के कारण वर्तमानता की विस्तृति बढ़ती है तथा वर्तमानता एकदम साबित भी होती है। वह दिल्ली से लेकर नेल्सन मंडेला के देश तक व्याप्त है। इसलिए कविता का थल एक ही सच के विभिन्न रूप प्रदान कर रहा है। लेकिन इसकी

खासियत यह है कि इस थल में से इतिहास का एक पारदर्शी परिदृश्य स्पष्ट होने लगता है।

प्रस्तुत कविता का काल-संकेत इसी इतिहास-परिदृश्य का है। यहाँ काल की अनवरता में स्त्री को देखा गया है। यही संतरी की कविता है। प्रत्येक काल में बिना किसी परिवर्तन के साथ अपनी पिटी-पिटाई भूमिका में उतरनेवाली स्त्री की आवृत्ति से ही कविता का काल उभरता है। आवृत्ति का यथार्थ अपने समूचेपन में अपने तमाम सम्मोहनों के उपरांत नितांत लँगड़ाते समय का ही बोध कराता है। उसकी अपरिवर्तनशीलता मात्र काल तक सीमित नहीं है। उसमें हमारे सांस्कृतिक विघटन की गहरी स्थितियाँ भी हैं। इसलिए इस कविता का काल-संदर्भ निबिडता के बियाबानों के बराबर है। उसका आतंक अस्पष्ट ही रहता है। उसकी मोहकता में खतरे के निशान हैं। धीरे-धीरे वह समूचे काल को ग्रस लेता है और अपनी विषैली पकड़ में हमेशा के लिए आबद्ध कर देता है। कात्यायनी इस सन्नाटे से परिचित है। पर वे उस एकलव्य के एकांकी शस्त्राभ्यास की आकांक्षी हैं। अर्थहीनता के बीचोंबीच अर्थपूर्णता के काव्य की संस्थापना के लिए कटिबद्ध कविता-कार्य का थल-काल उनकी कविता को समकालीन बना देता है।

हम जो देखते हैं, वे दृश्य-मात्र नहीं हैं बावजूद उनकी वस्तुपरकता के। हमारी नज़रों में टिकनेवाले या हमारी नजरों से ओझल होनेवाले दृश्य अपने आत्यंतिक आभास में कविता रचकर कहीं और बिंबित होते हैं। तात्कालिकता से परे इन दृश्य-विधानों में झुलसते हुए सच की गंभीरता हमारी चिंता बन जाती है। दृश्यों की इस तात्कालिकता में निहित गहरी चिंता इनसे प्रकटित कविताएँ हैं। मंगलेश डबराल ने अपने 'हम जो देखते हैं' शीर्षक संकलन में ऐसी चिंताएँ व्यक्त नहीं की हैं, दृश्य-जगत् को देखने का कार्य किया है। लेकिन मंगलेश डबराल की नजरिया 'देखने' के उस मामूली उपक्रम से संबंधित नहीं है। मंगलेश के कवि देखते भी हैं और रचते भी हैं या हर दृश्य के आंतरिक रचाव को महसूस करते हैं। प्रस्तुत संकलन की दो कविताएँ, यथा, 'दिल्ली : एक' और 'दिल्ली : दो' विचारार्थ रखें तो पता चलेगा कि प्रत्येक वस्तुपरक स्थिति के विशेष विन्यास में उस आंतरिक रचाव का समावेश है जहाँ कविता के थल विकस्वर स्थिति में हमें प्राप्त होते हैं।

इस शहर में दिखाई देते हैं विचित्र लोग
मेरे शत्रुओं से मिलते हैं उनके चेहरे
आरामदेह कारों में बैठकर वे जाते हैं
इंदिरा गाँधी हवाई अड्डे की ओर

ये पंक्तियाँ 'दिल्ली : एक' की है। 'दिल्ली : दो' की पंक्तियाँ कुछ इस प्रकार हैं :

सड़कों पर बसों में बैठकघरों में इतनी भीड़ में कोई नहीं कहता है
आज मुझे निराला की कुछ पंक्तियाँ याद आईं।
कोई नहीं कहता मैंने नागार्जुन को पढ़ा है।
कोई नहीं कहता किस तरह मरे मुक्तिबोध।
एक कहता है मैंने कर ली है खूब तरक्की।
एक खुश है कि उसे बस में मिल गई है सीट।
एक कहता है मैं ग़रीब हूँ, मेरे पास नहीं है कोई और शब्द।

वृत्तचित्रात्मक शब्दानुभवों की मामूलियत दरअसल इन पंक्तियों में अनेक थल छोड़े जा रही है। हमारे वातावरण में नागरिक बोध माने देखने-भर की बात है। उसके आगे जाने का खतरा मोल लेने को वह तैयार नहीं है। इसलिए मंगलेश की कविता के विचित्र लोग, जिनसे कविता का वास्तविक थल बना हुआ है, आराम से विचरण करते हैं। इन विचित्र लोगों के चेहरों का शत्रुओं के चेहरे के समान लगना पर उनका आरामदेह कारों में घूमना एवं उनका अंतर्राष्ट्रीय हवाई अड्डे की ओर जाना आदि वृत्तचित्रात्मक ब्यौरे हैं। लेकिन इनके बीच कई ऐसे थल हैं जो कविता को अपनी वस्तुपरकता से मुक्त करते हैं। इन थलों को सबसे पहले कवि ने मौन नागरिक बोध के विरुद्ध प्रकटित प्रतिक्रिया के रूप में प्रस्तुत किया है। तदुपरांत उन्होंने अपने थलों के साथ के मौन को जोड़ा है जो कविता के वास्तविक थल हैं। तमाम विशेषताओं और सुविधाग्रस्तताओं के बावजूद इन लोगों के चेहरों को दुश्मनों के चेहरों के साथ देखते समय हमारी नवउपनिवेशवादी संस्कृति का जो संकेत कविता में उभरता है वह कविता का अन्वेषित थल है जिसका सीधापन उसके काल-बोधक-संदर्भ को गहराता भी है।

इधर हमारे समय की दुरूहता यही है कि वह एक साथ प्राचीनताओं और नवीनताओं को सहेज रहा है। प्राचीनता से तात्पर्य उन रूढ़ियों और तमाम सामंती स्थितियों से है न कि हमारे पारंपरिक स्वत्व से। इन दुरूहताओं ने काल को इतना जटिल कर दिया है कि सभी अपने-अपने सुरक्षित स्थान की ओर प्रस्थान करना चाहते हैं। यह सुरक्षा भौतिकता मात्र की है। यह हमारी संवेदना की सुरक्षा नहीं है। इसलिए दूसरी कविता में (दिल्ली : दो) 'एक कहता है' जैसी पंक्तियों की आवृत्ति में काल की आवृत्ति का पूरा अवबोधजन्य अहसास है। हिंदी के कवियों के जिक्र का न होना इस कविता की चिंता नहीं है। निराला, नागार्जुन या मुक्तिबोध से उपजनेवाली संवेदनात्मकता के स्थान पर ऊँटपटाँग या ऊलजुलूल-सी लगनेवाली भौतिकताओं में एक पूरा काल कैद हो गया है। कैदखाने में गिरफ्त काल की अपनी संवेदनहीनता उक्त कविता का वास्तविक काल-बोधक-संदर्भ है। कविता के अंतरंग का यही विकास उसे समकालीन बना देता है। संघर्ष के उदाहरण हमारे लिए जड़ इतिहास में जोड़ने

योग्य नमूने रह गए हैं और वे औपचारिक ढंग से या वे कभी-कभी उत्सवधर्मी ढंग से उछाले जाते हैं। हमारी गहरी चिंताओं के अटूट अंश नहीं रह गए हैं। प्रस्तुत कविता के काल में ऐसा एक विकस्वर पक्ष उसकी वस्तुपरकता की तह में निरंतर स्पंदित मिलता है।

समकालीन कविता में शब्द को काफी प्रमुखता मिली है। कविता के आधुनिक दौर में भी शब्द को प्रधानता दी गई थी। शब्द पर आधारित कविताएँ उस दौर में भी खूब लिखी गईं। समकालीन कविता में शब्द सिर्फ़ एक प्रतीक नहीं बल्कि वह पूरी कविता का अनुभव है। कविता का यह अनुभव कुछ इस तरह विकसित होता है कि हमारे थल-काल की असंख्य अंतरंग स्थितियों से गुजरने का मौका हमें मिलता है। कविता के अनुभव के साथ हमारे निजी अनुभव का छन-छन कर एकाकार होने का विशेष अनुभव होने लगता है।

राजेश जोशी की कविता 'मेटल डिटेक्टर' दरअसल हथियारबंद सत्ताशाही के तामझाम की घिनौनी वृत्ति को प्रक्षेपित करती है। कविता का पहला भाग काफी मुखर भी है। उनकी कविता 'बच्चे काम पर जाते है' में हमने निरीहता में निहित निगूढ़ता को देखा है। प्रस्तुत कविता में हथियारबंद सिपहसलारों की पकड़ में आनेवाले कवि के शब्द को रचना के केंद्र में रखा है। कविता की प्रमुख चिंता यह है :

लुकते-छिपते किसी सँध से
झाँसा देकर निकल भी जाए मेरा शब्द
तो लपककर दबोय लिया जाएगा
बीच रास्ते ही
या हज़ार-हज़ार निरर्थक शब्दों का शोर
खड़ा कर देंगे वे उसके आसपास
आसपास !

राजेश जोशी की एक अन्य कविता 'घोंसला' के साथ प्रस्तुत कविता को रखकर देखना अधिक संगत लगता है। तिनका, रस्सी या लकड़ी के टुकड़े को बटोरनेवाला कौव्वा घोंसला बनाने की जल्दबाजी में है। पर एक मरघिल्ला-सा कुत्ता उसे लेने नहीं देता है। स्थिति चाहे जितनी संकटग्रस्त हो "घोंसला बनाने में जुटे थे कौव्वे जिसमें सेने थे उन्हें अपने ही नहीं कोयल के भी अंडे !" कवि का कथन है कि "हाय ! कुत्तों से भरी इस धरती पर कितना मुश्किल एक साधारण-सा घोंसला बाँधना।" इतने पर भी कौवा हठी था। वह कुत्ते की भी आँख बचाकर मैदान से उठा लेता था कोई-न-कोई चीज़। संघर्ष के थल को अन्वेषित करनेवाली यह कविता हमारे काल के केंद्र में एक कील लगा देती है। इसलिए इसमें थल-काल का एकीकरण दृष्टिगत होता है। इसी के आमने-सामने रखकर देखते समय 'मेटल

डिटेक्टर' शीर्षक कविता का शब्द अपना विस्तार खुद करता दिखाई देता है। यहाँ शब्द धुँधले पड़े हुए उजाले को फिर से रोशन करने के लिए प्रयुक्त हैं। इसलिए उन शब्दों को लेकर कवि आतंकित है कि वे बीच में ही दबोच लिए जा सकते हैं। क्योंकि यही हमारे काल का यथार्थ है। इस सच से भी शब्द परिचित हैं कि उनकी सार्थकता के झपकियाँ मारते ही निरर्थकता में तब्दील कर देने की साज़िश हमारे काल के पास है। काल का यह आतंक हमारा थल-यथार्थ है और हमारे थल का आतंक काल का यथार्थ है।

आज नागरिक जीवन की प्रत्येक घटना अपना समूचा अर्थ नष्ट करके घटित होती है—विशेषकर हमारे देश से जुड़ी आकांक्षाबद्ध घटनाएँ। स्वतंत्रता प्राप्ति की पचासवीं वर्षगाँठ हमारे लिए उत्सव बन गई। उत्सवधर्मी घटनाओं की भरमार ने उत्सव का आनंद तो प्रदान किया, परंतु उसने कोई सही चिह्न नहीं छोड़ा। विश्वनाथ प्रसाद तिवारी की लघु कविता—'पचास वर्ष पूरा होने पर' सच के चिह्नित न होने की विडंबना को व्यक्त करती है। कविता की गति एकदम सरल है :

यह गया
वह गया
पचास वर्ष
लुत्ती-सा चमका
बादल-सा फटा
तंबु-सा उखड़ा
पत्ते-सा झरा
पच्चास वर्ष

कविता के थल में प्राप्त होनेवाले प्रतीक हमारे आस-पड़ोस के हैं। इन पड़ोसी प्रतीकों के प्रति हमारी सतही प्रतिक्रियाएँ कहीं स्पर्श किए बग़ैर या तो प्रकट होती हैं या व्यक्त-भर होती हैं। लेकिन कविता हमें एक सशक्त थल प्रदान करती है जो उसकी विद्रूप शक्ति के द्योतन मात्र से ख़त्म नहीं होता है। इस बीच हमारे पचास वर्ष समाप्त हो गए हैं। कविता का यह थल इसलिए उक्त कविता की व्यंग्यात्मकता का थल नहीं है क्योंकि पत्ते से झरनेवाले इन पचास वर्षों में, हर तंबू से उखड़नेवाले इन पचास में सिर्फ़ वर्षों की गिनती-भर नष्ट नहीं हो पाई है। कविता के इस थल में झरते पत्तों के समान आकांक्षाओं के बिखरने का यथार्थ कविता में एकाएक अपनी खुरदरी वास्तविकता का परिचय कराता है। अतः यह कहना अधिक समीचीन होगा कि कविता की सरल गति में दरअसल खौफनाक अँधेरों को पहचानने का कार्य संगुफित है।

काल की स्थिति भी उस कविता में गंभीर है। हमारे सामान्य काल में